D0593256

LA INDEPENDENCIA

DE LOS

ESTADOS UNIDOS DE NORTEAMÉRICA

A TRAVÉS DE LA PRENSA ESPAÑOLA

TRABAJOS MONOGRÁFICOS SOBRE LA INDEPENDENCIA DE NORTEAMÉRICA

1

Estos trabajos han sido realizados bajo los auspicios del Programa de Cooperación Cultural y Educativa entre España y los Estados Unidos de Norteamérica (Convenio de 6 de agosto de 1970).

LA INDEPENDENCIA

DE LOS

ESTADOS UNIDOS

DE NORTEAMÉRICA

A TRAVÉS DE LA PRENSA ESPAÑOLA

(«GACETA DE MADRID» Y «MERCURIO HISTÓRICO Y POLÍTICO»)

LOS PRECEDENTES (1763-1776)

SELECCIÓN, PRÓLOGO Y COMENTARIOS
DE
LUIS ÁNGEL GARCÍA MELERO

MINISTERIO DE ASUNTOS EXTERIORES
DIRECCIÓN GENERAL DE RELACIONES CULTURALES
MADRID

Ministerio de Asuntos Exteriores, Madrid, 1977.

Printed in Spain. Impreso en España.

Depósito Legal: M. 35566-1977.

ISBN 84-85290-07-0.

Gráficas Cóndor, S. A.,
Sánchez Pacheco, 81, Madrid, 1977. — 4624.

A mis padres y a Charo, que tanto me han ayudado y animado.

La presente investigación intenta proporcionar un conocimiento de la independencia de los Estados Unidos de Norteamérica a través de la prensa española coetánea. Se concluye, pues, que son los periódicos los que nos informan e instruyen. El autor de estas líneas, sólo ha leído, seleccionado y transcrito literalmente las noticias que reflejan los principales acontecimientos que indujeron a los norteamericanos a romper los vínculos con la Gran Bretaña. La labor recopiladora se ha visto complementada con breves comentarios, que sirven para engarzar y dotar de continuidad a las informaciones. Dichos comentarios se han realizado exclusivamente sobre la documentación proporcionada por la prensa. A ello se debe el que se denoten y descubran algunas lagunas, que, en suma, obedecen a *vacíos* de la *Gaceta de Madrid* y del *Mercurio Histórico y Político*. Estos *vacíos* podían haber sido subsanados acudiendo a los fondos de los archivos y a una bibliografía más o menos selecta, pero, de haberlo hecho, hubiera echado por tierra la primordial intención de nuestro estudio: la de esclarecer cómo percibía la opinión pública los sucesos que se desarrollaban en las colonias británicas. Nos ha alentado, pues, la curiosidad de saber qué se informaba al lector, presumiblemente ilustrado, de los mencionados periódicos. La respuesta se verá en el texto, si bien apuntamos que, debido a la censura vigente en el siglo XVIII y al peligro que suponía que el ejemplo norteamericano y el cono-cimiento de que el gobierno de Carlos III ayudaba a los rebeldes se divulgara en los dominios hispanos, la información no era exhaustiva. Se limitaba a referir acontecimientos. Por todo ello, se comprende que, cuando España y Francia iniciaron las negociaciones con los delegados del Congreso, la prensa guardara el más estricto silencio. Silencio que, en ocasiones, se veía quebrantado por noticias —como la presencia de Franklin en París— diluidas entre otras de mayor extensión. Estos *descuidos* tienen su explicación en las fuentes utilizadas por la *Gaceta de Madrid* y el *Mer-*

curio Histórico y Político. Una y otro traducían *Gacetas* y *Mercurios* extranjeros para comunicar las últimas nuevas acaecidas en el mundo. La sección de Madrid, lógicamente, era elaborada por los redactores que vivían en la Corte. Al traducir se filtraban noticias que interesaban a España y que no eran registradas en los apartados nacionales. Es lo que sucede con la *Cuestión de las Malvinas* o con la toma de posesión de la Luisiana. Mientras la sección de Londres informa sobre el desarrollo de dichos conflictos internacionales, la de Madrid ignoraba lo que estaba ocurriendo. ¿O la finalidad de esta ignorancia era la de desmentir? Como fuera, lo cierto es que, en esta primera época de la guerra de la independencia norteamericana, la prensa española sigue, respecto a lo nacional, la política de informar de acontecimientos consumados de signo favorable. Cuando reproduzca las relaciones de las conquistas de Mobile, Pensacola... se procurará hacer ver que las mencionadas acciones militares se encaminan a recuperar las posesiones perdidas en la pasada guerra y no a colaborar directamente con los rebeldes.

La investigación se ha centrado en la *Gaceta de Madrid* y en el *Mercurio Histórico y Político* por ser éstos los dos periódicos políticos por excelencia del siglo XVIII y los de mayor regularidad y continuidad en su publicación. Se han consultado las secciones de Londres, París, La Haya y Madrid, siendo la primera la que más noticias nos ha proporcionado en esta primera etapa. Se ha seguido un criterio exhaustivo en la recopilación, mas, debido a obvias razones de volumen y de reiteración informativa, se han seleccionado las más exactas y relevantes. Se ha optado por respetar la ortografía, acentuación y puntuación del texto, ya que, si bien es cierto que el actualizarlas hubiera facilitado accesibilidad y, en consecuencia, una lectura más rápida y fácil, obedecen a un momento gramatical de nuestra lengua castellana, a una época que se ha intentado reflejar tal y como fue desde el punto de vista periodístico.

El presente volumen comprende el período de 1763-1776. Es decir: desde el Tratado de París hasta la declaración de independencia de los Estados Unidos. A lo largo de las siguientes páginas, se ha expuesto, siempre a la luz de la prensa, cuáles fueron los factores que decidieron a las colonias británicas a separarse de la metrópoli. En ellas no se ha defendido tesis alguna. Únicamente, reiteramos, se ha realizado una «antología» de noticias, referentes a la rebelión de los establecimientos ingleses de la América Septentrional, aparecidas en la *Gaceta de Madrid* y en el *Mercurio Histórico y Político*. Tal vez no añadan nada nuevo a la bibliografía estadounidense, pero sí a las escasas investigaciones españolas sobre el tema en cuestión. Al menos, servirán de fuente para futuros estudios efectuados por mis compatriotas.

I

LA PAZ. LA SUBLEVACIÓN DE PONTIAC

En cierta mañana del mes de marzo de 1763, una comitiva compuesta por los alguaciles de la Casa y Corte de Carlos III, reyes de Armas, secretarios de la Cámara del Rey y alcaldes, precedidos de trompetas y timbales que anunciaban su paso, se dirigió desde la posada del Ilustrísimo Señor Obispo de Cartagena y Gobernador del Consejo, hacia el Real Sitio del Buen Retiro. Delante del Palacio de Su Majestad, realizaron la primera parada. El cortejo subió a un tablado alfombrado para la ocasión. El Rey, conocedor del bando que van a publicar, y la multitud aguardaron a que Don Francisco Zazo iniciase la lectura.

> ...y habiéndole tomado, le leyó, y publicó en altas é inteligibles voces, habiéndose tocado al principio y fin de dicha publicación las trompetas y timbales...:
> Oíd, oíd, oíd: como de parte del Rey nuestro Señor se hace saber á todos, que á honra y gloria de Dios nuestro Señor, y para bien y reposo de la christiandad, ha sido firmado en *París* en diez de febrero próximo pasado el Tratado de Paz Definitivo entre esta Corona y la de *Francia*, de una parte, y la de *Inglaterra* y *Portugal* de otra, y ratificado y cangeado por los respectivos *Soberanos* para todos sus reynos, payses, tierras, señoríos, vasallos, y súbditos; quedando por conseqüencia todos ellos en paz, trato, y buena correspondencia, como lo estaban antes de declararse la guerra; y por medio de esta Paz, Union, y Amistad, sus Magestades, sus herederos y succesores, reynos,

súbditos, y vasallos gozarán de todo lo convenido en este Tratado, y en lo demás que en él se expresan, quedando derogada la publicacion de guerra hecha contra el Rey de *Inglaterra* por decreto de quince de enero del año proximo pasado de mil setecientos sesenta y dos, y la prohibicion de comercio con sus súbditos, como tambien la executada contra el Rey de *Portugal* por decreto de doce de junio del expresado año; y se manda de parte de su Magestad á todos los súbditos y vasallos, que de aquí adelante guarden, cumplan, y observen la dicha Paz inviolablemente, sin alguna contravencion, só pena de ser castigados como quebrantadores de ella, sin remisión, ó gracia [1].

¡La guerra ha terminado! La multitud estalla en vítores y demostraciones de alegría. La comitiva reanuda su marcha. En la Puerta de Guadalajara y delante de la Iglesia Parroquial de Santa María de la Almudena, pregona al pueblo de Madrid la firma del Tratado de Paz.

La guerra, la breve guerra para España, había concluido por ahora. Los Borbones salieron mal parados: Francia perdió sus dominios en América Septentrional y nuestro país, la Florida y la bahía de Pensacola. Por el contrario, Cuba y Filipinas fueron restituidas. No se podía replicar. La Inglaterra del joven Jorge III veía nacer un floreciente imperio en las colonias conquistadas a los *papistas:* Canadá, Acadia o Nueva Escocia, la isla de Cabo Bretón, el territorio comprendido entre los Alleghanys y el Mississippi, Mobile y una serie de islas en el Caribe. El equilibrio quedaba roto.

El júbilo popular contrastaba con el amargo resentimiento de los monarcas. En el Tratado de Paz se habla de cesión. La *Gaceta de Madrid* y el *Mercurio Histórico y Político* utilizaban el mismo verbo: ceder. Por lo tanto, no se entregaban en propiedad a la Corona británica. Cabía la posibilidad de recobrar lo perdido. Los Borbones, vinculados por el Tercer Pacto de Familia (1761), se empezaron a preparar para el desquite. La armada debía ser fortalecida para superar a la inglesa y facilitar, de esta forma, el

---

1 *Colección de los Tratados de Paz,* Alianza, Comercio &c. ajustados por la Corona de España con las potencias extrangeras desde el reynado del Señor Don Felipe Quinto hasta el presente. Publícase por disposición del ... Príncipe de la Paz. Madrid, Imp. Real, 1796-1801 3v. v. 3, pp. 230-231.

comercio. Mientras, había que dejar transcurrir el tiempo y aguardar las circunstancias propicias.

Pero la paz era un hecho. El 10 de febrero de 1763 se firmó en París el Tratado definitivo. El 21, 23 y 25 del mismo mes fue ratificado por los monarcas británico, francés, español y portugués, respectivamente. El mundo se disponía a reanudar sus actividades en el marco de una tensa concordia. La *Gaceta de Madrid* del 18 de enero, en la sección de Londres, aseguraba a sus lectores que los plenipotenciarios de los países beligerantes habían enviado a las cortes el proyecto del Tratado definitivo de Paz. Informa también de que el canje de prisioneros es una realidad. Más adelante:

> Se trabaja siempre con el mismo vigor en la reducción de las *Tropas Británicas*, y se cree se reformen enteramente los 52 Rejimientos de Milicias de este Reyno. De ellos yá se embiaron 17 á sus Provincias respectivas, en donde se les despedirá luego que lleguen. Dicese, que se propondra á los Soldados, y Marineros, que queden reformados, vayan á establecerse en los nuevos Dominios, que el Rey ha adquirido en *América,* en donde se les dará cierta extension de terreno, proporcionando á la subsistencia de sus familias. Se assegura, que á otros se les repartirá en diferentes parages de este Reyno, para romper, y cultivar grandes porciones de tierra inculta, que hay por beneficiar. Tambien muchos Oficiales han pedido licencia para ir á formar establecimientos en *Canada;* assegurandose, que diferentes familias están prontas á este efecto [2].

Si decimos que estas noticias están fechadas en Londres el 24 de diciembre de 1762, comprenderemos mejor lo seguro que estaban los ingleses de la firma del Tratado y de su victoria.

La reciente paz plantea al gobierno inglés una serie de problemas. En primer lugar, la transferencia de poderes. En segundo lugar, la repoblación y establecimiento de colonos adictos a los intereses británicos. Vinculados a ellos surge la necesidad de mantener un ejército capaz de defender a los *provincianos* de posibles ataques de los indios y de hipotéticas conspiraciones francoespañolas. La guerra con los indígenas, la sublevación de Pontiac, se

---

[2] *Gaceta de Madrid* del martes 18 de enero de 1763, sección de Londres, pp. 21-22.

desencadena casi inmediatamente después de firmar las respectivas coronas el Tratado definitivo. Las causas son múltiples, pero señalaremos las dos principales: afincamiento de colonos en territorios no pertenecientes a las armas anglosajonas y una peculiar *devotio fidei* de los indios a los franceses, si bien no hay que desechar la instigación de los *papistas* contra sus seculares enemigos. Los esfuerzos para solucionar las dificultades surgidas por las nuevas adquisiciones, desembocan en el Decreto del 7 de octubre, por el que se restringía la expansión hacia el Oeste. De esta forma, los indios se veían protegidos de la ambición de los europeos, pero los colonos sufrieron un enorme desencanto: se les privaba de mercados y de libertad.

¿Cómo refleja la prensa española estos acontecimientos? La sección de Londres, a través de cartas recibidas del Nuevo Mundo, de extractos de los pliegos oficiales o de rumores, informa a los lectores de los problemas planteados a los ingleses por su Primer Imperio Colonial.

En cuanto a la transferencia de poderes, el Tratado de Paz de 1763 señala, de forma comprensible, los plazos fijados para las restituciones de los territorios conquistados, y para la toma de posesión de los establecimientos cedidos a la Gran Bretaña. Incluso se dedica el artículo XXIV a este fin. Así, dibuja ya entre los dominios, los actuales Estados Unidos:

> La *Gran Bretaña* entrará igualmente, al cabo de tres meses después del cange de las ratificaciones del presente Tratado, ó antes, si fuere posible, en posesión del río y del puerto de la *Mobile*, y de todo lo que debe formar los límites del territorio de la *Gran Bretaña* por la parte del río *Misisipi*, según está especificado en el artículo VII... La plaza de la *Havana*, con todo lo que se ha conquistado en la isla de *Cuba*, se restituirá tres meses después del cange de las ratificaciones del presente Tratado, ó antes, si fuere posible; y al mismo tiempo la *Gran Bretaña* entrará en posesión del pays cedido por *España* segun el Artículo XX [3].

---

[3] *Colección de los Tratados de Paz* ..., v. 3, pp. 204-205.

El artículo XX se refiere a

> la *Florida*, con el fuerte de *S. Agustin* y la bahía de *Panzacóla*, como tambien todo lo que *España* posee en el continente de la *América Septentrional* al este, ó al sudeste del río *Misisipi*[4].

La *Gaceta de Madrid* del 19 de julio, en la sección de Londres (24 de junio), da la noticia de la toma de posesión de La Habana por los españoles:

> Por tres Navios de guerra, que llegaron de la *Havana*, se sabe, que la Esquadra *Española*, destinada a tomar possesion de aquella Plaza, havia llegado a la altura del Puerto, en donde esperaba de la *Jamayca* al Gefe de Esquadra *Keppel*, que debia hacer la entrega a las Tropas de S. M. *Catholica*, y restituirle despues a *Inglaterra* con nuestra Esquadra, y la Guarnicion. Parece que los habitantes de aquella Isla se quejan generalmente del govierno arbitrario, que han tenido los *Ingleses* en ella, haciendo pagar 5 por 100 de entrada a toda classe de mercaderias, y otro tanto a la salida...[5].

La *Gaceta* del 13 de septiembre, en la misma sección (Londres, 23 de agosto) informa de la ceremonia habida en La Habana:

> Por la Fragata que salió de la *Havana* el 10 de Julio, y llegó aqui ultimamente, se ha recibido noticia de la evacuación de aquella Plaza, que fue en estos terminos: El Conde de *Ricla* llegó de *Cadiz* el 30 de Junio con 4 Navios de linea, y otras tantas embarcaciones de transporte, en que iban 2000 hombres de Tropas. Comunicó al Mayor General *Keppel* la orden, por la qual S. M. *Britanica* mandaba a este General, que conforme a lo estipulado en el Tratado de paz, entregase a las Tropas de S. M. *Catholica* las conquistas hechas por las *Inglesas* en la Isla de *Cuba*. Las Tropas *Inglesas* se embarcaron el 7, y se entregaron las llaves de la Ciudad al Governador *Español*. La primera división de

---

[4] *Colección de los Tratados de Paz*, ..., v. 3, p. 200.
[5] *Gaceta de Madrid* del martes 19 de julio de 1763, sección de Londres, p. 237.

2

la Esquadra *Inglesa* salió del Puerto el 9, y el Almirante *Keppel* la siguió con el resto. Al Sr. *Stair Douglas,* Capitan del Navio de guerra el *Richmond,* se le embió a *Pensacola* con un Destacamento del Rejimiento Real *Americano,* mandado por el Teniente Coronél *Prevot,* para tomar posesion de esta importante adquisicion. Tambien fue a *S. Agustin* el Sr. *Maitland,* Capitan de Fragata, con un Destacamento del Rejimiento Real. Pasado el golfo de la *Florida,* se separó el Almirante *Keppel* de la Flota, encaminandose a la *Jamayca.* Este Comandante llegó el 20 de este mes a *Portsmouth* con los Navios de su division, que trae de la *Havana,* y el 22 tuvo el honor de besar al Rey la mano[6].

El Artículo XXIV del Tratado definitivo de paz, quedaba cumplido.

Transferidos los poderes, restaba al gobierno inglés el nombramiento de los gobernadores de las nuevas provincias. El *Mercurio Histórico y Político* del mes de agosto de 1763 en la sección de Londres, comunica a los lectores las personas designadas para desempeñar dichos cargos:

> ... al Brigadier *Murray,* Governador de *Canadá;* al Coronél *Grant,* Governador de la *Florida Oriental;* al Sr. *Johnson,* Governador de la *Florida Occidental;* y al Coronél *Melville,* Governador de las *islas de Granada,* de *S. Vicente,* de *la Dominica,* y de *Tabago.* ... Ha salido la lista de los Oficiales, que mandarán las Esquadras del Rey en distintos parages. ...; en la *America Septentrional,* el Lord *Colville...* [7].

Señalamos como segundo problema que se planteaba a Su Majestad Británica, el de la repoblación y establecimiento de colonos en los territorios cedidos. El Tratado especifica en los artículos referentes a las cesiones, en forma de fórmula prácticamente idéntica para los vasallos franceses y españoles, lo siguiente:

---

[6] *Gaceta de Madrid* del martes 13 de septiembre de 1763, sección de Londres, p. 302.

[7] *Mercurio Histórico y Político* del mes de agosto de 1763, sección de Londres, pp. 331-332.

Su Magestad *Británica* conviene por su parte en conceder á los habitantes... el libre exercicio de la Religion *Católica;* y en conseqüencia de ello dará las ordenes mas estrechas y efectivas para que sus nuevos vasallos *católicos romanos* puedan profesar el culto de su religion segun el rito de la Iglesia *Romana,* en quanto lo permiten las leyes de la *Gran Bretaña.* Su Magestad *Británica* conviene, además de esto, en que los habitantes..., ú otros que hayan sido vasallos del Rey..., puedan retirarse con toda seguridad y libertad adonde les pareciere, y puedan vender sus bienes, con tal que sea á vasallos de su Magestad *Británica,* y transportar sus efectos, como tambien sus personas, sin ser molestados en su emigracion con qualquier pretexto que sea, excepto el de deudas, ó de causas criminales: fixándose el término limitado para esta emigracion al espacio de diez y ocho meses, que se contarán desde el dia del cange de las ratificaciones del presente Tratado [8].

Es decir: los súbditos españoles o franceses del Canadá, de la cuenca del Mississippi y de la Florida, podían quedarse en los antiguos dominios de sus respectivas coronas, conservando libertad para practicar la religión apostólica romana dentro de los límites señalados por la legislación británica, o emigrar hacia otros dominios de Francia o de España. La prensa nada dice de la decisión adoptada por los colonos. Tan sólo la *Gaceta de Madrid* del 19 de julio, una vez más en la sección de Londres (noticias del 24 de junio), informa, a través de un aviso recibido de New York,

que la mayor parte de los habitantes Españoles de *S. Agustin,* cuya Plaza se nos cedió por el Tratado de paz, estaba resuelta a continuar su domicilio, antes que aventurarse a ir a otras partes; y que el Obispo de *Cuba,* a quien el General *Albemarle* desterró a aquella Plaza, había partido, y buelto a su *Diocesis* [9].

En cuanto al establecimiento de los ingleses, la Corona ya pensaba, en diciembre de 1762, proponer a los soldados, «que queden

[8] *Colección de los Tratados de Paz* ..., v. 3, pp. 185-186.
[9] *Gaceta de Madrid* del martes 19 de julio de 1763, sección de Londres, pp. 237-238.

reformados», restituidos al servicio de la patria tras la deserción, asentarse en las nuevas provincias de la América Septentrional. El Decreto de 7 de octubre confirma el anterior rumor. En el mismo se señala la extensión de tierras que corresponde a cada grado de la jerarquía militar y la total exención de impuestos durante diez años. La empresa colonizadora, menos heroica que la realizada en siglos precedentes, había comenzado. Junto a los soldados *reformados*, acudieron deudores y campesinos que deseaban ver mejorada su situación económica.

> Se asegura, que todos los deudores faltos de medios para pagar, detenidos en las Carceles de *Inglaterra*, serán transportados a nuestras nuevas Colonias de *America*, y que en ellas gozarán de las gratificaciones prometidas por el Govierno. Un gran numero de pobres habitantes de diferentes Provincias de *Irlanda*, muy hábiles en la Agricultura, se disponen para pasar a la *Florida*, y a la *Luisiana*. Los Navios de transporte, en que deben ir, se juntan ya en *Corke*, y estas Embarcaciones, y los Navios de guerra, que se hallen en los parajes de estas Colonias, tendrán orden de permanecer en las Costas para servir de asylo a los nuevos habitantes, hasta que hayan construido Casas en que vivir. Como no se experimenta Hibierno en aquellas regiones, abanzadas ázia el Medio - dia, las personas que van a establecerse a ellas, no padecerán el rigor del frio, que se hace sentir en los Países Septentrionales de la *America*, a que están expuestos los que fueron a la *Nueva Escocia*, y *Nueva Inglaterra*. Para que los establecimientos del Súr tengan una tranquilidad durable con los Españoles, cruzarán continuamente tres Navios de guerra cerca de la Isla de *Rattan*, en la *Bahia de Honduras*, a 10 leguas de la *Costa del Mosquito*. El Puerto de esta Isla, que se llama *Puerto-Real*, puede contener en todo tiempo 500 velas [10].

La propaganda y la protección gubernamental fundamentan una empresa filantrópica similar a la llevada a cabo por el general Oglethorpe en Georgia. No hay, pues, escrúpulos ni diferencias

---

[10] *Gaceta de Madrid* del martes 22 de noviembre de 1763, sección de Londres, p. 381.

sociales ni religiosas. Lo que interesa a Su Majestad Británica es ver prósperos sus establecimientos en América. Para ello no solamente recluta colonos entre sus súbditos de la Gran Bretaña y de América Septentrional, sino que admite emigrantes suizos, alemanes y franceses, los seculares rivales[11].

La euforia de los vencedores, dueños de inmensos territorios, algunos todavía vírgenes, obtenidos por la reciente paz, impulsa a los ingleses a cometer errores, que originarán la sublevación, casi general, de las tribus indígenas. Mientras en la metrópoli se realizaban los preparativos para la colonización, los *provincianos* se anticipan a los proyectos de la Corona asentándose en el Canadá, en la Florida y a lo largo del Ohio y del Mississippi. La finalidad que persiguen es la de abrir nuevos mercados. Los derechos naturales de los indios no importaban. Si ofrecían alguna resistencia, se les vendía ron y se aprovechaba el estado de embriaguez para engañarles y obtener lo que denegaban en la sobriedad. La *Gaceta* del 19 de julio da la primera señal de alarma:

> El 20 de este mes [junio] llegó, en 29 dias de navegacion, un aviso de la *Nueva York*, con cartas para la Corte, que dieron motivo a un Consejo, que se tuvo en *S. James.* Por ellas se sabe, que el Governador de aquella Provincia, y los de las mas inmediatas, havían distribuido entre los nuevos Colonos cerca de un millon de fanegas de tierra en las orillas del *Ohio,* hasta el *Mississippi,* a espaldas de la *Carolina,* y de la *Nueva Georgia...* [12].

La situación era grave: los mismos representantes de Su Majestad proporcionaban terrenos en lugares que los indios ni habían cedido ni habían vendido a la Gran Bretaña.

Las páginas de la sección de Londres del mes de agosto de 1763 del *Mercurio Histórico y Político* reproducen diversas cartas recibidas de América Septentrional. En ellas se comunica que los indios se han sublevado y se pormenorizan los ataques sufridos por los fuertes británicos. Pero más interesantes resultan las causas, que señalan, del levantamiento de los *salvajes:*

---

[11] Así se informa en la *Gaceta de Madrid* del martes 5 de julio de 1763, sección de Londres, p. 221, y en la del martes 12 del mismo mes y en la misma sección, p. 229.

[12] *Gaceta de Madrid* del martes 19 de julio de 1763, sección de Londres, p. 237.

Todas las noticias que recibimos del Continente de *América* son de que hay nuevos desordenes en aquellas Regiones. Ha venido por la via de *Philadelphia* una carta del *Fuerte Pitt*, con fecha de 2 de Junio, cuyo extracto es como se sigue.

El dia 26 de Mayo próximo pasado, algunos Indios de la Nacion de los *Delawares* llegaron á *Dusk*, enfrente del Castillo: llevaban consigo 15 caballos cargados de pieles. El dia 27 pasaron el rio á la madrugada, y vendieron toda su mercaduria, sin pasarse mucho en el precio. Esta indiferencia, y la celeridad con que despacharon, y algunas palabras que soltaron, nos dieron algun cuidado. Nuestras sospechas aumentaron el dia 28, quando supimos, que todos los Indios, que vivian cerca del rio, algunas millas mas abaxo que nosotros, donde tenian sementeras, havian desamparado sus habitaciones aquella misma noche, llevandose todo lo que era suyo. El dia 29 llegaron al Castillo algunos criados del Coronél *Clápham* con la noticia de que *Wolf*, y muchos otros *Delawares* havian muerto á dicho Coronel, y á quatro criados suyos. Desde entonces hemos hecho traher aqui el cuerpo del Sr. *Clápham*, y los hemos enterrado. Dos mugeres han sido tratadas de un modo demasiado horroroso para referirlo. El dia 29 por la noche los *Indios* mataron á dos Soldados nuestros en el *Molino de Seda*, al qual pegaron fuego dos dias despues. El dia 30 supimos por fin de donde los *Indios* havian sacado las mercadurias, que nos havian vendido. Un hombre, criado de *Alison*, y compañia, se juntó con una partida, que se havia enviado para recoger los muertos, y enterrarlos: refirió, que 14 hombres, de los quales él era uno, que conducian 25 caballos, cargados de pieles, havian sido atacados por una partida de Indios: que estos *Salvages* havian disparado en el paso de *Beaver Creek*, y havian muerto algunos conductores de los carros. *Thomás Calboom*, que era uno de ellos, y dos criados suyos, han llegado despues aqui.

Desde este suceso toda nuestra guarnición ha trabajado con ardor para poner esta plaza en estado de defensa. Hemos destruido, y asolado las aldeas inmediatas, y mañana estaremos á cubierto de qualquier sorpresa. Todas las mañanas, una hora antes del *Alba,* la guarnición está en los puestos abanzados.

A *Patrick Dunn* lo mataron diez dias ha los *Indios* en *Beaver Creek;* los Salvages han asesinado tambien otros hombres, de los quales el uno era de la Compañia del Mayor *Smallman.* Han muerto á todos los dependientes del Capitan *Callender,* y les han quitado todos sus efectos. Tememos mucho, que *Mr. Wellsh,* y el Capitan *Prentice* no hayan tenido la misma suerte, á lo menos no sabemos qué se han hecho. A Mr. *Crawford* lo han hecho prisionero, y toda su gente ha sido víctima de la crueldad de los *Salvages.* Tememos tambien, que no hayan destruido nuestros pequeños puestos avanzados. El fuerte *Détroit* ha sido atacado quatro veces en quatro dias. Los *Franceses* han enviado dos *Beltz* á los *Indios,* y los *Ingleses,* tres, para exhortarlos á que abandonen su empresa; pero no quieren oir nada: prosiguen el ataque, y estaban muy empeñados quando un *Indio,* que havia llevado la noticia á los *Delawares,* los abandonó.

Anoche enviamos a *Venongo* un proprio con la escolta de dos hombres; pero no bien havian andado una milla, quando les han disparado algunos tiros: esto les ha precisado á bolverse, y uno de ellos estaba herido [13].

Sigue otra carta, recibida por el mismo conducto, en la que se informa del asedio del Fuerte Pitt, del ataque a una caravana de comerciantes, de la conquista de Fuerte Dusky y de otros de menor importancia. A continuación, el anónimo autor de la epístola recapitula sobre la sublevación de los indios:

Estos *Salvages* nunca nos han tenido afecto. Jamas nos hemos podido confiar en ellos desde que tratan con *Franceses.* Parecen muy afectos á esta Nacion, que puede mucho con ellos. Esperábamos, que la paz remediaría todo esto, pero tememos, que no havran considerado bastante las consequencias de este desorden. Los *Franceses* se van de *Canadá* á *Misisipi,* donde tuvieron mucho tiempo ha un establecimiento, cerca del desaguadero del *Ohio,* en una

---

13 *Mercurio Histórico y Político* del mes de agosto de 1763, sección de Londres, pp. 332-335.

de las mas hermosas Comarcas de la *America Septentrional*, donde tendrán mas facilidad para manejar á los *Indios* como quisieren, y animarlos contra nosotros. Estaremos por consiguiente mas expuestos que nunca, y lo mismo sucederá á nuestras *Provincias Meridionales*. Su paso á *Misisipi* por el *Ohio* no es nada en comparación del que tenian desde *Canadá*. Asi importa muchisimo discurrir los medios de resguardarnos contra las maniobras de los *Franceses* establecidos en *Misisipi* [14].

Junto a la correspondencia particular, el *Mercurio* expone también las noticias oficiales. Parafrasea un bando del gobernador de Pennsylvania que, además de añadir alguna luz sobre la causa del ataque de los indígenas, procura esquivar las anteriores acusaciones formuladas contra los franceses, aliados de los españoles. Por la presente proclama, se culpa a los mismos colonos británicos de provocar a los *salvajes* con la usurpación de terrenos sobre los que carecían de derecho. Incluso se esclarecen antecedentes:

> El Sr. Gobernador dice en su proclamacion, que haviendo intentado varias personas establecerse en una gran extension de terreno en las fronteras de *Pensilvania*, entre *Wyomin*, á la orilla del rio *Susquehannah*, y *Cashietan*, á la orilla del rio *Dellaware*, y en la parte alta del Condado de *Worthampton*, los *Dellawares*, y otros *indios*, alegando, que los *Ingleses* no havian comprado, ni pagado este terreno, havian hecho sus representaciones sobre el asunto, y que havian declarado finalmente, que si no *mandaban retirar aquellos usurpadores, los echarian por fuerza, y ellos mismos se harian justicia*. En virtud de esta representacion, el Gobernador havia publicado en 1761 dos bandos, para informar á los nuevos Colonos del peligro que corrian; pero estos no haviendo hecho caso, y haviendo buelto á quexarse los *Indios*, ha tenido por conveniente, temiendo que no hiciesen lo que havian dicho, echar tercero bando, por el qual manda, en nombre de S. M. á todos los *Ingleses* establecidos ya en aquella tierra, se retiren quanto antes; prohibiendo tambien á qualesquiera Vasa-

---

[14] *Mercurio Histórico y Político* del mes de agosto de 1763, Sección de Londres, pp. 336-337.

llos de S. M. el apropiarse ningun terreno en las fronteras de *Pensilvania*, que no se huviese comprado á los *Indios*, asegurándoles, que ellos responderian de todo [15].

No falta tampoco quien pretende haber hallado la solución para tranquilizar los ánimos:

> Para conservar la tranquilidad en esta parte de *Améri-ca* hay dos cosas que practicar. La primera consiste en prometer á los *Indios*, que se les hará justicia, sin dilacion, si alguno les quisiere tomar tierras sin haverselas com-prado, ó contra su voluntad: la segunda en prohibir á los Colonos que comercian el que les den aguardiente para emborracharlos, con el fin de engañarlos, y maltratarlos. Si no se tiene mucho cuidado para que se observen estos dos puntos, los pobres *Indios* se hallarán siempre preci-sados á hacer lo que les permite el derecho natural, á fin de hacerse justicia por sí mismos; y tendremos que temer los efectos de la mas cruel venganza, sin que tengamos á quien culpar sino á nosotros mismos. Por otra parte, los *Frayles*, y los *Jesuitas* en particular, que viven entre los *Salvages*, les ponderan la injusticia de nuestros procedi-mientos [16].

Le bon sauvage palpita en las anteriores líneas: ante los abu-sos de los civilizados europeos, los indios no tienen otra opción que la de defenderse según la ley natural. No importa qué medios utilicen si salvaguardan la libertad y los derechos que la Natura-leza brinda a todo hombre, educado en Cambridge o en la cuenca del Mississippi. Las teorías de Jean Jacques Rousseau (recuérde-se que por estas fechas ya había publicado el *Discurso sobre el origen de la desigualdad* (1753), la *Nueva Eloísa* y *El Contrato so-cial* (1761-1762); es decir, sus obras principales) habían comenza-do a divulgarse por el mundo entero y la humanidad se hallaba en los albores del prerromanticismo. Probablemente, el anónimo autor de la carta del *Mercurio* conocía los presupuestos natura-listas y la ideología del padre Las Casas, al reafirmar, con otras palabras, el principio del pensador francés de que el hombre civi-lizado corrompe al natural.

---

[15] *Ibid.*, pp. 337-338.
[16] *Ibid.*, pp. 338-339.

Todavía más: el autor, al asegurar que «los *Frayles*, y los *Jesui-tas* en particular, que viven entre los *Salvages*, les ponderan la injusticia de nuestros procedimientos», participa de la corriente antijesuítica iniciada en 1759 en Portugal y que culminará, en 1773, con la publicación del breve pontificio *Dominus ac Redemptor*, por el que la Compañía de Jesús era extinguida. Corriente antijesuítica que patentizaba la franca lucha mantenida por los ilustrados contra todo lo que significase oposición a las nuevas ideas. No cabe duda, pues, de que el escritor de la carta era un hombre moderno de su época. ¿No podría ser, la frase citada, una tácita acusación a *los papistas*, instigadores de los indios contra los ingleses? Pudiera ser, pero no le pareció oportuno mencionar explícitamente a los fran-ceses, cuando la paz acababa de firmarse, en contraposición a los autores de las cartas mencionadas anteriormente. Es preciso no olvidar que la zona conflictiva, entre los Alleghanys y el Mississippi, perteneció a los franceses, y que en ella seguirían realizando su labor evangelizadora los misioneros, «que viven entre los *Salvages*», de Francia y de España. Entra dentro de lo posible que los frailes y jesuitas acogieran en sus misiones a los compatriotas huidos del Canadá y la Acadia, y que sus relatos lograran sublevar a los in-dígenas, exponiéndoles una razón más convincente que la riva-lidad político-religiosa-comercial de dos naciones europeas: la usur-pación de sus terrenos por parte de los británicos.

Las cartas y las elucubraciones sobre las causas de la guerra contra los indios no concluyen aquí. El *Mercurio* del mes de agos-to incluye una carta más, fechada en New York a 27 de junio:

> Que no se sabe á que atribuir la guerra de los *Indios*, porque no han dado quexa ninguna; y segun los informes que se han tomado, se debe atribuir á un *Belt*, que el Co-mandante *Frances* del Pais de los *Illoneses* havia envia-do á los *Indios*, antes que tuviese noticia de la paz, con el fin de incitar aquellos *Indios* á que se levantasen, y á cor-tar la retirada á los *Ingleses* cerca del *Ohio*, y de las lagu-nas, ofreciendoles el socorro de los *Franceses* de *Luisiana*. Añade á esto una particularidad es á saber, que entre los *Ingleses* que los *Indios* havian muerto se hallaba el Caba-llero *Roberto Dávers*, que havia venido de *Inglaterra* con ánimo de andar alrededor de las lagunas por curiosidad. Los *Indios* lo havian sorprendido en el momento que con

otro Oficial sondeaba la laguna *Huron*, buscando un parage por donde pasarla.

Como quiera, luego que se ha tenido noticia de la rebelion de los *Indios*, y de lo que han intentado contra el fuerte *Détroit*, el Caballero *Jeffery Amherst* ha enviado desde la *Nueva York* tres Compañias de Infanteria ligera, mientras se envia contra ellos un Cuerpo de Tropas capaz de sujetarlos [17].

En suma: la guerra se debe a una falta de información de un Comandante francés. Pero más interesante resulta la última parte de la noticia: el envío de tropas. El gobierno británico, apenas un mes después de ser ratificada la paz, había decidido reembolsar a las colonias de América Septentrional los gastos sufridos en la pasada contienda. La cantidad se elevaba a «133.333 libras *esterlinas*, 6 *esquelines* y 8 *sueldos*» [18]. Al mismo tiempo:

El Govierno ha resuelto, no solo mantener en la *América Septentrional* 10.000 hombres de Tropas regladas, ademas de cierto numero de *Provinciales*, y algunas Compañías francas, que estarán al sueldo del Pais, sino tambien el embiar quanto antes a aquellos Mares 10 Navios de guerra para guardar las costas; y ya se han despachado las ordenes de ocupar hasta la orilla izquierda del *Mississipi* los Estados cedidos al Rey por el Tratado de paz [19].

Pero estas tropas no resultaron suficientes para combatir a la confederación de indios, que proseguía en sus ataques a los fuertes ingleses, cundiendo el pánico entre los colonos.

El Consejo de S. James también debió de alarmarse con las noticias recibidas de América Septentrional, pues resolvió enviar, lo antes posible,

refuerzos considerables al Continente; embarcar al instante en *Portsmouth* dos Rejimientos de Infantería con las

---

[17] *Ibíd.*, pp. 339-340.

[18] *Mercurio Histórico y Político* del mes de abril de 1763, sección de Londres, p. 316.

[19] *Gaceta de Madrid* del martes 26 del mes de abril de 1763, sección de Londres, p. 142.

> Tropas destinadas para la *Nueva - York*, despachar orde-
> nes a las que están ya en *América* de marchar ázia nues-
> tros Fuertes, y Establecimientos mas expuestos, darles todo
> el socorro necesario, y penetrar despues, con todas las
> fuerzas juntas, en los territorios de los *Salvages*, queman-
> do sus habitaciones, arruinando sus cosechas, destruyen-
> do su comercio, y cojiendo prisioneros quantos se puedan
> mantener en las Colonias *Inglesas* más distantes [20].

Es decir: la misión encomendada a las tropas era la de aniquilar
y hasta la de exterminar a los indígenas, al *bon sauvage* prerro-
mántico. Las decisiones y la buena voluntad de la Cámara de Su
Majestad Británica resultaban insuficientes, al igual que les sucedió a los Reyes de España con sus colonias de América en determinadas situaciones. El Mar de las Tinieblas, el Océano Atlántico,
se interponía entre la metrópoli y los establecimientos del Nuevo
Mundo, pues impedía que las órdenes gubernamentales llegasen
con prontitud. Por ello los *provincianos* adoptaron la medida de
reclutar levas aun antes, o al mismo tiempo, de que Jorge III apro-
base el dictamen del Consejo.

> Según cartas de la *Nueva - York*, la Asambléa general de
> la *Pensilvania* resolvió se recomendase al Governador, y
> Comisarios de la Provincia la Leva de 700. hombres, ade-
> mas de los que ya están en servicio del Govierno, para
> emplearlos en protejer a los habitantes de las Fronteras,
> durante el tiempo de la pesca [21].

Comunicaba la *Gaceta de Madrid* del martes 20 de septiembre de
1763 en la sección de Londres. La situación se agravó hasta el punto de sucederse una detrás de otra las reuniones en S. James. No
sólo corrían peligro los dominios al oeste de los Alleghany, sino
que también peligraba el resto de los establecimientos. Se decidió, entonces, formar un cordón marítimo que salvaguardase a los

---

[20] *Gaceta de Madrid* del martes 20 de septiembre de 1763, sección de Londres, pp. 310-311.

[21] *Ibíd.*, p. 311.

súbditos británicos en todo momento y de cualquier eventualidad imprevista:

> Se asegura, que el Govierno se ha propuesto embiar a la *America Septentrional* una Esquadra de 5. Navíos de guerra con un nuevo Cuerpo de Tropas, destinado a guardar nuestras nuevas adquisiciones contra la sublevación, y empresas de los *Salvajes*. A mas de esto, se queda aprestando en *Portsmouth* otra Esquadra, que se compondrá de 12 Fragatas, a las quales se unirán otras 6., que se esperan de *Chatham*. Se asegura, que esta Esquadra, que también vá a la *America*, se hará a la vela a fin de este mes. Una parte de ella ocupará los bancos de *Terranova*, y el resto formará un cordon hasta el Golfo de la *Florida*, juntamente con los Navios de guerra, que ya se hallan repartidos en aquellos Mares. Tambien se dice, que las Provincias de la *America Septentrional* la proveerán de las provisiones que necesite [22].

Conviene no olvidar este punto: ya veremos más adelante las repercusiones que tuvo.

Hasta ahora hemos visto las causas de la guerra contra los indios a través de unas cartas transcritas en el *Mercurio*. Aun a riesgo de convertirnos en reiterativos, pasaremos a examinar los motivos señalados en la *Gaceta*.

La *Gaceta* del 30 de agosto de 1763 extracta cartas recibidas de América Septentrional e informa del disgusto de los indios creeks:

> Segun cartas de algunos parajes de la *America Septentrional* de 15 de Junio último, los *Creeks*, Tribu de los *Indios*, que habitan el Pais en donde se halla situada la Ciudad, y el *Fuerte Mobile*, que cedió la *Francia* a la *Inglaterra* por el Tratado de paz, están muy disgustados con esta cesion, pretendiendo, que no la pudieron hacer los *Franceses*, respecto de que aquel territorio no le poseyeron jamás en propiedad, sino que solamente se les concedió la licencia de formar en él algunos Establecimientos. Estas cartas

---

[22] *Gaceta de Madrid* del martes 15 de noviembre de 1763, sección de Londres, p. 371.

añaden, que los *Españoles* y *Franceses* se disponian, en conseqüencia de las ordenes recibidas de sus Cortes, a evacuar todos los Fuertes, y Plazas que poseian a esta parte del *Mississippi*. La Corte, no obstante esto, prevee, con mucho sentimiento, que tendrá que sostener una guerra contra los *Indios* de la *America Septentrional*. Ya no se duda en que los que habitan el Pais situado a espaldas de nuestras Provincias están determinados a hacernosla para alejarnos de sus fronteras. Y sin embargo de las demostraciones que hacen de querer atacar nuestros Fuertes, no han conseguido intimidar las Guarniciones. Un Cuerpo de Tropas regladas marcha en diligencia contra ellos [23].

Junto al desánimo general, las razones de una guerra que, ni siquiera, según lo expuesto últimamente, la han instigado los franceses. Los indios creeks sienten que no se pueden fiar en absoluto de los europeos. Todos son iguales. Los *papistas* ceden territorios que jamás les han pertenecido; los *yankees* se apropian de terrenos sobre los que no tienen ni han tenido derecho alguno. En el fondo, se plantea la subsistencia de dos razas, o, mejor dicho, la de una de ellas frente a otra que «juega» con ventaja, gracias a sus armas, a sus navíos, a su espíritu ambicioso y mezquino. La literatura naturalista quizá pudo amortiguar la destrucción del hombre natural, pero no la detuvo. Los intereses económico-comerciales tuvieron más fuerza. ¿Será verdad que el hombre es lobo para el hombre?

Mientras los Fuertes Pitt, Détroit y Dusky sufrían los ataques de los indios desde hacía tiempo, las noticias de Londres del 23 de agosto de 1763 (*Gaceta* del 13 de septiembre) informan de la sublevación general, de la alianza realizada por diversas tribus contra los británicos y de la declaración formal de guerra a «todas las Provincias *Inglesas*» [24]. La unión de los *salvajes* para hacer frente a un peligro común, admiraba a los súbditos de Jorge III y reafirmaba la idea que Benjamín Franklin expuso en el Congreso de Albany: las colonias debían confederarse contra los franceses.

---

[23] *Gaceta de Madrid* del martes 30 de agosto de 1763, sección de Londres, p. 285.

[24] *Gaceta de Madrid* del martes 13 de septiembre de 1763, sección de Londres, p. 303.

Entonces, la propuesta no tuvo éxito, pues cada establecimiento velaba por sus propias miras. En 1776 no quedaba otra solución —y desesperada—: la afrenta metropolitana afectaba a todos y la lucha individual de cada estado no hubiera conseguido más que la victoria de la Gran Bretaña y la humillación de los *provincianos*.

Un redactor de la *Gaceta* reflexionaba de la siguiente manera sobre la presente guerra:

> Todas las cartas de la *América Septentrional* no hablan de otra cosa, que de las crueldades, y daños, que cometen los *Indios* a espaldas de las Provincias *Inglesas*. Estos autorizan sus hostilidades con los avisos que pretenden tener de que los *Ingleses* se havian propuesto formar establecimientos en sus territorios, que se estienden hasta los mares de *Occidente*, y resuelto asegurarse de su posesión, contruyendo en ellos algunos Fuertes. Dicen estos *indios*, que dichos territorios les pertenecen desde su origen: que les son necesarios para poder subsistir; y que jamás los han vendido, ni cedido a nadie, ni aun tenido pensamiento de deshacerse de ellos. Aunque estas quejas, finjidas, o verdaderas, no tienen cabimiento, atendiendo a la directa ejecucion de las ordenes, que el Rey despachó a los Governadores del Pais, para evitar los sentimientos de los *Salvajes*, y prometerlos, que no se tocará en sus derechos; con todo, ellos no dejan de continuar la guerra: de suerte, que parece la tenian premeditada mucho tiempo há, mayormente haviendose aliado con diferentes Naciones, distantes unas de otras, con quienes no tienen ningun enlace de interés. Ellos mismos han declarado tener la resolución de apoderarse de los principales Puestos exteriores, arruinar las Plantaciones, destruir los Establecimientos indefensos, y despues dejarse caer, con todas sus fuerzas, sobre las Fronteras *Inglesas*... [25].

El redactor del *Mercurio* recapitula de forma muy similar:

> ... Como quieren tanto á los *Franceses*, como nos aborrecen á nosotros, y que discurren que todavía dura la gue-

---

[25] *Gaceta de Madrid* del martes 20 de septiembre de 1763, sección de Londres, p. 310.

rra con *Francia,* parece que quando supieren que la paz
esta hecha con esta Corona, deberian estar menos enco-
nados ázia nosotros; pero no lo discurrimos así. Se cree
que proseguirán en querer á los *Franceses,* sin dexar de
aborrecernos, y de proseguir las hostilidades: de modo,
que nos será forzoso tomarles por fuerza de Armas lo que
haviamos conquistado á los *Franceses.* Por otra parte la
guerra que los *Indios* nos hacen, no es segun parece, el
efecto de algun disgusto repentino, es preciso que se estuviesen preparando para ella tiempo havia. La confederación se compone de Naciones demasiado apartadas unas
de otras, y que no tienen intereses comunes, por dudar de
que haya sido la resulta de una larga negociación, que la
quita toda apariencia de casualidad. Los *indios* han declarado también, que quieren apoderarse de los principales
puestos exteriores, arruinar las plantaciones, destruir los
establecimientos que estan indefensos, é ir despues á nuestras fronteras [26].

Como se aprecia evidentemente, las fuentes utilizadas por los
dos periódicos son las mismas. Las cartas, relaciones o avisos que
los redactores tuvieron a mano, no dudan en manifestar que la
confederación y la guerra habían sido premeditadas por los indios.
La causa inmediata que alegar era lo de menos: igual podía ser la
amistad con los franceses que la usurpación de sus territorios por
los ingleses. No atienden ni a la información de que la paz con
Francia había sido firmada ni a las órdenes dictadas por Su Majestad Británica prohibiendo y condenando los asentamientos indebidos. Parece deducirse, pues, que el origen del conflicto armado es otro. Pero, ¿cuál? ¿Sería una conjuración para expulsar a los
europeos, en concreto a los ingleses, del continente de América
Septentrional? ¿Influirían en los ánimos de los Jefes de las diversas tribus los franco-españoles, deseosos de ver restaurado el equilibrio en América? La prensa, como estamos viendo, se muestra
indecisa, insegura. Las secciones de París-Versailles y las de Madrid guardan silencio; parecen haberse olvidado por completo de
la pasada guerra y de sus enemigos. Si hubo negociaciones secre-

---

[26] *Mercurio Histórico y Político* del mes de octubre de 1763, sección de
Londres, pp. 151-152.

tas, lógicamente no se reflejan en la prensa española para no alarmar a nuestras colonias.

La última noticia que expondremos sobre las causas de la guerra, es la que se concluye del Congreso habido en Hertford. Una vez más se rubrica el hecho de la usurpación de terrenos por los británicos. Incluso se especifica el número de familias que se asentaron: trescientas. En el *Mercurio* del mes de agosto se anunciaba una reunión con representantes indios:

> De orden del Rey havrá en *América* un Congreso, compuesto de los Gobernadores de las varias Provincias, al qual asistirán los Gefes de las Tribus de los *Indios*, del Continente de la *América Septentrional*. Estos propondrán los motivos de sus quexas, se les satisfará, se les bolverán las tierras que les han usurpado, y se les prometerá, que no se establecerán mas Colonias en las cercanias de sus habitaciones. Con esto los que en adelante quisiesen hacer establecimientos en la *América Septentrional*, no podrán executarlo sin haver conseguido antes el permiso de S. M.[27].

La finalidad que se perseguía, era la de negociar la paz con los indígenas. Lo cierto es que hubo más de un Congreso, si bien de carácter particular, como los mantenidos por el caballero Johnson cerca de Albany[28], y el ya mencionado de Hertford. Este último se realizó a nivel provincial y es el que arroja más información para esclarecer la guerra que nos ocupa. La *Gaceta* del 4 de octubre, en la sección de Londres, comunica las gestiones del gobernador y del Consejo de Connecticut con los representantes de las Seis Naciones:

> Se sabe de la *Nueva-York*, con fecha 21 de Julio ultimo, que las tribus de *Indios*, conocidas bajo el nombre de las *Seis Naciones*, embiaron diputados a *Hertford*, en la Colonia de *Connecticut*, a fin de conferir con el Governador, y Consejo de la Colonia. Estos Diputados, en número de cinco, fueron introducidos a la Camara del Consejo; y haviendose sentado despues de las ceremonias acostumbra-

---

[27] *Mercurio Histórico y Político* del mes de agosto de 1763, sección de Londres, p. 340.
[28] *Gaceta de Madrid* del martes 18 de octubre de 1763, sección de Londres, pp. 340-341.

das, se levantó uno de ellos, y dió parte del objeto de su venida, diciendo, entre otras cosas, que los Gefes de las *Seis Naciones* tenian noticia de que unas 300 familias *Inglesas* debian ir a establecerse en sus territorios, con la idéa de construir Fuertes en ellos: a que el Governador les satisfizo por medio del Interprete, declarandoles, que el Govierno no pretendia formar establecimiento alguno en sus tierras, como les havian informado; y que antes al contrario, havia el Rey embiado orden de prohibir a todos sus Subditos el que se estableciesen en territorios de los *Indios.* Despues que los Diputados oyeron esta respuesta, manifestaron su satisfacción al Governador, y se retiraron [29].

La sublevación general de los indios de América Septentrional fue motivada, según se deduce de las noticias aparecidas en la prensa española del siglo XVIII, por la usurpación de territorios, que ni habían sido cedidos ni vendidos a Su Majestad Británica, ni por los indígenas ni en virtud de la paz de 1763. No obstante, no se debe rechazar la posibilidad de que los franceses les instigasen con la finalidad de dinamitar lentamente el poderío inglés y de restaurar el equilibrio en América Septentrional.

La solución que se ofrecía al gobierno británico era la de prohibir el asentamiento en los dominios del Oeste y desmantelar los erigidos. Suponía un duro golpe a los colonos, que desde mucho antes de firmarse el Tratado de París, habían cifrado sus esperanzas en el *Far West.* El infinito horizonte representaba nuevos comercios, riquezas insospechadas y la plena libertad. El Decreto del mes de octubre de 1763 hirió los ánimos de los hombres de la frontera. Fue la primera afrenta que sufrieron los *provincianos:* la metrópoli se inmiscuía en sus asuntos. Admitieron que el gobierno inglés quisiera instaurar una administración más fuerte en las nuevas adquisiciones, pero eran incapaces de comprender que Su Majestad pretendiese recortar su secular semiindependencia.

La *Gaceta de Madrid* del martes 8 de noviembre de 1763 dio a conocer el Decreto a los españoles:

Londres 18. de *Octubre* de 1763... El Rey ha publicado un decreto, relativo a la administración, y buen orden de las

---

[29] *Gaceta de Madrid* del martes 4 de octubre de 1763, sección de Londres, p. 324.

Islas, y Paises cedidos por el Tratado de paz a la *Gran Bretaña*, cuyos principales articulos son los siguientes. I. Su Majestad erije quatro Goviernos separados en estas nuevas adquisiciones con los titulos de *Quebec, Florida Oriental, Florida Occidental*, y Isla de *Granada*, fijando al mismo tiempo los limites de cada uno de estos Goviernos. II. Deseando el Rey facilitar a sus Vasallos los medios de estenderse libremente en sus pesquerias en la costa de *Labrador*, e Islas inmediatas, ha sometido a la inspeccion del Govierno de *Terranova* toda esta costa, desde el Rio de S. *Juan* hasta el estrecho de *Hudson* como tambien las Islas de *Anticosti*, la de la *Magdalena*, y todas las demas situadas en la misma costa. III. La Isla de S. *Juan*, y la Isla *Real*, con las pequeñas Islas, que hay en sus inmediaciones, quedan anexas al Govierno de la *Nueva Escocia*. IV. Todos los territorios situados entre el Rio de *Attamaha*, y el de *Santa Maria*, lo quedan tambien a la Provincia de *Georgia*. V. Su Majestad dá pleno poder a los Governadores de estas nuevas Colonias para convocar en sus respectivos Goviernos Asambleas generales de Provincia, en las quales se establezcan todos los reglamentos necesarios al buen orden, y administracion de la Colonia, conformandose, no obstante, con las leyes de *Inglaterra*, y observando las restricciones, y reglamentos establecidos en las demas Colonias *Inglesas* de la *America*. Al mismo tiempo se autoriza a estos Goviernos para que puedan establecer Tribunales de Judicatura, en donde se resuelvan todos los negocios civiles, y criminales, segun ley, y equidad, mirando, y observando siempre, en quanto sea posible, las leyes de *Inglaterra*. VI. Queriendo S. M. recompensar el valor de los Oficiales, y Soldados de sus Ejercitos, que han servido en la *America Meridional*, es su voluntad se conceda gratuitamente cierta porcion de terreno a aquellos que se hayan reformado en *America*, residan allí actualmente, y soliciten por si mismos esta recompensa. A cada Oficial, que tenga el grado de Oficial general, se le darán *5000. acres* de tierra: al Subalterno *2000.*: à cada Oficial no comisionado *200.*; y *50.* a cada Soldado. Estos territorios se exceptuarán de todo impuesto por tiempo de *10* años, y despues de este termino quedarán obligados a los mismos derechos, y condiciones, que los demas de la Provincia.

Los Governadores, y Comandantes en Gefe de dichas Colonias de *America* podrán conceder iguales porciones de terreno a los Oficiales de Marina reformados, que hayan servido en Navios de guerra en la *America Meridional*. VII. Queriendo S. M. reservar bajo su soberanía, y protección todos los territorios, que no fueron cedidos, ni vendidos por los *Indios*, prohibe a sus Governadores el que puedan disponer de ningunos de los que estén situados fuera de los limites de su Govierno; y a todos sus Vasallos el que formen establecimiento alguno en dichos terrenos, mandando a los que ya lo hubiesen hecho los abandonen inmediatamente, sopena de desobediencia, &c. ... [30].

El primer paso hacia la paz estaba dado en el artículo séptimo del Decreto. Se conseguiría la amistad de los indios, a cambio de la oposición de los especuladores de tierras, de los comerciantes de pieles y de los pequeños colonos de la frontera. No obstante, la disposición nunca fue aplicada de forma estricta. Los encargados de vigilar la línea divisoria se quedaron tranquilamente en Inglaterra cobrando sus asignaciones, cuando no eran sobornados por pequeños grupos que lograron establecerse en el territorio delimitado por los Alleghany, la región de los Lagos y la cuenca del Mississippi. Entre estos pequeños grupos figuraban hombres como George Washington, los Lee, Franklin... que estaban llamados a erigir en su día la independencia de las colonias. El control imperial que el gobierno inglés quería ejercer sobre los establecimientos de América Septentrional, se enfrentaba de continuo con la conciencia de autonomía desarrollada en las provincias durante los siglos de semiabandono metropolitano.

Aunque los fundamentos de la paz estuviesen promulgados, la sección de Londres de la *Gaceta de Madrid*, seguía informando de los sucesos del continente americano.

Los avisos de *Philadelphia*, con fecha de 27 de Julio ultimo, refieren, que las noticias que allí se tenian del *Fuerte Pitt*, eran, que el Alferez *Price*, que se hallaba apostado con 12 hombres en el del *Buey*, havia llegado a *Pitsbourg* el 26. de Junio con solo la mitad de su gente, habiendo

---

[30] *Gaceta de Madrid* del martes 8 de noviembre de 1763, sección de Londres, pp. 365-366.

dejado el resto enfermo en el camino. Despues que este Oficial defendió valerosamente su Puesto, hasta que los *Salvajes* le pegaron fuego con flechas encendidas, tuvo modo de escapar, caminando seis dias, sin provisiones. Halló destruido a *Venango*, y la Guarnicion pasada a cuchillo. El mismo dia llegó a *Pitsbourg* un Soldado, que se libertó huyendo de *Peninsula*, con cuyo motivo se sabe, que los *Indios* havian atacado aquella Plaza: que se defendió dos dias, y que por fin, haviendo los Salvajes arruinado el Almacén, havia capitulado la Guarnicion, y obtenido la libertad de pasar a *Pitsbourg;* pero que luego que se puso en marcha, se arrojaron los *Indios* sobre ella, sacrificandola toda. Las cartas de la *Nueva York* refieren, que la Guarnición del Fuerte *Détroit* continuaba en defenderse maravillosamente. Las de *Montreal*, de 12 de *Agosto*, informan, que todos los avisos que allí se tenian de los Puestos abanzados eran muy melancólicos, respecto de hallarse cortados por los *Indios*, que quitaron la vida a quantos encontraron. La mayor parte de nuestras gentes, que se hallaron en estas crueldades, tuvieron modo de escaparse, y la fortuna de llegar a *Montreal*. Muchos de ellos estuvieron sentenciados a cocerlos en ollas por la Tropa de los *Salvajes*, quienes cocieron, y se comieron en una sola noche quatro de nuestros Soldados. Ha llegado a tanto su barbarie, que precisaron a los Mercaderes, y otros *Ingleses* a comer pan mojado en la sangre de sus Compatriotas difuntos. Estos infelices fueron libertados del poder de los Bárbaros por quatro Naciones amigas, que los escoltaron hasta *Montreal;* y aunque recobraron gran parte de sus pieles, han perdido muchos efectos [31].

Cuando se iba a cumplir un año del cese de hostilidades y de la firma del Tratado de París, las noticias recibidas de América siguen siendo alarmistas. El gobierno inglés procuraría a lo largo de 1764, dar una nueva orientación a la guerra con los salvajes. En primer lugar, reemplazaría a J. Amherst, contra el que las colonias habían levantado algunas quejas, por el caballero William Johnson, el negociador de Albany. Los cambios administrativos o

---

[31] *Gaceta de Madrid* del martes 29 de noviembre de 1763, sección de Londres, pp. 389-390.

gubernamentales llevan consigo cierta esperanza de ver mejorado y aliviado lo ya pasado, y en W. Johnson debieron de cifrar sus mejores deseos el consejo de Su Majestad y los *provincianos*. Por lo pronto, introdujo un giro a las negociaciones con los indios. El Decreto de octubre había puesto la primera piedra para la paz con los indígenas, aunque, como ya hemos indicado, *amotinase* a los colonos contra la metrópoli, pero era mucho esperar que solucionase, de buenas a primeras, el conflicto. La política de Johnson dirigió sus pasos a ganarse la amistad de algunas tribus, con las que mantenía relaciones confraternales, e instigarlas a combatir al resto de las naciones sublevadas. Una vez dominadas, se convertían en nuevos aliados para enfrentar a los que se afirmaban en su postura rebelde. Es decir, en lugar de intentar una paz general, que hubiera resultado más costoso, perseguía un doble fin: realizar amnistías parciales y provocar la guerra civil entre los indios para obtener la pacificación de territorios y de tribus que contribuyesen, a su vez, a dominar las levantiscas. Más sencillo: Johnson llevaba a la práctica el famoso axioma político de *divide y vencerás*. La táctica le proporcionó resultados tan satisfactorios, que no sólo obtuvo la progresiva paz en las colonias, sino que, además, logró que los indios cediesen a la corona británica regiones claves para el comercio.

El *Mercurio Histórico y Político* del mes de enero de 1764, informaba del viaje efectuado por J. Amherst a Londres para referir a Su Majestad británica las últimas novedades habidas en América Septentrional, en los siguientes términos:

> El General *Armhest*, que algunos años ha mandado nuestras tropas en la *America*, llegó aqui á bordo de la Falua de guerra la *Comadreja*. Besó desde luego la mano del Rey, que le recibió con mucho agrado. Despues fue á casa del Duque de *Halifax*, Secretario de Estado, del Despacho del Sur, y le informó del estado en que quedaban las cosas de la *America Septentrional* quando se vino. La habló tambien por menor de las providencias que se han tomado para sujetar á los *Salvages*, restablecer la tranquilidad y bolver al Comercio su esplendor. Aunque este General ha tenido gran parte en la conquista del *Canadá*, y en otras expediciones importantes, se quexan mucho de su conducta, especialmente de sus operaciones del año de 58 y 59, que, al parecer de sus censores, han sido demasiado lentas

y circunspectas. Esto prueba quan dificil es contentar á un Pueblo, que en sus juicios se dexa llevar de las preocupaciones, y del capricho. Se dice que el Caballero *Johnson*, natural de *America*, y Mayor General de los Exercitos del Rey, ocupará su puesto de Comandante de Tropas de S. M. [32].

En el mismo mes, incluye el *Mercurio* una carta, recibida de América, que demuestra el desaliento que imperaba entre los súbditos británicos:

Carta de la *America Septentrional*, su fecha de 12 de Diciembre de 1763.

Estamos expuestos á experimentar que antes hemos perdido que ganado, por haver querido conservar el *Canadá* en virtud de nuestro Tratado de Paz con la *Francia*. Parece que esta *Colonia* no se ha exceptuado del numero de la que hemos ofrecido bolverla, sino para que tuviese ocasion de vengarse, y de castigarnos de lo que ha padecido de resultas de nuestros esfuerzos para quitarsela, y del perjuicio que se la sigue de haverla perdido. Los *Salvages* del *Canadá* no han querido seguir el destino de su País, y mudar de Amos como él. Constantes en su afecto ácia los *Franceses*, nos niegan su amistad, desprecian la nuestra, y no quieren vivir debaxo de nuestro dominio. En vano nos hemos valido de todos los medios que nos han parecido mas eficaces para conciliarnos su amistad: no se ha conseguido nada, ni con las promesas, por mas ventajosas que fuesen las que les hemos hecho, ni los regalos, por mas que los apetezca su codicia, y que pudiesen moverlos si se los ofrecieran manos que no aborrecieran; ni menos la eloquencia de nuestro General *Armhest*, por mas que la haya esforzado, porque pierde sus alhagos la eloquencia quando el Orador no gusta á los oyentes, cuyo corazon no puede entonces mover, ni convencer el entendimiento. Los *Selvages* no lo han querido escuchar, y han respondido que no podian tener dos Pares: asi llaman á los Reyes, *porque los pensamientos de los Selvages son*

---

[32] *Mercurio Histórico y Político* del mes de enero de 1764, sección de Londres, pp. 79-80.

*conformes á la natualeza, y les enseñan el verdadero fin
de la institucion de los Reyes.* De modo que nos verémos
precisados á hacer una guerra cruel, para conservar la posesion de un País, cuya conquista nos ha costado tanta
sangre. Aseguran que mas de 40 mil *Selvages* de varias
Naciones han hecho juramento de echarnos de aquel País,
y de hacernos perder las ganas de bolver á él: hacen co-
rrerias en nuestras Colonias, y las llenan de horror. Nuestra fortuna consiste en haver ajustado la paz con la *Francia.* Si en la ultima guerra los *Selvages* huvieran estado tan
encarnizados contra nosotros, como lo están hoy en dia,
no solo no huvieramos hecho ninguna conquista en el
Nuevo Mundo, sino que huvieramos corrido riesgo de perder algunas de nuestras posesiones. Sin embargo el odio
de estos enemigos no debe atribuirse ni al influxo de la
Francia, ni á el de otra Potencia estrangera. El Pueblo po-
dria pensarlo, como lo pensó cinco meses há, quando se
tuvo la primera noticia de haverse rebelado los de la *Nueva York* contra el Gobierno *Ingles:* el Pueblo creyó al instante, que los Franceses eran la causa de esta rebelion;
pero despues de mejor informada la Corte supo que la
causa verdadera havia sido el disgusto de algunos *Ingleses.* Por esto muchos creen hoy en dia que los mismos habitantes de nuestras *Colonias* animan á los *Selvages* contra nosotros, con la mira de separarse de la *Inglaterra,* y
vivir independientes; porque no solo tenemos por enemigos a los *Selvages.* Yá se havia echado de vér, durante la
guerra, que los animos de los habitantes de nuestras *Colonias* no nos eran favorables, en vista de las dificultades
que oponian á los que tenian á su cargo el notificarles, y
hacerles obedecer las ordenes del Rey; pero su mala voluntad, entonces timida, circunspecta, y disfrazada, aunque con bastante artificio, se ha manifestado enteramente,
al instante que nuestros Navios se han apartado de sus
Costas [33].

El anónimo autor, cumplido patriota, se encuentra desanima-
do ante el sombrío cariz que adquieren los acontecimientos de
América Septentrional. Impulsado precisamente por su patriotis-

---

[33]   *Ibíd.,* pp. 80-83.

mo, se ve en la obligación de informar de lo que, en su opinión, cree una verdad evidente: Inglaterra ha perdido la guerra, al menos con la adquisición del Canadá, ese puñado de nieve. Los ingleses nada han podido con los indios: ni las promesas, ni los desiguales regalos, ni mucho menos los discursos del representante del rey de la Gran Bretaña. Dos siglos de dominación y humillación europea les ha despertado la conciencia. Quizá sus antepasados se dejaron deslumbrar por las baratijas que les ofrecían y por el poder de las armas de fuego, pero ellos han asimilado el contacto de las dos culturas y han sopesado lo bueno y lo malo que los hombres blancos les han aportado. Sobre todo, han visto cómo pugnaban entre sí por algo que no les pertenecía: las riquezas y los territorios del continente americano. Los indígenas les servían tan sólo para equilibrar sus fuerzas. Cuando una de las partes había obtenido la victoria, volvían a ser los salvajes que debían ser subyugados para rendir pleitesía a Su Majestad proporcionándole tierras, nuevos mercados... Ni siquiera respetan la ley natural de la que hablan algunos europeos. Ha llegado el momento de que los indios se busquen a sí mismos, de que se autentifiquen. Pero lo que parece un movimiento autóctono, la unión de una raza para combatir a otra invasora, no lo es, según se desprende de la carta del *Mercurio*. El autor revela que los franceses no han instigado a los *salvajes*, sino los propios súbditos británicos, los «provincianos», que han decidido emprender su andanada en soledad, independientes del proteccionismo metropolitano. Incluso les acusa de hipócritas y recuerda la desgana con la que cumplían las órdenes en la pasada guerra. ¿Sería esta la causa de que en S. James se realizasen los consejos con tanta frecuencia? ¿Por ello la corte procuró imponer en adelante una administración y una participación de las colonias en los intereses de Gran Bretaña más rígidas? ¿Los diez mil soldados enviados a América Septentrional llevaban, además de la de vigilar las maniobras de los «papistas», la consigna de atajar cualquier intento de sedición? Resulta difícil responder a esas preguntas. Los americanos no querían la independencia hasta el momento de promulgar su declaración. Y aún en ese crucial instante se hallaban divididos. Ya lo veremos más adelante, pero adelantemos que su pugna fue, en primer lugar, constitucional: deseaban que las colonias tuviesen sus representantes en el Parlamento para votar las leyes que les atañían. Digamos de forma sencilla que sus prohombres eran más legales que la Cámara legislativa de la Gran Bretaña, a la que intentaron recordar ciertos derechos de todo súbdito británico. En última instancia, podemos afirmar que los colonos lo máximo que querían en los primeros pasos que les conducirían a constituir los Estados Unidos, era volver al «Statuo» imperante con anterioridad a 1763: una agradable situación de semiautonomía sin olvidar sus deberes con la metrópoli.

La carta que estamos comentando, asegura:

> que más de 40 mil *selvages* de varias Naciones han hecho juramento de echarnos de aquel País, y de hacernos perder las ganas de bolver á el: hacen correrías en nuestras *Colonias*, y las llenan de horror.

No da más detalles de la confederación. La *Gaceta* del martes 10 de enero de 1764 proporciona una información más completa y pormenorizada:

> *Canadá*, la *America Septentrional*, 3. de Octubre de 1763.
>
> Todos los *Indios* del País superior han hecho alianza contra los *Ingleses*, empeñándose en echar de sus Territorios a quantos habitan en ellos. Su posesion la han concedido a sus hermanos, y buenos amigos. En virtud de esta liga general, 40[000] hombres de las 84. Tribus tomaron las armas contra los *Ingleses*. Se apoderaron de todos los Puestos, a lo largo de las Costas *Occidentales* del Lago superior de *Chagoua Megou*, de *Misilimakinak*, de la *Baía* de los *Puants*, de *Miania*, del Rio de *S. Joseph*, de los Fuertes del *Quesue*, y de *Machault*, de *Peninsulas*, y del pequeño *Niagara*. Dos meses há que están sitiando el Fuerte *Détroit*, y han intimado a la Guarnición del Fuerte mayor de *Niagara*, que se rindiese. Fuera de esto hacen correrías hasta las fronteras de la *Carolina*, de la *Virginia*, y de la *Pensilvania:* no dán quartél a ningun *Inglés*, que cayga en sus manos: se hace cuenta de haver sacrificado en diferentes reencuentros mas de 10 [000]. El General *Amherst* embió, en calidad de Embajadores, algunos Oficiales de sus Tropas a los Gefes de estas Naciones, para vér si los podían reducir, bien fuese con buenas palabras, o con regalos. Estos Oficiales, en cumplimiento de su encargo, representaron a los Selvajes: *que la felicidad de su Nacion estaba en vivir en buena correspondencia con los Ingleses:*

que haviendo el Rey de la Gran Bretaña vencido al Rey de Francia, su Enemigo; todas las posesiones que tenía este ultimo Soberano en Canadá, le pertenecían de derecho; y que por consecüencia, su dicha Majestad Británica era actualmente Padre, y Protector suyo. Pondiack, principal Gefe de estas Naciones *Indias* interrumpió el discurso de los Embajadores *Ingleses* con la palabra de *Padre*, y les respondió en estos terminos: *Decidme vosotros, Ingleses: Puede un hijo tener muchos Padres? Mucho tiempo há que todas estas Naciones han elejido uno solamente en la persona del Gran Onontio. Con qué titulo podeis pretender, que nosotros tengamos otro Padre? El que vosotros os lleveis su collar, sus presentes, y las promesas de su protección, no lo consentirémos. Decid a vuestro General, que desocupe inmediatamente, con sus gentes, nuestras tierras; y que no permitirémos que ninguno de vosotros ponga el pie dentro: La cesion de Onontio, de quien nos hablais con tanto emphasis, hace en nuestro espiritu muy diferentes impresiones. Por una parte esta misma cesion nos dá motivo de reirnos de las pretensiones de vuestro Amo; y por otra lloramos la desgracia de nuestro Padre. Retiraos de aquí: no tengo mas que decir, ni oír* [34].

La presente noticia, escrita antes de la promulgación del Decreto del 7 de octubre y del viaje del general Amherst a Londres, encierra una fuerte carga de dramatismo clásico. La conjuración india adquirió dimensiones desmesuradas. Los ingleses tuvieron miedo y creyeron que la solución era una simple embajada ebria de fanfarronería y de soberbia, sutil máscara para ocultar el espanto de los mensajeros. Pontiac respondió con firmeza y seguro del poderío alcanzado por la confederación. Ya no es la *devotio fidei* a los franceses de la que hablábamos páginas atrás. Es, simplemente, una cuestión de ley natural y de amor propio. ¿Qué les importaba que Su Majestad Británica hubiera vencido al Rey Cristianísimo y que éste les hubiera cedido sus antiguos dominios, si mucho antes de que el primer inglés o el primer *papista* pusiera el pie en América, ellos, los *salvajes*, eran dueños de los territorios que ahora se disputaban los hombres blancos? La naturaleza les

[34] *Gaceta de Madrid* del martes 10 de enero de 1764, sección de Londres, pp. 14-15.

había entregado aquel continente y el derecho a regirse como de-
searan. La naturaleza, además, no admite cambios de *amo* ni destro-
namientos de dioses. Aunque Onantio y el Dios de los cristianos
fuese el mismo, salvadas las formas externas de culto, ¿en qué se
fundaban los *yankees* para asegurar que la felicidad de su nación
estribaba en mantener amistosas relaciones con ellos y que Su Majestad Británica era el padre y protector de los indios? Todo
hombre es, en primer lugar, dueño de sí y, en segundo, de la sociedad en que vive y cuya cultura ha aceptado. Los embajadores
salieron escaldados, como dice el vulgo. En el camino de regreso,
iban tramando la forma de humillar a Pontiac y sus conjurados,
y la de preservar sus dominios contra los ataques de aquellos
Selvajes. Era preciso enfrentar una tropa considerable a los cuarenta mil sublevados en el Canadá y a los otros tantos indios amotinados en el resto del continente. Así, las prensas del *Mercurio*
y de la *Gaceta* imprimen, a lo largo de 1764, reiteradas noticias
que informan de las levas que se están realizando en Inglaterra y
en las colonias británicas de América Septentrional para dominar
la rebelión general. Aun cuando algunas tribus son sometidas al
yugo de los súbditos de Jorge III y sus guerreros, de acuerdo con
los tratados firmados con los ingleses, forman parte del ejército
expedicionario destinado a combatir a los hermanos de sangre
todavía en pie de guerra, los reclutamientos prosiguen.

> Se habla mucho de que en breve se embarcarán mas Tro-
> pas para refuerzo de las de la *América Septentrional* á
> cuyo efecto las Provincias respectivas han ofrecido contri-
> buir para reclutarlas, con el fin de resguardar aquel País
> de las sorpresas de los *Selvages* [35].

Comunicaba el *Mercurio* del mes de enero y la *Gaceta* del martes
20 de marzo de 1764 corroboraba:

> Las cartas de la *Nueva York*, con fechas de 5. y 16. de
> *Enero* de este año, nos traen las noticias siguientes. El
> Governador pronunció un discurso en la Asambléa gene-
> ral de la Provincia de *Massachusetts* el 22, de Diciembre
> ultimo. En él declaró, que se la pedian 700. hombres para
> unirlos á las Tropas regladas del Rey, y para hacer la

---

[35] *Mercurio Histórico y Político* del mes de enero de 1764, sección de Londres, p. 79.

guerra á los *Selvajes*, que habitan las immediaciones de los Lagos: añadió, que se aumentaria el numero de los Oficiales en las Compañias: que estas Tropas debian estár prontas á marchar ázia la *Albania* el primero de Marzo proximo, y que solo servirian hasta primero de Noviembre siguiente. Recomendó fuertemente la leva de esta gente, y la de los 200. hombres, destinados á guardar la parte *Oriental* de la Provincia contra las incursiones de los *Selvajes*. La Asambléa consintió, sin dificultad, en esta demanda [36].

El *Mercurio* del mismo mes confirmaba las levas efectuadas en las provincias:

> Las ultimas Cartas de la *America Septentrional*, que han venido por la via de la *Nueva York* refieren, que las Provincias *Inglesas* han convenido en levantar algunas Tropas que se juntarán con las Tropas regladas para la seguridad de las Fronteras, aunque sea cierto que casi todas las Tribus de los *Selvages* han hecho la Paz [37].

En efecto: por entonces se había firmado la paz, paces parciales, con diversas tribus y la *Sugar Act* acababa de ser promulgada. La repercusión y la reacción de los colonos ante las tasas impuestas, distraían la atención de las negociaciones con los indios, cuyas noticias se entremezclaban con las decisiones del Parlamento y las protestas de los *provincianos*. A punto de finalizar el año, y cuando la paz general se creía inmediata, la *Gaceta* del martes 27 de noviembre hacía circular el rumor de que:

> Corre la voz de que habrá siempre cinco Regimientos de Tropas *Britanicas* en la *Nueva York*, *Pensilvania*, y la *Nueva Inglaterra* [38].

Interesa a este respecto las palabras pronunciadas por el gobernador y comandante en jefe de la provincia de New York, Cad-

---

[36] *Gaceta de Madrid* del martes 20 de marzo de 1764, sección de Londres, p. 100.

[37] *Mercurio Histórico y Político* del mes de marzo de 1764, sección de Londres, p. 260.

[38] *Gaceta de Madrid* del martes 27 de noviembre de 1764, sección de Londres, p. 398.

wallader Colden, ante la Asamblea general. Después de dar la enhorabuena por la paz firmada con las tribus del Niagara,

> manifestó quan satisfecho se hallaba el Rey de las providencias dadas para el mantenimiento de las Tropas que están actualmente al sueldo de la Provincia [39].

Cuando se proclame la *Ley del acuartelamiento* y los colonos reaccionen enérgicamente en contra suya, Jorge III cambiaría de opinión.

Una vez montados los efectivos militares y ante la resistencia ofrecida por los indios a firmar una paz general con los ingleses, se inician las campañas. La *Gaceta* y el *Mercurio* informan con detalle de las diversas suertes sufridas por cada bando y de las amnistías parciales que se van consiguiendo.

La *Gaceta de Madrid* del martes 14 de febrero extracta cartas recibidas de la Carolina Meridional, de Virginia y de New York comunicando el congreso habido en Augusta:

> Las Cartas de la *Carolina Meridional*, con fecha de 29 de *Noviembre* ultimo, refieren, que los Governadores de la *Virginia*, y de la *Georgia* se havian restituido del Congreso, que se tuvo en *Augusta* con los Gefes de las Tribus vecinas: que los *Selvajes* havian cesado en sus hostilidades, dando quantas muestras acostumbran para significar la paz; y que los Governadores del Rey, por su parte, quedaban en embiar al Ministerio una relacion del suceso de sus negociaciones. De la *Nueva York* se sabe, que a mas de haver ajustado la paz con los Gefes de las diferentes Tribus, los *Selvajes* cedieron al Rey muchas Provincias, cuya posesion disputaban a los *Ingleses;* y que por evitar nuevas hostilidades, havian prohibido los Governadores vender a los *Indios* armas, y municiones de guerra, pena de una multa, o castigo corporal [40].

La *Gaceta* del 28 del mismo mes informa de la armonía reinante con las tribus meridionales:

---

[39] *Gaceta de Madrid* del martes 4 de diciembre de 1764, sección de Londres, p. 406.

[40] *Gaceta de Madrid* del martes 14 de febrero de 1764, sección de Londres, p. 54.

Las Provincias de los *Chicachas, Catawbas, Chiroqueses, Creeks,* y *Chactaws* viven ya en buena harmonía con nosotros; pero aun quedan por sujetar los *Selvajes* de la parte *Septentrional* de la *America,* que son los mas formidables, tanto por los motivos por qué tomaron las armas, quanto porque son los mas feroces, y crueles. Muchas cartas de aquellos parajes están llenas de tristes relaciones sobre este asunto. Por quantas partes penetran los *Indios,* arruinan el País, y sacrifican sus habitantes. Sin embargo de esto, nos lisonjeamos, que el General *Gage,* y el Cavallero *Guillermo Johnson,* encontrarán en su actividad, y buena conducta, los medios de restablecer bien presto la paz, y la tranquilidad, y de poner el comercio con los *Selvajes* sobre un pie floreciente[41].

Conviene adelantar en este punto, que el nombramiento del general Gage como Comandante en Jefe de las Tropas de Su Majestad Británica en América Septentrional será dado a conocer por el *Mercurio* del mes de noviembre y por la *Gaceta* del 27 del mismo mes[42].

Los primeros pasos hacia la paz con los indios se vieron enturbiados por un desagradable incidente acaecido en Pennsylvania. Un grupo de yankees, desquiciados por la guerra con los indígenas fronterizos y por las crueldades que llevaban a cabo con sus conciudadanos, atacó a una tribu pacífica que mantenía cordiales relaciones con los ingleses. La *Gaceta* del 20 de marzo refiere en los siguientes términos el suceso:

Por cartas de *Philadelphia* se sabía la *Nueva York,* que un trozo de gente de Cavallería armada se havia dirijido á un lugar de los *Indios,* en el *Cantón de Conestagne* de la Provincia de *Lancasto;* y que despues de haver usado la cruel- dad de quitar la vida, sin motivo, á seis *Selvajes,* pego fuego a sus casas, apoderandose de sus efectos. Otra partida de *Ingleses* marchó el 27. del mismo mes al Pueblo de *Lancastró:* forzó las puertas de una casa, que servía de

---

[41] *Gaceta de Madrid* del martes 28 de febrero de 1764, sección de Londres, p. 73.

[42] *Mercurio Histórico y Político* del mes de noviembre de 1764, sección de Londres, p. 210, y *Gaceta de Madrid* del martes 27 de noviembre de 1764, sección de Londres, p. 397.

asylo á muchos *Selvajes*, y quitó la vida á 14. de ellos, sin distincion de edad, ni sexo. Todos estos *Selvajes*, durante las ultimas turbulencias, y muchos años antes havian vivido pacificamente bajo la proteccion del Govierno, y de las Leyes de *Inglaterra*. El Governador de *Pensilbania* ha ofrecido una recompensa de 200. libras *Sterlinas* á qualquiera persona, que coja, y entregue tres de los principales autores de estas crueldades. Tambien ha ofrecido igual gratificacion, y perdon de su delito á aquellos cómplices, que, no haviendo cooperado á estos desordenes, declaren alguno de los Gefes, y se apoderen de su persona. Dicese, que los demás *Selvajes*, atemorizados de semejante barbarie, pidieron licencia para restituirse á casa de sus amigos, ó á sus antiguas habitaciones, y que el Govierno, condescendiendo á su demanda les ha dado guias, que los condujeron por las Provincias de la *Nueva Jersey*, y la de la *Nueva York*. Se asegura, que esta caravana de *Selvajes* quedaba en *Amboy*, escoltada de un Destacamento de *Montañeses*. Se puede recelar, que en las presentes circunstancias se junten á los que nos hacen la guerra, cuyo suceso podría tener funestas conseqüencias [43].

El *Mercurio* del mes de marzo relata el mismo acontecimiento, si bien de una forma más sucinta [44]. No se vuelve a tener noticia del incidente de Pennsylvania, hasta el mes de junio, en el que la *Gaceta* informa de que la Asamblea publicó una ley contra los tumultuosos sin especificar su contenido. Añade que la paz y el orden aún no se han restablecido por completo [45].

A pesar de ello, las campañas proseguían. La *Gaceta* del 22 de mayo da a conocer a sus lectores la expedición realizada por W. Johnson, acompañado de una partida de indios amigos, contra los rebeldes de Kanestio y las poblaciones de Houanons y Delawares:

Las ultimas cartas que llegaron de la *Nueva-York*, contienen las particularidades siguientes: El Cavallero *William*

---

[43] *Gaceta de Madrid* del martes 20 de marzo de 1764, sección de Londres, pp. 100-101.

[44] *Mercurio Histórico y Político* del mes de marzo de 1764, Sección de Londres, p. 260.

[45] *Gaceta de Madrid* del martes 19 de junio de 1764, sección de Londres, p. 215.

Johnson embió ultimamente una Partida, compuesta de cerca de 200. *Salvajes* de las Naciones amigas, con algunas Tropas lijeras, y Oficiales, á atacar los *Salvajes* del gran Pueblo de *Kanestio*, que han concebido el mayor odio á los *Ingleses*, y cometieron las primeras hostilidades. Esta Tropa debe marchar despues contra las Poblaciones de los *Houanons*, y *Delawares*: la buena voluntad que ha manifestado, nos hace esperanzar la consecucion de esta empresa. Tambien sabémos, que otras muchas partidas se disponen para á nuestro servicio; de modo, que hay apariencias, que los que han arruinado nuestros establecimientos, tendrán que retirarse á guardar sus propias casas. Los *Salvajes*, que el Cavallero *William Johnson* puso en campaña, recibieron aviso el 26 de Febrero ultimo, que un Cuerpo de sus Enemigos los *Delawares* estaba campado cerca de *Susquehana*, con intento de embestir las habitaciones de las cercanias. Con esta noticia, se encaminaron ácia el Campo Enemigo, le rodearon, y sorprendieron; y cayendo impetuosamente sobre él, hicieron prisioneros 41 hombres, en que consistia el Cuerpo, con su Gefe, ó Capitan *Bull*, hijo de *Teedynscung*, que ha dado pruebas de la mayor ojeriza á los *Ingleses*, y mandado muchas Partidas contra ellos, durante la actual guerra de los *Salvajes*. Todos estos prisioneros se guardan cuidadosamente, y se deben traer aquí bajo una buena escolta [46].

El *Mercurio* del mes de julio y la *Gaceta* del 7 de agosto describen, a través de cartas extractadas de New York, cómo el caballero W. Johnson, acompañado de una partida de indios amigos, había rechazado a los salvajes que sitiaban el fuerte Détroit. La táctica empleada fue similar a la que nos relata la noticia anterior: un destacamento de los indígenas partidarios de los ingleses, se lanzan contra sus hermanos de sangre aún rebeldes y los pasan a cuchillo. Johnson fomenta la guerra civil para velar por los intereses de Su Majestad Británica [47].

---

[46] *Gaceta de Madrid* del martes 22 de mayo de 1764, sección de Londres, p. 179.

[47] *Mercurio Histórico y Político* del mes de julio, sección de Londres, p. 224, y *Gaceta de Madrid* del martes 7 de agosto de 1764, sección de Londres, p. 271.

El *Mercurio* del mes de agosto da a conocer a sus lectores los artículos de la paz firmada con los indios Sénecas. Por ellos, se obligan a donar a los *yankees* ciertos terrenos y ventajas comerciales, así como a ayudarles en las campañas dirigidas a dominar a las tribus sublevadas:

Ahora acaba de publicar los Articulos preliminares de un Tratado de paz, que el Caballero *Johnson,* Superintendente de los Negocios del Norte de *America* ha ajustado con los Diputados de los *Indios Senecas.* En estos articulos se ha estipulado lo que se sigue.

I. Que estos *Salvages* no harán mas hostilidades contra los *Ingleses,* y no cometerán ninguna violencia, ni exceso contra los Vasallos de S. M. *Britanica.*

II. Que al firmarse el Tratado, mandarán entregar al Caballero *Johnson* todos los prisioneros *Ingleses,* los desertores, los *Franceses,* y los *Negros,* con los dos *Salvages,* que en 1762 mataron á los Negociantes *Ingleses.*

III. Que se darán al Rey, y á sus sucesores ciertas tierras junto á *Niagara,* que tendrán como unas 20 millas de circunferencia, y que los *Ingleses* podrán cortar leña en los territorios de los *Senecas,* para uso del Rey, y de sus guarniciones.

IV. Que las Tropas de S. M., y todos sus Vasallos podrán ir por tierra, y por agua á dichos territorios.

V. Que concederán para siempre al Rey, y á sus herederos el uso de los Puertos, que están a la orilla del Lago *Ontario,* y de sus Rios para los Navios, y Embarcaciones *Inglesas:* que no tendrán amistad alguna con las Tribus de los *Shaunoeses, Delawares,* y demás Tribus enemigas del Rey: que concurrirán á castigarles por su perfidia, y a restablecer el orden, y la tranquilidad en el País.

VII. [*sic*]. Que si algun *Seneca* huviese hecho alguna muerte, deberá ser entregado, para que le procesen, y castiguen, segun las Leyes de *Inglaterra.*

VIII. Que para asegurar el cumplimiento de estos Articulos, los *Senecas* entregarán tres hombres principales de su Nacion.

IX. Que en conseqüencia de estas condiciones, el Caballero *Johnson* concede en nombre del Rey á los *Senecas* el perdon de sus delitos: que quedarán en posesion de todos sus derechos; y que conformandose con las condiciones expresadas, serán admitidos en la Alianza con los *Ingleses*, y harán con ellos un comercio libre, y equitativo.

Este Tratado se mira como el preliminar del restablecimiento de la tranquilidad general en aquel País. No obstante, algunas Naciones *Salvages* prosiguen en devastar las Fronteras de las Provincias de *Pensilvania*, de *Virginia*, de *Carolina*, y otras. El Caballero *Johnson*, con 18 Compañias de Milicias, en numero de 1500 hombres, se ha puesto en marcha ácia *Niagara* el dia 18 de Junio proximo pasado para atacarles, y en esta Expedición le ayudan los Senecas, y otras Tribus amigas de los Ingleses [48].

Los ingleses no retardaron la toma de posesión de los territorios *cedidos* por los indios, ni cesaron sus expediciones en busca de nuevas tribus que pacificar, procurando obtener dominios donde extender su comercio. Buena muestra de ello, es la noticia incluida en la *Gaceta* del 30 de octubre:

Se asegura, que se embarcará inmediatamente un gran número de Cañones, y municiones de guerra para la *Nueva York*, con destino á fortificar los importantes pasos que ultimamente cedieron al Rey los *Indios* de la *America Septentrional*, los quales son de la mayor conseqüencia, por facilitar el comercio de las pieles, y asegurar las espaldas á nuestras *Colonias*. Se ha recibido una carta, escrita en *Oswego* el 7. de Agosto ultimo, que refiere, que el Caballero *Guillermo Johnson* habia ajustado Tratados de paz, y de amistad con 28. Tribus *Salvages*, quienes, para facilitar las comunicaciones de los Lagos, han cedido al Rey, y sus succesores una considerable porcion de terreno. Esta carta añade haberse arreglado en un Congreso

---

[48] *Mercurio Histórico y Político* del mes de agosto de 1764, sección de Londres, pp. 317-319. También se reproducen los artículos de la paz firmada con los Sénecas en la *Gaceta de Madrid* del martes 17 de julio de 1764, sección de Londres, pp. 246-247. Sobre la campaña de William Johnson contra la región de Niágara, se puede consultar la *Gaceta de Madrid* del martes 4 de septiembre de 1764, sección de Londres, pp. 301-302. Conviene advertir que dice prácticamente lo mismo que el último párrafo transcrito del *Mercurio*. La *Gaceta de Madrid* del martes 28 de agosto de 1764, sección de Londres, p. 293, reproduce una carta en la que se refieren los ataques de los indios a la provincia de Virginia.

la entera satisfaccion de las partes interesadas. Y si esto fuese asi, quedaria sólidamente restablecida la tranquilidad en *America*, y *Europa*[49].

El último punto de la anterior noticia resultaba demasiado optimista. Es cierto que se había adelantado considerablemente hacia la paz desde que William Johnson tomó el mando de las campañas y de las negociaciones, pero aún faltaba para conseguir la concordia general. Lo que se avanzaba por un lado, se retrocedía por el otro: se concluían tratados con diversas tribus, mas las restantes proseguían las hostilidades. Johnson debía de luchar, además, contra el espacio y el tiempo y contra los *yankees*, molestos con la metrópoli desde la promulgación de la *Sugar Act*. A pesar de todo ello, los ingleses se establecían en las tierras recientemente adquiridas. Veamos la siguiente información que nos transmite la *Gaceta* del 20 de noviembre y que complementa la última noticia transcrita:

> De la *Nueva York* 20. de Agosto de 1764.
> Se ha formado una Compañia de Cazadores, de 300. hombres de Infantería, para que entren de guarnicion en el Castillo de *Michilimakinac*, que es de la mayor importancia, porque á mas de asegurar la comunicacion entre el Lago *Michigan*, y el *Huron*, está situado entre este ultimo Lago, y el superior, que casi es tan dilatado, como el mar *Caspio*. A mas de muchas nuevas obras, que se deben construir en él, se establecerá una Factoria, que en lo sucesivo podrá atraher las Naciones de *Salvages*. Estos han buelto á comenzar sus hostilidades, y á exercer sus crueldades con los habitantes, que están á espaldas de esta Colonia. Los *Blancos*, que se entregaron al Sr. *William Johnson* en *Niagara*, han llegado de *Albania*, y se les ha repartido en las barracas de esta Ciudad[50].

El *Mercurio* del mes de noviembre comunica la paz concertada con los indios Delawares, Shawaneses y los Hurones de Sandusky, además de copiar los artículos del tratado:

---

[49] *Gaceta de Madrid* del martes 30 de octubre de 1764, sección de Londres, p. 364.

[50] *Gaceta de Madrid* del martes 20 de noviembre de 1764, sección de Londres, p. 389.

En quanto á las cosas de *América,* una carta de *Philadelphia,* fecha en 6 de Septiembre, refiere, que diez Diputados de los *Delawares, Shawaneses, Hurones de Sandusky,* y demás *Indios* de los Países, que están entre la Laguna *Eries,* y la de *Ontario,* havian ido á vér al Coronél *Bradstreet,* al tiempo que los iba á acometer con sus Tropas: y que haviendole pedido la paz con mucho rendimiento, se la havia concedido con las condiciones siguientes.

I. Que le entregarian en *Sandusky,* dentro de 25 dias, todos los prisioneros que estaban en su poder.

II. Que renunciarian todas sus pretensiones por lo tocante á los puestos, y fuertes, que tenemos actualmente en su País: que podremos construir quantos quisieremos, para asegurar nuestro comercio; y que nos cederán para siempre todo el terreno que estuviere á tiro de cañon alrededor de cada fuerte, para sembrar en él lo que fuere menester para el sustento de nuestra gente.

III. Que en adelante qualquiera *Indio,* que matare un *Inglés,* se nos deberá entregar, y será juzgado segun las leyes *Inglesas,* en una Junta, compuesta de igual numero de *Ingleses,* é *Indios;* y que dado caso, que alguna de dichas Naciones rompa la guerra, las demás se unirán con nosotros para sujetarla.

IV. Que 6 de los Diputados quedarán en rehenes con el Coronél *Bradstreet,* mientras los otros quatro irán con un Oficial *Inglés,* y uno de nuestros *Indios* á dar parte á las Naciones contratantes de las condiciones del Tratado, y hacer que se junten los prisioneros para poderlos entregar quanto antes.

Quando el Coronél *Bradstreet* les ha concedido la paz, les ha dicho, que si sus Gefes no quisiesen admitir los Articulos del Tratado, no se les haria otro partido; y que si prosiguiesen la guerra, al instante se enviarian Tropas á su País para destruirlos enteramente.

Parece que los movimientos de dos Exercitos, esto es, el del Coronél *Bradstreet,* que venia de *Niagara,* y el del Coronél *Bouquet,* que venia de *Pensilvania,* amedrentaron á los *Salvages,* cuya obstinación havia sido extremada hasta ahora, y que no havian querido asistir al congreso, que el caballero *Guillermo Johnson* tuvo en *Niagara*[51].

La última noticia de 1764 seleccionada para transcribirla en estas páginas, relata la expedición del coronel Bouquet contra los indios que no acudieron al congreso:

> Los avisos de *Philadelphia* refieren, que el Coronel *Bouquet*, á la cabeza de 400. hombres, habia pasado el *Ohio* por mas arriva de *Pittbourg*, donde esperaba que se le uniesen algunas Tropas de *Virginia*, para penetrar en los distritos de los *Salvages*, que no concurrieron al congreso, ni se hallaron presentes quando se ajustó el Tratado de paz entre los Vasallos del Rey, y todas las Tribus de la *América Septentrional*[52].

La pacificación de los indios sublevados aún tardaría en llegar. A lo largo de 1765 y 1766, la *Gaceta* y el *Mercurio* prosiguen informando de las campañas realizadas y de los tratados parciales que se iban obteniendo. De vez en cuando, la noticia de un ataque a un fuerte inglés o la ruptura de hostilidades, rompen la monotonía en que cayó la guerra de Pontiac. Por otra parte, la *Sugar Act*, la *Stamp Act* y, más adelante, la derogación de la Ley del Timbre, hacen pasar a un segundo plano la rebelión indígena. La información se diluye y se distancia entre las sesiones del Parlamento y los avisos recibidos del continente americano, que comunican la decisión de los colonos de oponerse a la máxima autoridad legislativa. Y es que en el siglo XVIII, el hecho de que unas colonias se sublevasen contra la metrópoli, suponía un acontecimiento trascendental: el comienzo de la caída del antiguo régimen.

A partir de la *Gaceta* del 8 de octubre de 1765, en la que se corrobora la paz general con los indios, a excepción del enfrentamiento con las tribus Poutewatamis de S. Joseph, las noticias reseñadas informan de los últimos trámites para la pacífica convivencia: la recíproca cesión de terrenos (la región de Illinois, los

---

[51] *Mercurio Histórico y Político* del mes de noviembre de 1764, sección de Londres, pp. 207-208. La *Gaceta de Madrid* del martes 27 de noviembre de 1764, sección de Londres, pp. 398-399, transcribe también los artículos de la paz firmada con los Delawares.

[52] *Gaceta de Madrid* del martes 4 de diciembre de 1764, sección de Londres, pp. 430-431.

británicos, y un modesto territorio al oeste de Albany, los indios), el canje de prisioneros, que, en el caso de los shawanois, llega a alcanzar cierto patetismo... En ocasiones, las negociaciones se ven peligrar a causa de las enfermedades que los súbditos de Su Majestad Británica contagiaron al *bon sauvage*, pero que no impidieron la culminación de la política de feliz convivencia: el matrimonio de Pontiac con una blanca[53].

El conflicto originado a raíz del Tratado de París de 1763, parecía haber tocado su fin. Los indios, fieles a los antiguos amigos, los franceses, lucharon por ellos y para evitar que sus dominios fueran usurpados en beneficio de los intereses comerciales y de las ansias de libertad de los yankees, quienes cifraban su esperanza en el Oeste, paraíso que prometía la exención de impuestos y el autogobierno. Para evitarlo, el gobierno inglés promulgó el Decreto de Octubre, en el que, al mismo tiempo que fundamentaba las bases de la administración del Canadá, Florida y Granada, vedaba el establecimiento en territorios no pertenecientes a la Corona y atajaba los perjuicios comerciales causados por el «Far West». El Decreto no obtuvo la pacificación de los indios, pero dio pie a la política de William Johnson y del general Bouquet. Llevando a cabo la máxima de *divides y vencerás*, lograron firmar tratados parciales, que les sirviera para enfrentar unas tribus con otras

---

[53] La reiteración de las noticias, además de la premura de tiempo y el deseo de no extenderme demasiado en un tema anejo al que nos ocupa, impulsa a no transcribir las informaciones sobre la sublevación de Pontiac, que registran la *Gaceta* y el *Mercurio* de los años 1765-1766. De todas formas, reseñamos a continuación las *Gacetas* y *Mercurios* en los que se puede seguir el desarrollo de la última etapa de la sublevación general de las tribus de América del Norte.

En el año 1765 se pueden consultar las *Gacetas de Madrid*, todas ellas en la sección de Londres, del martes 1 de enero, pp. 6-7; martes 15 de enero, p. 23; martes 22 de enero, pp. 29-30; martes 19 de febrero, p. 61; martes 12 de marzo, pp. 85-86; martes 2 de abril, p. 109; martes 23 de abril, pp. 133-134; martes 23 de julio, p. 234; martes 6 de agosto, p. 253; martes 20 de agosto, pp. 268-269; martes 8 de octubre, p. 324; martes 12 de noviembre, pp. 364-365, y la del martes 19 de noviembre, pp. 372-373, y el *Mercurio Histórico y Político* del mes de septiembre, pp. 60-61. Conviene advertir que, en ocasiones, las noticias aparecen repetidas en la *Gaceta* y en el *Mercurio*, por lo que hemos indicado las que creíamos más completas.

En el año de 1766 pueden hallarse noticias en las *Gacetas* del martes 7 de enero, p. 4; martes 4 de marzo, p. 68; martes 6 de mayo, p. 145; martes 2 de septiembre, pp. 286-287 y en los *Mercurios* del mes de noviembre, p. 258 y de diciembre, p. 350.

hasta conseguir dominar la sublevación de Pontiac, y obtener nuevos dominios en el Niagara y en la región del Illinois, vitales para el comercio colonial.

Sin embargo, la lucha mantenida entre las dos razas no concluyó en este punto. En el último tercio del siglo XVIII y a lo largo del XIX, los *pieles rojas y los blancos* se enfrentaron casi de continuo, hasta que los norteamericanos consiguieron el dominio del continente y enclaustrar a los indígenas en reservas, como muestra de su poderío, de la secular pugna étnica y como atractivo turístico.

II

THE SUGAR ACT. THE STAMP ACT

«La voz del pueblo, es la voz de Dios.»

En mayo de 1763 se produce en Inglaterra una crisis ministerial que repercute en las colonias de América del Norte. El nuevo gabinete inicia la serie de leyes impuestas a las provincias septentrionales que van a determinar la independencia de los Estados Unidos. Se abre, además, una brecha en la política inglesa que enfrenta el intento de gobierno personal de Jorge III con los derechos tradicionales del pueblo británico. La *Gaceta de Madrid* del martes 3 de mayo de 1763 informaba de que:

> Haviendo hecho el Conde de *Bute* dejacion de su empleo de primer lord de la Tesoreria el 6 [de abril] por ia noche, y el Cavallero *Francisco de Ashwood* de el de Canciller de ella: ha nombrado S. M. para estos dos empleos al Sr. *Jorge Grenville*, hallandose assi encargado este Ministro segunda vez de los negocios del Rey en la Camara baja. El Sr. *Carlos Townshend* succederá al Sr. *Grenville* en el empleo de primer Lord del Almirantazgo [1].

El nuevo ministerio se enfrentaba ante numerosos problemas, pero el de mayor urgencia era el de procurar enjugar la deuda contraída por la Gran Bretaña en la última guerra. Se discurrió que la principal causa del déficit en la balanza de pagos había

---

[1] *Gaceta de Madrid* del martes 3 de mayo de 1763, sección de Londres, p. 150.

sido el esfuerzo realizado para conquistar el Canadá y la Florida. Parecía justo que las colonias ayudasen a su propio mantenimiento, a la vez que favorecieran el mercantilismo metropolitano. Resultaba menos enojoso cargar los impuestos a los colonos que a los ingleses, quienes participaban sobradamente en los gastos del reciente Primer Imperio. Por ello, no es de extrañar que la *Gaceta de Madrid* del 4 de octubre de 1763 se hiciese eco del Acto, previsto para la próxima sesión del Parlamento, que concernía a los dominios americanos:

> ...Se dice, que en la proxima Asamblea del Parlamento se pasará un acto para limitar el comercio de las Provincias *Inglesas* de la *America Septentrional* con las Islas extranjeras de las *Indias Occidentales,* y evitar tan eficazmente los cambios de las Provincias, que en adelante no se hagan en las Islas *Españolas* y *Francesas* si no es en dinero de contado [2].

El contrabando suponía una cuantiosa pérdida para Inglaterra, pero si se registraban las embarcaciones y se obligaba a pagar unos derechos de aduana se obtendrían unos beneficios, que, unidos a los conseguidos por otros medios, como la tasa a las melazas, permitiría que las colonias se autocosteasen sus gastos. No importaba que los comerciantes *provincianos* salieran perjudicados, si ello servía al interés comunitario. La realidad fue otra y bien distinta. Si a un hombre se le injuria verbalmente, su reacción puede ser enérgica, pero si se le afrenta económicamente, entonces su reacción será temible. Por esto, la finalidad de todo gobierno debe procurar, ante todo, la satisfacción *crematística* del pueblo. La historia nos ofrece continuas muestras de lo que acabamos de decir. La revolución de las colonias inglesas representa una prueba más, ya que los hombres que la iniciaron y la llevaron a cabo fueron comerciantes y *leguleyos* a su servicio.

La necesidad de cobrar impuestos a las colonias adquiere cada día visos más imperiosos, sobre todo a raíz del establecimiento de un ejército permanente, que se acrecentaba de continuo con motivo de la sublevación de Pontiac. En la sesión del Parlamento correspondiente al año 1764 se aprobaron los actos en cierto modo previstos. El *Mercurio Histórico y Político* de los meses

---

2 *Gaceta de Madrid* del martes 4 de octubre de 1763, sección de Londres, p. 324.

de marzo, abril y mayo reproduce con mayor minuciosidad que
la *Gaceta*, los debates legislativos que condujeron a la aprobación
de la *Sugar Act*. Veamos las decisiones adoptadas:

El día 9 los Comunes se juntaron para deliberar sobre
los medios de cargar el Subsidio, y acordaron, por lo
tocante á la *America*, que se cargasen. I. 2 libras *Esterlinas*, 19 *Esquelines*, 9 Sueldos sobre cada quintal de
Café, que viniere del estrangero á las Poblaciones, y
Colonias *Inglesas* de aquella parte del Mundo. II. 6 Sueldos sobre cada libra de Añil, que se introdugese á los
mismos parages. III. 7 libras *Esterlinas* sobre cada tonel
de Vino de las Islas *Maderas*, introducido en el mismo
parage. IV. 10 *Esquelines* sobre cada tonel de otro Vino
(exceptuado el de *Francia*) que allá se llevase desde
Inglaterra. V. 2 *Esquelines* sobre cada libra de Seda
preparada, ú obrada de *China*, de *Persia*, ó de las *Indias
Orientales*, que se llevase allá desde *Inglaterra*. VI. 3 *Esquelines* sobre cada pieza de Cambray de *Francia*, que
allá se llevase desde *Inglaterra*. VII. 2 *Esquelines*, y 6 Sueldos sobre cada pieza de Indiana de *China*, de *Persia*, ó
de las *Indias Orientales*, que allá se llevare desde *Inglaterra*. VIII. 7 *Esquelines* sobre cada quintal de Café,
del que se cría en algunas Colonias *Inglesas* de *America*,
y que se quisiese llevar á otro parage, qualesquiera que
á *Inglaterra;* y IX. medio Sueldo sobre cada libra de Pi-
mienta de *Jamayca*, que se quisiese llevar desde el mismo parage donde se coge, á otro qualquiera parage que á
la *Gran Bretaña*. Acordaron X. que en un acto del año 6
del reynado del difunto Rey *Jorge II*, cuyo objeto era el
fomentar el Comercio de las Colonias de *America*, renovado varias veces, proseguiria en cumplirse hasta 30 de
Septiembre de 1764. XI. Que dicho acto, pasado este
tiempo, se enmendase, y fuese declarado perpetuo. XII.
Que pasado el mismo tiempo, se cargase, en lugar del
derecho, que en virtud de este acto pagan los almivares,
un derecho de tres Sueldos sobre cada barril de los mismos generos, que se llevasen de las Colonias estrangeras á
las de la *Gran Bretaña*. XIII. Que en adelante el Azucar
blanca de las Colonias estrangeras de *America*, que llevasen á *Inglaterra*, pagase un nuevo derecho de 1 libra

Esterlina, y 2 *Esquelines*. XIV. Que el producto de todos estos derechos, igualmente que el de aquel que se pagará desde 29 de Septiembre de 64, en virtud de dicho Acto del año 6 del reynado de *Jorge II* se envie á la Tesorería Real, á fin de que el Parlamento lo gaste en pagar las cantidades, que se gastaron para defender las Colonias *Inglesas de America*. XV. Que para pagar enteramente estas cantidades, sería conveniente establecer aun algunos derechos de Papel Sellado en dichas Colonias. XVI. Que al extraher qualesquiera especie de Vinos (exceptuados los de Francia) de la *Gran Bretaña* para las Colonias de *America*, considerandolos como mercadurías, se rebajasen los derechos de entrada, á excepcion del de 3 libras *Esterlinas*, 10 *Esquelines*, y 2 *Sueldos* y medio por tonel. XVII. Que no se rebajase nada del derecho, llamado el Subsidio antiguo de ninguna especie de mercadurías estrangeras, (á excepcion de los Vinos) fabricadas en *Europa*, y en las *Indias Orientales*, que desde la *Gran Bretaña* se llevasen á las Colonias de *America*. XVIII. Que no se rebajase nada de los derechos, que pagan los lienzos estrangeros, que desde la *Gran Bretaña* se llevasen á dichas Colonias. XIX. Que los derechos cargados á dichas Colonias *Inglesas* por el Acto del año 25 del Reynado de *Jorge II*. se pagasen en moneda *Esterlina*; y XX. Que se prohibiese en las Colonias de la *Gran Bretaña* la entrada de las Aguas de las Colonias estrangeras...

...El dia 10 los Comunes aprobaron estos Acuerdos, á excepcion del XIII, y XVI, que determinaron se bolviesen á examinar, y mandaron, que se aprobasen las Memorias, que los proponían [3].

El *Mercurio Histórico y Político* de los meses de abril y mayo relata con exacta minuciosidad las sesiones del Parlamento habidas desde el 16 de marzo hasta el 19 de abril. A lo largo de este mes, expone los debates de las dos Cámaras sobre los subsidios y los derechos impuestos a las colonias de América. El 5 de abril,

---

[3] *Mercurio Histórico y Político* del mes de marzo de 1764, sección de Londres, pp. 253-257. La sesión del Parlamento que aprobó la *Sugar Act* puede consultarse además en los *Mercurio* del mes de abril de 1764, pp. 331-343, y del mes de mayo, pp. 37-39, y en la *Gaceta de Madrid* del martes 10 de abril de 1764, sección de Londres, pp. 124-125.

Jorge III otorgó su real aprobación a las memorias referentes a la nueva tasa sobre la piel de castor y los gravámenes sobre los vinos, sedas, cafés y azúcares que atañían a los dominios británicos en el nuevo mundo. El 19 del mismo mes, el monarca dio su conformidad a los actos que fomentaban la pesca de la ballena, permitían la extracción de arroz de la Carolina Meridional y Georgia con destino a las restantes provincias americanas, favorecía el cultivo del cáñamo y del lino y la disposición encaminada a limitar el curso de los papeles de crédito en América.

El gobierno ordenó que se publicase la nueva legislación económica y que se distribuyese entre los comerciantes y en las colonias. Al mismo tiempo, se estipulaba que se embargaría el cargamento de las embarcaciones extranjeras que se hallasen en los puertos o en las proximidades de los dominios americanos de Su Majestad Británica, si no se retiraban en el plazo de cuarenta y ocho horas. Igual fin tendrían los navíos ingleses que estuvieran comerciando en las posesiones francesas del Caribe. Únicamente los barcos de pesca de Francia, que se encontrasen faenando en aguas de Terranova, se librarían del embargo. De esta forma, se procuraba que el comercio colonial con las potencias europeas se desarrollara a través de la metrópoli y que el contrabando fuera erradicado.

La finalidad que el gobierno inglés perseguía, aparece de forma evidente en las palabras preliminares de la *Sugar Act*: *De obtener ingresos en los dominios de Su Majestad para cubrir los gastos de defensa, protección y seguridad de los mismos*. Las tasas cargadas sobre los azúcares, los vinos y sedas importados, así como la limitación de exportar las pieles únicamente a Inglaterra y la retirada de antiguas exenciones —la del licor de Madeira—, asestaron un duro golpe al comercio colonial. Poco tiempo después de ser aprobada la Ley del azúcar, la *Gaceta* y el *Mercurio* empiezan a informar de la reacción de las provincias de América Septentrional. Reacción que se polariza en tres manifestaciones: peticiones para que se anulase la prohibición de comerciar con las posesiones europeas del Caribe; la decisión de los *provincianos* de establecer su propia industria ante los elevados precios de los productos manufacturados provenientes de la metrópoli y quejas al enterarse de los primeros rumores de que la Iglesia anglicana quería erigir nuevos arzobispados en las posesiones ultramarinas.

El *Mercurio Histórico y Político* del mes de septiembre de 1764, informa de que

Los Negociantes de aquellos Países han hecho representaciones al Ministerio, con motivo de haverse prohibido comerciar con las Islas *Francesas, y Españolas*. Este Comercio tan ventajoso para ellos pasa poco á poco en otras manos[4].

El *Mercurio* del mes de octubre del mismo año emite dos noticias aparentemente contradictorias:

A instancia de las Colonias de *America*, el Gobierno ha revocado la orden, que las prohibía comerciar con las Islas *Francesas*, y *Españolas* de aquella parte del mundo. En consequencia de lo qual se ha enviado un Bote al Gobernador de *Jamaica* con las ordenes correspondientes[5].

Más adelante comunica la ordenanza real por la que se señalan gratificaciones para los oficiales y marinos que en cumplimiento de lo legislado, impidan el comercio:

El dia 10 del corriente, el Rey, estando en su Consejo hizo tres Ordenanzas... La tercera señala gratificaciones á los Oficiales, y á la tripulación de los Navíos de Guerra, Fragatas, Faluas y Corbetas, que sirven en los mares de *Europa*, y *America*, para estorvar el contrabando, y para que se guarden las leyes, y reglamentos, que han hecho, concernientes a este asunto[6].

De esta forma se diferenciaba el comercio legal con las colonias europeas del Caribe, del contrabando realizado con ellas a raíz del Acta del Azúcar promulgada en 1733 por la que las tasas impuestas a las melazas importadas de las Antillas extranjeras hacían imposible la prosperidad de las destilerías de ron. Por otra parte, el gobierno francés cumplió lo estipulado referente

---

[4] *Mercurio Histórico y Político* del mes de septiembre de 1764, sección de Londres, pp. 37-38.

[5] *Mercurio Histórico y Político* del mes de octubre de 1764, sección de Londres, p. 139.

[6] *Ibíd.*, p. 143.

al contrabando en aguas jurisdiccionales pertenecientes a Su Majestad Cristianísima: si las embarcaciones extranjeras que se hallasen comerciando en los dominios británicos eran confiscadas, los navíos ingleses que se encontrasen en las posesiones francesas también serían embargados. El *Mercurio* del mes de noviembre de 1764 manifiesta el disgusto de las provincias americanas por la detención de barcos que, accidentalmente, irrumpieron en la jurisdicción *papista:*

> Por otra parte las Cartas de nuestras Islas de *America* están llenas de quexas, con motivo del embargo de los Navíos *Ingleses,* que por equivocación, por el mal tiempo, ó por otras contingencias involuntarias se han acercado á las Islas *Francesas,* los quales los Guardacostas, acusándoles de hacer el contravando, han embargado, y conducido á sus puertos, donde han sido declarados por de buena presa, sus cargazones confiscadas, y la tripulación puesta en la cárcel. Estas quexas han sido motivo de haverse juntado el Consejo el día 3 del corriente en S. James, de cuyas resultas se despachó un Corréo al Conde de *Hertford,* Embaxador del Rey en *Paris,* que le llevaba la orden de hacer representaciones muy eficaces al Ministerio *Francés,* de solicitar la indemnización de los que han perdido en estas ocasiones, y se mande á los Governadores *Franceses* no prosigan estas tropelías; porque de no hacerlo, los de las Islas *Inglesas* harán lo propio con las Embarcaciones *Francesas* [7].

La cuestión del libre comercio con las posesiones europeas en América, no aparecía resuelta definitivamente en 1765, cuando la *Stamp Act* estaba a punto de ser aprobada. El *Mercurio* del mes de febrero de 1765, después de referir las sesiones del Parlamento, informa de que

> La Secretaría del Despacho de Comercio, y de *America*, ha estado muy ocupada estos dias en examinar mas de 30 Memoriales, en que dichas Colonias hacen representa-

---

[7] *Mercurio Histórico y Político* del mes de noviembre de 1764, sección de Londres, pp. 209-210.

ciones sobre el mismo asunto, y sobre las restricciones de su comercio [8].

Meses más tarde, cuando el rumor de que la *Stamp Act* sería revocada, cobraba fuerza, la *Gaceta* del martes 22 de octubre de 1765 extracta cartas, recibidas de las colonias, en las que se exponían la disminución del *lucrativo* comercio de las provincias desde la prohibición de negociar con los españoles, franceses y holandeses, y la esperanza de que la derogación de las legislaciones del anterior ministerio por el nuevo gabinete devolviese al comercio su antiguo esplendor:

> Refieren las Cartas de la *América Septentrional*, que el comercio se habia minorado mucho en aquellas Provincias á causa de los reglamentos que hizo el antiguo Ministerio para impedir el lucrativo comercio que hacían los Vasallos del Rey con los *Españoles*, de que actualmente están en posesion *Franceses*, y *Holandeses*. Con todo se espera que las cosas muden de semblante en aquellas Colonias, luego que el nuevo Ministerio revoque las providencias que dió el antiguo. Desde que se ajustó la paz reyna en ellas una espiritu de emulacion, dirigido á fomentar entre sí todas las *Fábricas*, sin cuyos generos no pueden pasarse, con la idéa de no gastar, en quanto las sea posible, mercaderías de la Metrópoli [9].

Las ilusiones de los colonos no se vieron defraudadas. Jorge III, dio su real aprobación a diferentes disposiciones encaminadas a rehabilitar el comercio de las provincias americanas. El *Mercurio* del mes de junio de 1766 nos informa de que

> El Rey no habia estado en el Parlamento desde el 14 de Mayo. Y el 6. de Junio, antes de principiarse las Sesiones, dió S. M. su aprobacion á diferentes *Bills*, y con especialidad á algunos, conducentes al aumento del Comercio en *America*, mediante el establecimiento de algunos Puertos francos, y de una Lotería, que facilitará el emprestito de un millon, y quinientas mil libras *Esterlinas*,

---

[8] *Mercurio Histórico y Político* del mes de febrero de 1765, sección de Londres, pp. 151-152.

[9] *Gaceta de Madrid* del martes 22 de octubre de 1765, sección de Londres, pp. 340.

la qual se había formado con anticipacion en el Parlamento [10].

Mayor importancia tuvo la decisión de las colonias de comprar la menor cantidad posible de mercancías manufacturadas a la metrópoli y la de erigir sus propias industrias. Los comerciantes británicos vieron disminuidos considerablemente sus intereses y, en consecuencia, la economía del país se resintió al no tener salida los productos elaborados. El mercantilismo inglés inicia su declive a raíz de la promulgación de la *Sugar Act*. Las secciones de Londres del *Mercurio* y de la *Gaceta* del período que estamos investigando (1764-1766), se ven materialmente inundadas de noticias a este respecto. Desde la información de que numerosos sombrereros habían decidido *emigrar* al Canadá ante la carestía de las pieles por la última tasa impuesta por el Parlamento [11], hasta la transcripción del júbilo norteamericano a causa de haber sido derogada la Ley del timbre, el lector puede seguir los pormenores de los descontentos *provincianos* y las medidas adoptadas para hacer frente a la máxima autoridad legislativa.

El *Mercurio* del mes de noviembre de 1764 reflexiona sobre la situación de las colonias de América Septentrional:

> Si por una parte la sumision de los *Indios* nos esperanza de vér restablecida, y asegurada la paz en el vasto Continente de la *America Septentrional*, por otra la animosidad de las Provincias *Inglesas* de aquella Region ácia la Metropoli, con motivo de los impuestos que les han echado, se manifiesta cada dia mas. Las Mercadurias labradas, y los frutos de *Inglaterra* se venden alli menos de lo que valen; y tienen ánimo de establecer Fabricas de texidos de lana, de hilo, &c. para no gastar los de *Inglaterra*. La conducta de aquellas Provincias se hace sospechosa al Ministerio, y llama mucho su cuidado. No obstante se las distribuyó el mes de Septiembre las 133 mil libras *Esterlinas*, que el Parlamento las concedió en

---

[10] *Mercurio Histórico y Político* del mes de junio de 1766, sección de Londres, p. 137.

[11] *Mercurio Histórico y Político* del mes de septiembre de 1764, sección de Londres, p. 37. La *Gaceta de Madrid* del martes 11 de septiembre de 1764 registra la misma noticia.

5

su ultima Sesion, para indemnizarlas de los gastos que han hecho en la ultima guerra [12].

La alegría de haber sido dominada la sublevación de Pontiac se ve eclipsada ante los disturbios originados en las colonias por las limitaciones del comercio y los nuevos gravámenes. La anterior noticia podría servir de síntesis de la postura adoptada por los dominios británicos en América. Las que transcribamos en lo sucesivo tendrán un carácter redundante, pero nos proporcionarán una información más detallada.

Los avisos de Boston transcritos por la *Gaceta* del 13 de noviembre de 1764 nos comunica que

> Habiendo resuelto muchos de los principales Mercaderes de esta Provincia cortar los progresos del luxo en los vestidos, firmaron un acuerdo, que prohibe los encages, bueltas, y otras semejantes superfluidades. Las telas de *Inglaterra*, que deberán usar, han de ser de un determinado precio, muy moderado, é igual para todos. Tambien se deben reformar los vestidos de luto, permitiendose usar solamente gasa en el sombrero, y una vanda de lo mismo, como acostumbran los Oficiales [13].

La elevación del coste de los tejidos provenientes de la Gran Bretaña determinó a los colonos a adoptar la austeridad en su vestimenta. Al contrario que los comerciantes de Boston, los de New York decidieron elaborar sus propias manufacturas en vez de conformarse con la severidad en el vestuario, pregonada por la Nueva Inglaterra [14].

Para prever la decadencia del comercio y el espíritu independentista que la *Sugar Act* promovió entre los hombres de negocio y los juristas, el gobierno inglés dictó órdenes

> á los Gobernadores de las Provincias de *America* para establecer en ellas muchos ramos de comercio, y manufacturas,

---

[12] *Mercurio Histórico y Político* del mes de noviembre de 1764, sección de Londres, pp. 208-209.

[13] *Gaceta de Madrid* del martes 13 de noviembre de 1764, sección de Londres, p. 380.

[14] *Gaceta de Madrid* del martes 27 de noviembre de 1764, sección de Londres, p. 398.

y sobre ciertas precauciones, que exige la prudencia para asegurar á la Corona la dependencia de las Colonias [15].

Las decisiones gubernamentales no son precisadas.

El espíritu separatista de los americanos ocasiona quebraderos de cabeza al ministerio inglés, que, por otra parte, no recibe sino noticias atentatorias contra la industria de la metrópoli. Las provincias parecen haberse unido para montar sus propias fábricas y boicotear, de esta forma, el mercado británico.

El *Mercurio* del mes de diciembre de 1764 informa de que

La conducta de las Provincias *Inglesas* de *America* para con la *Gran Bretaña*, es asunto de muchos discursos. Se quexan de los impuestos que las han echado; y como si quisiesen separarse de la Metropoli, establecen Fabricas de toda especie; de suerte, que los generos de las de *Inglaterra* no se venden alli sino con pérdida.

Se ha formado en *Hampstead*, en *Longisland*, en la Provincia de *Nueva York*, una Compañia que ha establecido una Fabrica de lana; ha escrito á los habitantes, y comerciantes de todas las Provincias de *America*, que enviandola muestras de cualquier color, dará paño ancho, tan fino, tan bien teñido, tan bueno, y mas barato que otro qualquiera. Los Directores de esta Fabrica alientan mucho á los que entienden sus labores, como cardadores de lana, texedores, tintoreros, y otros qualesquiera oficiales. *Tunis Polpham* ha construido en *Jamayca*, en la Isla misma de *Longisland*, un Molino para abatanar.

Hemos recibido de *Virginia* una Carta que hace mucha impresion su fecha es de 4 de Setiembre, y su tenor el siguiente:

Todo está aqui con mucho desorden: no se habla sino de pleytos, y muchos venden sus posesiones. La inquietud, la pesadumbre, y la melancolia se han apoderado de todos. El que tiene sus cosas arregladas es muy feliz. El tabaco se ha abaratado mucho, igualmente que los granos de toda especie. No veo por donde podamos reparar estas pérdidas; y en mi entender, solo una rigurosa frugalidad puede libertarnos de nuestra ruína y gran miseria. El cañamo y el lino son los unicos generos en que

---

[15] *Ibíd.*, p. 397.

fundamos esperanza. Pueden aliviarnos mucho; pero no bastan. Tengo noticia de que este año se ha plantado poco tabaco en la Colonia de Mariland; y creo que el año que viene se plantará menos aqui. Los Actos del Parlamento han exasperado tanto los ánimos de los Pueblos Septentrionales, y los Navios de Guerra los executan con tal rigor, que el Comercio está aniquilado. Estos Pueblos no hablan sino de establecer Fabricas. *Perezca Inglaterra, y prospére America,* es su estrivillo, como si dentro de poco pudiesemos hallar aquí las cosas mas necesarias que recibiamos de Inglaterra.

Los Agentes que nuestras Colonias de America han enviado aqui acaban de publicar un papel, cuyo título es: Demostracion de los *Derechos de las Colonias Britanicas.* Este papel se imprimió primero en *Boston* en la *Nueva Inglaterra.* Está escrito con mucho fundamento, y manifiesta la importancia de estos establecimientos, su comercio y sus relaciones con *Inglaterra.* Protestan en él contra qualesquiera mudanza que intentaren en su forma de gobierno, y dicen, que les levantan un testimonio los que atribuyen á aquellas Colonias el intento de substraherse á la dominacion de la *Gran Bretaña.* Los Agentes de dichas Provincias están encargados de solicitar al Ministerio no se inove nada en la forma de su gobierno, y no se les heche cargas que no pueden pagar [16].

La carta fechada en Virginia nos demuestra los opuestos intereses de las colonias septentrionales y meridionales. Por ser las primeras eminentemente industriales y burguesas, les afectan mucho más las medidas encaminadas a la prohibición de todo comercio directo con las potencias extranjeras y, en consecuencia, a la centralización de sus actividades económicas. El hecho de que las provincias llevasen las mercancías a la Gran Bretaña, permitía que ésta viera incrementados los ingresos, mientras que los colonos sufrían pérdidas cuantiosas. Las tasas gravadas a los productos manufacturados les impulsaba a la austeridad, a privarse de aquellos *lujos* que hasta entonces habían estado al alcance de todos. Pero cuando un hombre está acostumbrado a determinadas como-

---

[16] *Mercurio Histórico y Político* del mes de diciembre de 1764, sección de Londres, pp. 305-307.

didades, le resulta difícil desprenderse de ellas. Por ello se antoja más lógico elaborárselas. Esto fue lo que hicieron los establecimientos septentrionales. Si poseían la materia prima fundamental, fabricar los tejidos no era imposible. Además, con la elaboración de sus productos se devolvía a Inglaterra la moneda: si la madre patria intentaba impedir el desarrollo comercial de las provincias, procurarían por todos los medios, aun a costa de provocar una crisis económica, convencerla de que la perjudicada sería ella. Los colonos meridionales, por el contrario, agricultores y terratenientes, centraron su atención en la legislación referente a los bienes de cultivo. Si el tabaco y los granos se abarataron por una superproducción que no tenía salida, al limitarse su exportación, el cáñamo y el lino, cuyo fomento era favorecido por el gobierno, era la esperanza de los plantadores. Sin embargo, en oposición a la carta de Virginia, el discurso pronunciado por el gobernador de New York, al que ya hicimos referencia al hablar de la paz firmada con las tribus del Niágara, demuestra que el cáñamo y el lino no recibían, al menos de esta colonia, el incremento que aguardaba el Parlamento. Cadwallader Colden concluyó su discurso con la advertencia de que

> La ley que concede una gratificacion á los que se empleasen en el cultivo del cáñamo, no produxo el efecto deseado. Hay en esta Provincia grandes porciones de terreno, proprias para el cultivo de esta produccion, de la qual, con nuestra aplicacion, podriamos formar un ramo de comercio ventajosisimo. Es preciso que el cáñamo sea un objeto muy importante para la Metropoli, quando el Parlamento de *Inglaterra* ha tenido por conveniente fomentarle con gratificaciones. La mayor parte de los Arrendadores ignora el modo de cultivarle y prepararle para las manifacturas. Es necesario prometerles recompensas para excitar su industria, y animarlos á perfeccionar este ramo de agricultura. Me atrevo, pues, á esperar, que quando se haya renovado el acto, todos los Comerciantes y Dueños de tierras, se adelantarán con emulacion, como buenos Ciudadanos, á concurrir al buen exîto de un proyecto, que no tiene otro fin, que el de su propria utilidad, y que evidentemente puede contribuir al adelantamiento de la Colonia. Respondió el Consejo á este discurso, asegurando, que se imitaria el exemplo de la *Gran Bretaña*, y

que se unirian todos los habitantes de la Provincia para adelantar el comercio, y la agricultura, conociendo, que sin estos dos ramos no puede subsistir la Colonia [17].

Como vemos, los colonos de New York no alcanzaban a comprender el paternalismo metropolitano, que les aconsejaba el cultivo del cáñamo y del lino, protegido por la Corona, y del que obtendrían abundantes beneficios, incluidos los industriales. Inglaterra no asfixiaba su comercio, lo que quería era que desarrollasen el ramo que les indicaba y que convenía a la madre patria.

Más interesante resulta la última noticia transcrita por el *Mercurio* del mes de diciembre: la demostración de los agentes coloniales. Palpita en ella la pugna constitucional que se originará desde este momento hasta el 4 de julio de 1776, entre la Gran Bretaña y las provincias de América Septentrional. Pugna que podemos sintetizar diciendo que los colonos no admitían ningún impuesto promulgado por un Parlamento en el que no estaban representados. En efecto, Inglaterra había trasplantado a los dominios americanos una copia de su sistema gubernamental. Existían dos Cámaras con atribuciones similares a las de los Lores y de los Comunes, además de un gobernador, pero sin su poder efectivo. Si pensamos que carecían de representantes en el Parlamento británico, aunque hubiese unos agentes que trataban sus intereses con la metrópoli, mas sin voz ni voto en la legislación, comprenderemos que los establecimientos del Norte de América se hallaban a merced de una Cámara que sólo miraba por el bien del mercantilismo. Por otra parte, la Carta Magna señalaba que todo pueblo inglés debía hallarse presente a la hora de ser promulgadas las leyes que les atañían. Las colonias quisieron de un modo tajante aclarar la situación: o se admitían representantes elegidos popularmente en la Cámara de Inglaterra, o se creaba un Parlamento con autoridad propia, a semejanza del existente en Irlanda, o se permitía que las Asambleas provinciales legislasen; o, en última instancia, se mantenía el *statuo quo* que imperaba hasta entonces; es decir, que «no se inove nada en la forma de su gobierno». Ahora les tocaba escoger a ellos, pero que tuviesen presente que no estaban dispuestos a aceptar ningún impuesto sin representa-

---

[17] *Gaceta de Madrid* del martes 4 de diciembre de 1764, sección de Londres, pp. 406-407.

ción. Inglaterra se encontró atrapada: si no se decidía por una de las disyuntivas propuestas por los colonos, el sistema constitucional británico sería puesto en tela de juicio. El gobierno personal y casi absoluto de Jorge III hacía peligrar la tradición inglesa. Y atentar contra los derechos de sus súbditos, que habían luchado durante siglos por obtenerlos, era exponerse a una nueva revolución. Primero empezaría en América, luego se extendería al resto de sus posesiones. Sin embargo, la Gran Bretaña prefirió proseguir haciendo equilibrios en la cuerda floja, hasta que, una vez consumada la independencia de los Estados Unidos, William Pitt hijo iniciara la reforma en el Parlamento.

La *Gaceta* y el *Mercurio* informan incesantemente, en breves noticias de la lucha constitucional entablada y de los medios que podrían llegar a un acuerdo común. La *Gaceta* del martes 25 de diciembre de 1764 anuncia suscintamente de que

> Actualmente se está tratando de un proyecto, para admitir en la Cámara de los Comunes cierto número de Diputados de las Colonias *Inglesas*: estos diputados no se eligirán del cuerpo de habitantes de ellas, sino que deberán sacar de los miembros de las Asambléas de cada Provincia [18].

En septiembre de 1765, aprobada la *Stamp Act*, la *Gaceta* de 10 de dicho mes anticipa las resoluciones de Virginia. Las noticias de Londres del 31 de diciembre transcribirán las decisiones adoptadas por la Asamblea de Pennsylvania:

> La Secretaría de Comercio y de las Colonias admitió dias pasados un memorial de la Provincia de *New Jersey* en *América*, sobre el qual se deliberará en su proxîma Asambléa. Dicese que la Cámara de Ciudadanos de la *Virginia* ha tomado fuertes resoluciones, relativas al nuevo derecho de registro, establecido en las Colonias de *América*, y que ha acordado que en atención á que los diferentes titulos concedidos á la Provincia no permiten se la sujete á pagar derecho alguno sin consentimiento de la Asamblea general, se atreverá á sustentar de palabra ó por escrito, que á excepcion de dicha Asambléa, qualquiera que intentase

---

[18] *Gaceta de Madrid* del martes 25 de diciembre de 1764, sección de Londres, p. 430.

imponer tasas á los Pueblos que la habitan, sería reputado por enemigo del Rey y de la Provincia de *Virginia* [19].

Por encima de todo se manifiestan fieles al rey, pero enemigos de quienes quisieran violar sus derechos: del Parlamento. Veamos a continuación cuáles fueron las resoluciones adoptadas por la Asamblea de Pennsylvania:

Filadelfia 10. de Octubre de 1765.

El 21. del mes ultimo tomó en consideración la Asambléa general de la Provincia el acto del Parlamento de la *Gran Bretaña*, que impone un derecho de sello y otros nuevos impuestos á los Vasallos del Rey en *America*. Los Miembros de la Asambléa, viendo sus mas esenciales derechos, en calidad de Subditos de la *Gran Bretaña*, abiertamente violados por este acto, se han creído obligados por sí mismos y por su posteridad á tomar las resoluciones siguientes. La Cámara ha declarado unánimemente: 1. «Que las Asambléas de esta Provincia se han adelantado con emulación á dar gente y dinero para el servicio y defensa de las Colonias de América en quantas ocasiones se les ha pedido en nombre del Rey. 2. Que siempre que el socorro de los moradores de esta Provincia convenga al servicio de S. M., y sean requeridos para ello en debida forma, reconocerán por su obligacion indispensable, que cumplirán exâctamente, el conceder al Rey su contingente de hombres y dinero para el servicio de las Colonias de América. 3. Que los habitadores de esta Provincia tienen derecho á todos los privilegios que disfrutan los demás Vasallos de S. M.: y que fundada la constitucion del Gobierno de *Pensilvania* en los derechos de humanidad, y generosos principios de la libertad Inglesa, es por conseqüencia, y debe ser enteramente libre. 4. Que todo Vasallo *Británico* por su nacimiento goza un derecho inherente é incontestable para que no se le precise á pagar impuesto alguno que no sea con su proprio consentimiento, ó el de sus legitimos Apoderados, de acuerdo con el Soberano, ó su Substituto. 5. Que los únicos legitimos Apoderados de los habitadores de esta Provincia son las personas que se

---

[19] *Gaceta de Madrid* del martes 10 de septiembre de 1765, sección de Londres, p. 293.

eligen annualmente para hacer el servicio en calidad de miembros de la Asamblea. 6. Que cualquiera derecho impuesto á los mismos moradores por otros, que sus Representantes en la Asambléa, es contrario á la constitucion, y perjudicial á los esenciales derechos del Pueblo. 7. Que como toda contribucion establecida de otro modo insulta manifiestamente la libertad pública, por conseqüencia debe ser del todo contraria á la publica felicidad. 8. Que la facultad concedida á los Tribunales del Almirantazgo para sentenciar discordias relativas al derecho de Sello y otros negocios que no competen á su propia jurisdicion, es perjudicialisima á las libertades de los Vasallos del Rey en *América;* contra los principios de la verdadera caridad, sagrado origen de la libertad *Inglesa,* y en perjuicio de uno de los privilegios más recomendables de los *Ingleses,* que es el de estár sujetos á Jurados. 9. Que las restricciones puestas por diferentes actos del Parlamento al Comercio de esta Provincia, en un tiempo en que está oprimida con el peso de una deuda exôrbitante, deben necesariamente acarrear las mas funestas conseqüencias, no solo á la Provincia, sino tambien al Comercio de la Metropoli. 10. Y finalmente, que los Individuos de esta Asambléa se creen obligados á defender con firmeza, bien que con modestia y decoro, sus derechos esenciales, á fin de que sepa su posteridad, que no ha consentido en que se establezcan derechos algunos por otros que sus Representantes; y han resuelto, que estos acuerdos se estiendan en sus registros en testimonio del zelo de la Asambléa presente, y para que se conserven, y pasen á la posteridad los inestimables derechos que desde su establecimiento han gozado siempre los habitadores de esta Provincia [20].

Los acuerdos adoptados por las Asambleas de Virginia y de Pennsylvania son, en esencia, los mismos que fueron aprobados en el Congreso de New York habido el 7 de octubre de 1765, del que se da noticia en la *Gaceta* del martes 12 de noviembre:

> Quantas noticias se reciben de América refieren unánimes, que el espiritu de sublevacion cobraba cada dia nuevas

---

[20] *Gaceta de Madrid* del martes 31 de diciembre de 1765, sección de Londres, pp. 432-433.

fuerzas, en tal manera, que los habitantes se manifestaban en disposicion de cometer los mayores excesos. La
Asambléa general de la *Carolina*, y los demás Gobiernos
de las Colonias eligieron sus Comisarios, que debían jun-
tarse en la *Nueva Yorck* el primero de este mes para
deliberar sobre la presente situacion de los negocios, y
tambien sobre las conseqüencias del derecho del Sello,
y otros impuestos ultimamente establecidos, que excitan
una conmocion tan peligrosa. La mayor parte de los
Oficiales que nombró la Corte para hacer el repartimiento
del Papel sellado y percibir los derechos, se han negado á
admitir este encargo, de que hicieron dexacion inmediatamente por el temor de vér sus personas y casas expuestas á las mayores violencias de parte del populacho; y
aun algunos de ellos están ya en camino para restituirse
a *Inglaterra*. En Boston, en la *Nueva Inglaterra*, se ha
impreso una *Gazeta* extraordinaria, que tiene en la portada
estas palabras: *La voz del Pueblo, es la voz de Dios;* y
mas abaxo un texto de S. Pablo, que dice: *Donde está
el Espiritu del Señor, se halla tambien la libertad* [21].

El Congreso de New York supuso la primera acción conjunta de
las colonias en su camino hacia la libertad. Los acuerdos se pueden
resumir en tres puntos: alocución dirigida al Rey, manifestándole
su lealtad, declaración de derechos y de agravios y una petición
a la Cámara en la que se solicitaba la derogación de las legislaciones impuestas. El segundo punto era el más importante: se negaba
la autoridad del Parlamento inglés sobre las colonias americanas,
puesto que no estaban representadas en él. Las resoluciones del
Congreso de New York fueron discutidas en la sesión parlamentaria de 1766, en la que se revocó la *Stamp Act*. El *Mercurio* del
mes de febrero de dicho año informa de que

Se ha presentado un Memorial á la Cámara de parte del
congreso que se hizo en la *Nueva Yorck* el dia primero
de Octubre ultimo, y en nombre de los poseedores de
bienes feodales en el Continente de *America*, contra el
Acto del *Papel Sellado*, y hubo fuertes debates con este
motivo. Mr. Pitt habló por espacio de dos horas en favor

---

21 *Gaceta de Madrid* del martes 12 de noviembre de 1765, sección de Londres, p. 363.

de las Colonias; pero al fin se remitió este negocio al
dia 28 de Enero, en cuyo dia debia examinarse en las dos
Cámaras [22].

La situación de las provincias americanas dividió el mundo político inglés. Se constituyeron tres partidos que representaban tres
posturas diferentes respecto a las colonias: la del gabinete de
Grenville, que predicaba la indiscutible autoridad del Parlamento
para legislar las posesiones del nuevo mundo; la del ministerio en
el poder que procuraba hallar un punto conciliador entre el agravio
hecho a los establecimientos septentrionales y el derecho de la
Cámara de la Gran Bretaña en materia de impuestos, y el partido
de William Pitt, el héroe nacional de la pasada guerra, que solicitaba la simple anulación de la Ley del timbre. Las tajantes
resoluciones de los *provincianos* indignaron a los diputados británicos quienes optaron por la postura del gobierno vigente: dero-
garon la *Stamp Act*, pero en la *Ley Declaratoria* manifestaron, sin
lugar a dudas, la autoridad del Parlamento sobre los dominios de
S. M. en América. La Cámara de los Comunes aprobó

> *Que el Rey, por dictamen y consentimiento de los Señores*
> *espirituales y temporales, y de los Comunes de la Gran*
> *Bretaña, tubo y tiene actualmente, y debió tener de dere-*
> *cho la autoridad y pleno poder de establecer leyes, y for-*
> *mar establecimientos y estatutos de bastante fuerza y vigor,*
> *para ligar las Colonias y Pueblos de la America en qual-*
> *quier caso.*

A continuación, el *Mercurio* del mes de febrero de 1766 transcribe
los debates habidos en el Parlamento sobre este respecto:

> Hasta las tres de la mañana no pudieron ponerse de acuer-
> do ni convenirse en esta importante decision, la qual no
> tubo efecto hasta el dia 5 en que se congregó la Cámara.
> Juntaronse los Señores el dia 4. para deliberar sobre los
> alborotos de la *America*, sobre el motivo de ellos, y sobre
> sus resultas; y habiendo adelantado este punto, difirieron
> su discusion hasta el dia 6. en que se volvía á juntar la
> Camara. Desde el dia 3. habia tomado yá 4. resoluciones,

---

[22] *Mercurio Histórico y Político* del mes de febrero de 1766, sección de
Londres, p. 189.

de las quales la primera es semejante á la de los Comunes, de que hemos hablado, y otras tres contienen esencialmente las resoluciones, tomadas el dia 5. por los Comunes, y de las que vamos á tratar.

Los Comunes hicieron formar el dia 5. los Decretos *para impedir la exportación de los granos, para tolerar la entrada de avenas de afuera y para la introducción de granos de la America.* Al punto se trató del importante asunto de los alborotos, de que la Cámara plena se ocupó, habiendo tomado sobre este punto el dia 5. las siguientes resoluciones.

I. *Que los alborotos y sublevaciones, fomentados y sostenidos en la America Septentrional, son dictamen opuestos al poder y á la dignidad del Gobierno de S. M., y una profanación manifiesta de las leyes y autoridad legislativa de estos Reynos.*

II. *Que estos tumultos y sublevaciones han sido excitadas y animadas por los votos y resoluciones de las Asambléas de dichas Provincias, los quales se dirigen á derogar el honor del Gobierno de S. M. y á destruir* la dependencia legitima y constitucional de dichas Colonias, ademas de ser esta una empresa contraria á la Corona Imperial, y al Parlamento de la *Gran Bretaña.*

III. Que las personas que, por haberse conformado con los Actos de la Legislacion de la *Gran Bretaña,* respecto de las Colonias Britanicas de la *America Septentrional;* y por haber ayudado á executarlas, han sufrido algun detrimento, ó perjuicio, deben ser compensadas por las Colonias respectivas, á donde estos daños y detrimentos se han experimentado.

IV. Que se proponga el declarar y resolver, que todos los Subditos del Rey, residentes en dichas Colonias, que manifestaron el deseo de conformarse con el Acto del Papel Sellado, y con otros de la Legislacion *Britanica,* relativos á sus Colonias de la *America Septentrional,* y que procuraron ponerlos en execucion, han obrado como fieles y obedientes subditos; y que por tanto tienen ciertamente segura la proteccion de la Camara de la *Gran Bretaña.*

V. *Que todas las personas que, por razon de los tumultos y violencias de la America Septentrional, no se hallaron en estado de procurarse Papel Sellado,* despues que se ha publicado el Acto de Imposicion de ciertos derechos sobre él en dichas Colonias, deberán quedar indemnes de todas las multas y pérdidas á que estarian sujetos, por haber escrito, puesto en limpio, ó impreso en pergaminos ó en papel que no tubiese sello legitimo, como se manda en el Acto, baxo de ciertas restricciones [23].

El Parlamento inglés acusa a las Asambleas provinciales de promover los tumultos atentatorios contra la suprema autoridad legislativa del imperio británico. Pero la lucha constitucional entre la metrópoli y las colonias no finalizó con la promulgación de la *Ley declaratoria.* Los impuestos sucesivos afirmarán a los yankees en su postura hasta la Declaración de Independencia por la que se rompían todos los vínculos.

Volviendo al hilo de los acontecimientos, veamos el resto de las noticias transcritas por la *Gaceta* y el *Mercurio* sobre las medidas adoptadas por las colonias para hacer frente a la *Sugar Act.*

Junto a la información de las continuas representaciones de los agentes de las provincias ante la Cámara de Inglaterra, se reciben comunicados referentes a la creación de nuevas fábricas textiles y de sociedades económico-culturales en las tierras de América Septentrional. La *Gaceta* del 12 de marzo de 1765 nos da la noticia de la fundación de la *Compañía para el adelantamiento de las Artes, de la Agricultura y de la Economía en la provincia de la Nueva Yorck:*

> Muchos Particulares de esta Ciudad, animados del zelo por el bien publico, y deseando evitar las perjudiciales conseqüencias que pueden acarrear los progresos del luxo, y la decadencia del Comercio, han formado una Compañia, con el titulo de *Compañia para el adelantamiento de las Artes, de la Agricultura y de la economía en la Provincia de la Nueva Yorck de la America Septentrional.* Ya han puesto en practica muchos reglamentos, dirigidos al mantenimiento del orden en sus trabajos, abriendo una subscripcion para ponerse en parage de executar con mas aciertos sus proyectos patricios. La fabrica de Lienzo, el fomento de la Agricultura, la Pesca, las Minas y Minérales, la extincion del luxo, &c. serán los principales objetos de los cui-

---

[23] *Ibíd.,* pp. 193-196.

dados, y de las atenciones de esta Compañia, que tambien ofrecerá premios, á imitacion de la establecida en *Londres* para el fomento de las Artes, de las Manufacturas, y del Comercio, debiendo entablar nueva correspondencia con ella. Se trabaja con la posible actividad en el establecimiento de dos fabricas de Cerbeza: la que actualmente se hace en la primera de estas dos fabricas, es casi de tan buena calidad como la mejor de *Inglaterra*. En el año proxîmo pasado se han extrahído ya muchos millares de botellas para las Islas vecinas y otras Colonias de America [24].

En tal estado se hallaba la situación con las provincias septentrionales, cuando el Parlamento se reunió para resolver los subsidios del año 65. La resistencia ofrecida por los colonos no arredraron a los parlamentarios, quienes formularon la *Stamp Act* aprobada el 22 de marzo. La nueva ley constaba de cincuenta y cinco acuerdos, de los que

> Los 53 primeros cargan todos nuevos derechos, como de papel sellado, sobre los testamentos, las donaciones, las sentencias de los Tribunales, los privilegios concedidos á los particulares, sobre el medir las tierras, sobre los naypes, los dados, los Calendarios, &c. En el 54 acuerdo manda, que los instrumentos que no fueren escritos en *Ingles* paguen doblados los expresados derechos; y el 55 manda que el producto de estos diferentes derechos se deposite en la Caxa de la Tesoreria del Rey, para emplearlo en defender, y proteger á dichas Colonias [25].

La *Stamp Act*, prevista en la *Sugar Act*, atañía a todos los súbditos de las Colonias. No sólo afectaba a los comerciantes sino también a los impresores y a cualquier ciudadano que requiriese legalizar el más mínimo trámite. Ahora sí que el agravio de la metrópoli alcanzaba una dimensión popular. Sin embargo, el gran error de la nueva ley fue obligar a los *gaceteros* a pagar una tasa por cada periódico, pues aquéllos dirigieron su actividad a combatir al gobierno inglés.

---

[24] *Gaceta de Madrid* del martes 12 de marzo de 1765, sección de Londres, pp. 85-86. La misma noticia la reproduce el *Mercurio* del mes de marzo de 1765, pp. 234-235.

[25] *Mercurio Histórico y Político* del mes de febrero de 1765, sección de Londres, pp. 149-150.

La apertura del nuevo Parlamento fue aprovechada por los colonos para enviar memoriales e instrucciones a los agentes, en las que se solicitaba la abolición de la Ley del azúcar [26]. Como esta propuesta no tuviera éxito, ni tampoco llegasen a buen término las negociaciones encaminadas a evitar que la *Stamp Act* fuese promulgada, los representantes de los establecimientos de América Septentrional dirigieron sus esfuerzos a solicitar que los nuevos impuestos fueran percibidos por comisarios nombrados por las asambleas provinciales [27]. Nada se consiguió. Las peticiones realizadas por las colonias parecían no importar al Parlamento. No quedaba otra solución que la violencia, si se querían hacer oír. A partir del mes de julio, la *Gaceta* y el *Mercurio* registran noticias en las que se exponen las acciones llevadas a cabo por las posesiones americanas para manifestar su oposición a las decisiones de la cámara legislativa. En S. James los consejos se suceden cada vez con más frecuencia, al tiempo que los rumores sobre el establecimiento de un ejército permanente en las provincias, mantenido por sus habitantes, cobran fuerza. Se cavilaba sobre la posibilidad de reducir por las armas a los rebeldes, pero se desechó al considerar que lo único que se lograría con semejante medida sería reconocer de manera oficial la sublevación de una parte del imperio que podía degenerar en general. Por otra parte, la situación no resultaba tan extrema si se atendían a las reivindicaciones solicitadas por las colonias. La representación del agente de New York, transcrita por la *Gaceta* del 6 de agosto de 1765, sirve para sintetizar las peticiones formuladas por las asambleas provinciales:

> El Sr. *Charles*, Agente de los habitantes de la *Nueva Yorck*, ha entregado al Ministerio de parte de la Asambléa de aquella Provincia, una representacion llena de quexas con motivo de los nuevos derechos que se la impusieron, igualmente que á las demas Colonias de *América*. La Asambléa pide con especialidad, que se suavice el modo de percibir estos derechos, y que se conceda esencion á ciertos generos y mercaderías. Parece que aquellas Provincias se manifiestan inclinadas á mantener á sus expensas 10[000] hombres de Tropas para su defensa; pero

---

[26] *Gaceta de Madrid* del martes 8 de enero de 1765, sección de Londres, p. 12.

[27] *Mercurio Histórico y Político* del mes de marzo de 1765, sección de Londres, pp. 234-235.

quisieran que las sumas necesarias se exîgiesen por medio de una tasa sobre las tierras, proporcionada á su valor y annual producto [28].

Junto a estas reivindicaciones, recordaremos las ya expuestas referentes a la anulación del veto de comerciar directamente con las posesiones europeas del Caribe y el derecho a estar representadas en el Parlamento o a ser legisladas por las asambleas provinciales.

Los principios reclamados por las posesiones americanas no parecían imposibles en un momento en que Inglaterra entera se hallaba envuelta en fuertes convulsiones internas, acentuadas por la crisis colonial. El gabinete Grenville cayó para ser sustituido por el ministerio de Rockingham (agosto de 1765). El joven primer ministro (contaba treinta y cinco años) se enfrentaba a la obligación de restaurar la tranquilidad en el mundo británico, satisfaciendo a los descontentos, al mismo tiempo que intentaba hacer prevalecer la autoridad del gobierno. El principal objetivo era dominar la situación en América Septentrional. La derogación de la *Stamp Act* parecía decidida y procuraría llevarla a cabo en cuanto el monarca abriese el Parlamento, aunque se hallase consciente de que se tropezaría con grandes dificultades, pero había que demostrar a los colonos que aún dependían de la metrópoli. Las resoluciones de Virginia (mayo de 1765) y el Congreso de New York (octubre de 1765), convocado por Massachusetts, habían complicado y enturbiado las relaciones con las provincias. No quedaba más remedio que afirmar la autoridad de la Cámara inglesa, frente a las asambleas provinciales que habían puesto en entredicho sus atribuciones.

Mientras Rockingham esperaba la apertura del Parlamento, las noticias recibidas de América Septentrional adquirían un carácter alarmante. Las colonias parecían haberse puesto de acuerdo para boicotear y amedrantar a los distribuidores del papel sellado. Veamos, a continuación, las acciones realizadas contra el nuevo impuesto y sus representantes oficiales, a través de las informaciones de la *Gaceta de Madrid* y del *Mercurio Histórico y Político*:

La *Gaceta* del martes 5 de noviembre de 1765 transcribe el siguiente aviso llegado de Boston:

---

[28] *Gaceta de Madrid* del martes 6 de agosto de 1765, sección de Londres, p. 253. La misma noticia aparece también en el *Mercurio* del mes de agosto de 1765, pp. 323-324.

Los avisos de *Boston* en la *Nueva Inglaterra,* recibidos por la via de *Bristol,* refieren, que por el mes de Agosto último se habia sublevado el populacho de aquella Ciudad con motivo de los nuevos impuestos, establecidos en la última Sesion del Parlamento: que no solo fueron insultados los principales personages del continente, sino que tambien hicieron pedazos los papeles y efectos del Controlador, del Juez del Almirantazgo, del Repartidor de Sellos, y del Gobernador, cuya casa entraron á saco, llevandose quanto habia en ella; y que no habian calmado estos desórdenes hasta principios del mes siguiente, que se pudieron juntar como unos 500. hombres, que lograron arrestar los principales cabezas de la sublevacion. Añaden los mismos avisos, que en *Newport,* en la Isla de *Rodas,* hubo otro motin semejante, ocasionado con igual motivo, habiendo llegado al estremo de que los principales habitantes se vieron precisados á huir pasando á bordo de una Fragata del Rey, que estaba ancorada en el Puerto [29].

La *Gaceta de Madrid* del 19 de noviembre y la del 26 del mismo mes, recapitulan sobre el descenso sufrido por las comisiones de América y el abandono de los encargados de distribuir el papel sellado ante las violencias de los colonos:

Los dias 16. y 17. se tubo un gran Consejo en S. *James,* y se asegura, que en él se ha deliberado sobre el disgusto de nuestras Colonias de *América,* con motivo de los nuevos derechos que se las han impuesto por acto del Parlamento. Los Comisarios de la Tesorería y los de Comercio se juntan con mucha freqüencia para tratar, aquellos, del estado de las haciendas, y éstos sobre los desórdenes acaecidos en la *América Septentrional,* en donde quedaban nuestras Colonias amenazadas de una nueva guerra por parte de muchas Naciones *Salbages,* entre quienes se habia renovado el antiguo rencor contra los Vasallos de la Corona. Por otra parte las comisiones de aquellas Provincias, que por lo regular eran bastante considerables, son actualmente muy cortas, á causa de las Fábricas establecidas en ellas para impedir que venga á *Europa*

---

[29] *Gaceta de Madrid* del martes 5 de noviembre de 1765, sección de Londres, p. 357.

6

mucha porcion de dinero. Los Agentes de nuestras Colonias en aquella parte del Mundo tienen hábiles Juristas, que apoyen y defiendan en el Ministerio y Parlamento las representaciones de estas Colonias, relativas á los nuevos derechos de Sello. Los Capitanes de algunos Navíos, que se habian obligado á transportar á *América* el Papel sellado, se escusaron á cumplir su obligacion, recelando verse expuestos al furor de aquellos Nacionales. En conseqüencia de esto el Gobierno ha resuelto armar en *Chatham* una Fragata de guerra, que executará esta comision con tanto menos riesgo, quanto, segun mas recientes avisos, parece que los Gobernadores de las Provincias sublevadas habian juntado á toda prisa las Milicias, uniendolas á los Destacamentos de Tropa reglada para contener en su obligacion á los malcontentos [30].

Se asegura que las Comisiones de *América* para la remesa de mercaderías Inglesas, baxaron este Verano último cerca de 600.000 libras *Esterlinas* de la suma á que regularmente ascendian de 30. años á esta parte.

....

Extracto de Carta escrita en *Boston* á 11 de *Septiembre* de 1765.

Ayer llegó aqui de Londres el Capitan *Davison* con una porcion de papel sellado para esta Provincia y la *Nueva Hampshire,* que inmediatamente conduxo al Castillo, para evitar que la Plebe inferior lo pegase fuego. Quando el Sr. de *Meserve,* encargado de su repartimiento en esta Provincia echó pié á tierra, le rodearon cerca de 300. personas de consideracion, y le precisaron á asegurar que no exercería su empléo. Algunos de sus amigos de esta Provincia le habian escrito, que no viniese á ella con semejante encargo, porque de lo contrario arriesgaba su vida. La distribucion de este papel y execucion de los demás reglamentos tan perjudiciales, resueltos en estos dos últimos años, llenaron nuestros corazones de la mayor consternacion. Ahora nos hallámos con un gozo inexplicable por la buena noticia que nos traxo el mismo Navío de una mutacion acaecida en el Ministerio de la

---

[30] *Gaceta de Madrid* del martes 19 de noviembre de 1765, sección de Londres, pp. 372-373.

Gran Bretaña. En celebridad de tan pausible revolucion, se echaron á vuelo las campanas al rayar el dia en esta Ciudad y Pueblos de su circunferencia. A medio dia se hizo una salva Real de las baterias, y se estan disponiendo iluminaciones y fuegos artificiales. Se ha visto llorar de gozo á aquellos, sobre quienes las pasiones tienen mas imperio. Nos lisongeamos que esta agradable deseada nueva sosegara el espiritu de sublevación que se habia introducido en los Pueblos, restableciendo la tranquilidad de este Continente. En diferentes Provincias han ahorcado y quemado la efigie de algunos empleados en la execucion de estos nuevos reglamentos [31].

La crisis ministerial, que tantas manifestaciones de júbilo había ocasionado en Boston, no impidió que los alborotos continuasen. El primer paso estaba dado, pero aún faltaba el hecho real de la derogación de la *Stamp Act*, derogación solicitada tanto por los colonos como por los comerciantes de la metrópoli, quienes veían disminuir considerablemente sus intereses ante la competencia industrial surgida en las provincias ultramarinas. El pueblo, movido por los hombres de negocios, respaldados a su vez por juristas de revolucionarias ideas, atacaba a los representantes gubernamentales protegidos por las tropas regladas. La *Gaceta* del 17 de diciembre recapitula de la siguiente forma la necesidad de emplear las armas para dominar el espíritu sedicioso nacido en los establecimientos de Norteamérica:

El 15. llegó un aviso de la *Nueva Yorck* con muchos Pliegos, cuyo contenido ocasionó un gran Consejo en S. James. Parece que todas nuestras Colonias de *América* persisten en la resolucion de no querer pagar las nuevas contribuciones; y que en estas circunstancias, los respectivos Gobernadores esperan instrucciones del modo con que deberán comportarse. Sería costoso, y aun arriesgado emplear la fuerza contra aquellos Naturales; y por otra parte, el desistir de la execucion puede redundar en perjuicio del honor y dignidad de la Corona, haciendo dudosa la autoridad del Parlamento de *Inglaterra* sobre nuestras Colonias en aquella parte del Mundo. La Corte

---

[31] *Gaceta de Madrid* del martes 26 de noviembre de 1765, sección de Londres, pp. 380-381.

parece ha abrazado un partido médio entre estos dos extremos, lisongeandose que las Colonias se conformen con sus resoluciones. Entretanto todas se previenen para representar contra el nuevo acto del papel sellado, viendose claramente que el espiritu de independencia se manifiesta cada dia mas en todos nuestros dominios de América [32].

El gobierno inglés se hallaba en un callejón sin salida: si utilizaba la fuerza, corría el peligro de acrecentar lo que podía ser un simple disturbio localizado en una parte del imperio, pero si no adoptaba postura alguna, la autoridad del Parlamento británico se desacreditaba, al mismo tiempo que las asambleas provinciales cobraban fuerza. Es decir, se arriesgaba a la descentralización del poder legislativo, a que las posesiones inglesas se autogobernasen. Sin embargo, las medidas adoptadas para encauzar la crisis colonial estaban decididas, aun antes de que el Soberano abriese de nuevo las sesiones de la Cámara. Cuando se inaugurase el Parlamento, los debates se limitarían a perfilar las resoluciones previstas por el conducto legal. Mientras tanto, se anticipaban algunos acuerdos, como el de la libertad de comercio con los dominios europeos en el Caribe, que sirvieran para ganar tiempo y aplacar los ánimos. La *Gaceta* del 24 de diciembre, noticias fechadas en Londres a 29 de noviembre, está dedicada, casi íntegramente, a informar de los sucesos de las provincias y de los consejos y reuniones que ocasionaban:

> El Lord *Adán Gordon*, y el hijo del Caballero *Johnson*, que llegaron de *América* la semana ultima, hicieron al Rey y al Ministerio una relacion muy circunstanciada del estado en que quedaban las cosas en aquella parte del Mundo, y especialmente del general disgusto que ocasionaba el acto del papel sellado. El 22. se tubo un gran Consejo en S. James á presencia de S. M., en el qual se tomaron diferentes providencias mas adecuadas que las precedentes, para tranquilizar los ánimos en nuestras Colonias, y persuadir á sus Moradores á que por ahora se conformen con las providencias dadas sobre el asunto, mientras que se regla definitivamente en el Parlamento. El 23. se notifi-

---

[32] *Gaceta de Madrid* del martes 17 de diciembre de 1765, sección de Londres, p. 403.

caron á los principales Comerciantes de esta Ciudad algunos de los nuevos reglamentos. Las comisiones de aquellos Países para la remesa de mercaderías de Europa son condicionadas: esto es, que no deberán los Agentes cumplir con ellas, si el acto no se revoca.

Escriben de *Charles-Town*, que todos los habitadores de las dos *Carolinas* y de la *Georgia* habian resuelto unánimemente seguir el exemplo de sus Compatriotas de las demás Colonias y no usar el papél sellado en ningún instrumento juridico, sin embargo del acto del Parlamento. Y por cartas de la *Nueva Yorck* de 14. de este mes, se sabe de la *Virginia*, que el mismo dia que llegó allí el Director del papél sellado, le convidaron los principales habitantes á un bayle, donde fue tratado con mucha urbanidad. Fenecida esta diversion, le hicieron saber que sus equipages se habian pasado á bordo de un Navio, que debia partir á *Londres* el dia siguiente por la mañana: aconsejandole que se embarcase tambien sin dilacion en el mismo Vagél, porque su vida estaba en evidente peligro si se detenia un dia mas; y se añade que efectivamente abrazó este consejo.

Se ha dado permiso á todos los Estados del Rey en *América* para comerciar libremente con las Islas *Españolas* y *Francesas*, baxo ciertas condiciones, y con tal que no se introduzcan en las Colonias *Inglesas* mercaderias de *Europa*, *Africa*, y de la *China*, que no sea en Navios que vayan directamente de la *Gran Bretaña* ó *Irlanda*. En su conseqüencia, la Corte ha despachado nuevas instrucciones á los Almirantes *Tyrrel* y *Burnaby*, que mandan las Esquadras del Rey en la *Jamayca*, é Isla de *Sotavento*, sobre la conducta que deben tener en orden á este permiso. Previenese al primero de estos Almirantes envie algunos Navios de guerra á los Triangulos; y que todas las Embarcaciones *Inglesas*, á cuyo bordo se encuentren géneros de las Fábricas de *Francia*, se apresen y sentencien legalmente en los Tribunales de Almirantazgo de la América [33].

A pesar de las previsiones, el comercio sigue siendo restringido para las colonias americanas, quienes ven limitada su actividad

---

[33] *Gaceta de Madrid* del martes 24 de diciembre de 1765, sección de Londres, pp. 424-425.

al Nuevo Mundo. Las transacciones con Europa, África o Asia, debían de ser realizadas a través de la metrópoli. Los *provincianos* habían obtenido un pequeño triunfo, aunque la victoria no fuese completa, pero es que tampoco se trataba de asfixiar la economía de la Gran Bretaña. Mientras, el compás de espera continúa. Los agentes de las colonias son llamados para deliberar sobre la forma precisa de reducir los alborotos. Los comerciantes, a su vez, se reúnen para debatir el modo más apropiado para enviar las remesas de mercancías a las colonias [34]. Entre tanto, la *Gaceta* participa las noticias de los últimos altercados ocurridos, ahora, en Filadelfia:

> El Navio la *Real Carlota*, á las ordenes del Capitan *Holland*, llegó aquí el Sábado último con otro del Rey, nombrado la *Sardina*. El Capitan *Holland*, que trahe á bordo el papél sellado para esta Provincia, *Mariland*, y la *Nueva Jersey*, estubo algun tiempo en *Newcastle* con la escolta de un Navio de guerra. Luego que arrivó al Cabo de *Glocester*, todas las Embarcaciones que estaban en el Puerto izaron ó lebantaron su vandera hasta medio mastil, y empezaron á doblar las campanas, como si tocasen á muerto: manifestandose el disgusto del Pueblo con otras muchas demostraciones de tristeza. A las quatro de la tarde se congregó un gran numero de habitadores en la Casa del Ayuntamiento para tratar de impedir la execucion del nuevo acto de sello, y despacharon siete Diputados al Sr. *Hughes*, Repartidor del papél sellado, (que á la sazon se hallaba peligrosamente enfermo) para preguntarle si estaba en ánimo de hacer dexacion de su empléo. Volvieron á la Asambléa, diciendo, que este Oficial los habia asegurado, que no haría cosa que tocase á la execucion del mismo acto, hasta que las demás Colonias hubiesen generalmente consentido en él. Furiosa la multitud se disponia para ir á pedirle una respuesta mas positiva; pero los Diputados supieron representar tan bien el deplorable estado en que se hallaba el Sr. *Hughes*, que se resolvió hacerle la pregunta por escrito, concediendole dos dias para responder, lo qual hizo tambien por escrito. Esta respuesta decia en sustancia, que hallandose comisio-

---

[34] *Gaceta de Madrid* del martes 31 de diciembre de 1765, sección de Londres, p. 431.

nado para la distribucion del papél sellado, se obligaba á no executar el acto del sello hasta que se huviese admitido en las demás Colonias [35].

La pertinaz respuesta del Sr. Hughes se enfrentaba con la tenacidad de los colonos, dispuestos a llevar a cabo las medidas de boicotear la *Stamp Act*. La forma de impedir que los representantes oficiales llevasen a cabo su misión variaba según hemos visto: o se invitaba amablemente al encargado a regresar a Inglaterra con la odiosa carga, o se le conminaba por la fuerza, originándose entonces enfrentamientos entre el pueblo y las autoridades. Tal sucedió en New York por lo que se deduce de la siguiente noticia transcrita por la *Gaceta* del 14 de enero de 1766:

El 11. llegó una embarcacion de la *Nueva Yorck* con cartas del Continente de la *América Septentrional*, escritas en 28. de Octubre, y 8. de Noviembre ultimos. Las ciudades de la *Nueva Yorck, Boston, Filadelfia* y otras quedaban en una conmocion general con motivo del acto de sello. Todos los habitadores se obligaron con juramento los unos á los otros á no admitir semejante acto. Ningún Oficial civil ni militar se ha atrevido á ponerlo en execucion. Los Jueces de *Westmoreland*, en la *Nueva Inglaterra*, han presentado un memorial al Gobernador y Consejo de la *Virginia*, declarando que tenian muy poderosos motivos para cesar desde el dia primero de Noviembre en todos los exercicios de su empléo, á causa de que siendo aquel día en el que se debia dár principio al establecimiento del derecho de sello, no podian sin quebrantar su juramento conformarse con esta providencia: y que por otra parte tampoco querían ser instrumentos de la execucion de un acto contrario á las libertades y á los esenciales derechos de sus compatriotas. El papel sellado destinado para la *Nueva Yorck* se habia depositado en el Castillo *Jorge*, adonde se retiró el Teniente Gobernador de la Provincia con 340. hombres de guarnicion. Este proceder enfureció tanto á la Plebe, que habiendo marchado á su Palacio el primero de Noviembre, se apoderó de quantos muebles havia en él, y los quemó delante de su efigie á tiro de cañon del Castillo. Y con la noticia que tubo el dia

---

[35] *Ibíd.* p. 433-434.

siguiente de que el Teniente Gobernador se habia hecho autorizar para el repartimiento del papel sellado, comenzaba á dár disposiciones para envestir el Castillo; pero este Oficial conjuró á tiempo la tempestad que le amenazaba, obligandose por escrito á no dár providencia, ni hacer cosa que tuviese relacion con este acto. Con todo, no satisfechos los habitadores con esta promesa, le obligaron á depositar los sellos en la Casa de Ayuntamiento. En este intermedio fue preciso clavar toda la artillería de las Fortificaciones de la Plaza, por que no la asestasen contra el Castillo. Estos y otros avisos han avivado mucho la atención de los Ministros del Rey. Importa infinito el sosegar quanto antes semejantes turbaciones. Esto es un fuego, cuyos progresos conviene atajar desde su origen, porque puede recelarse con algun fundamento mayores estragos. La Corte ha despachado un Paquebot á la *Nueva Yorck* con nuevas instrucciones para los Gobernadores, y se dice, que por ahora se suspenderá la execucion de este acto [36].

Ya son únicamente los comerciantes los interesados en combatir las legislaciones del Parlamento. Ellos, sí, se dieron cuenta los primeros de que Inglaterra, tras la apariencia de un proteccionismo imperial, intentaba aprisionar a las colonias con el mercantilismo, con la prohibición del libre comercio. Las provincias septentrionales poseían materias primas en abundancia para permitirse la creación de sus propias industrias y el desarrollo económico con las potencias europeas y sus posesiones en América. Pero si la Gran Bretaña lo hubiera permitido, hubiera visto disminuir su mercado de forma considerable. Era, pues, preciso que las transacciones coloniales se realizasen a través de la metrópoli para no perder el control y verse sorprendidos por un autogobierno financiero en los dominios del nuevo mundo, *La pérfida Albión* luchó para que ello no sucediera con estrictas leyes comerciales: la *Sugar Act* y la *Stamp Act*. Mas la legislación del gabinete Grenville no sirvió sino para despertar la conciencia de potencia inexplotada de los establecimientos británicos. Sin embargo, aún faltaba a las colonias un paso decisivo: abrirse mer-

---

[36] *Gaceta de Madrid* del martes 14 de enero de 1766, sección de Londres, pp. 12-13.

cados legalmente. En ello consistiría su ulterior lucha: procurar que España, Francia y Holanda, principalmente, las reconociesen como productivos comercios sin la sombra de Inglaterra. No obstante, la pugna de los comerciantes no hubiera, quizá, prosperado entre el pueblo si la Ley del timbre no hubiera sido promulgada. La *Stamp Act* afectó a todas las clases sociales por igual: desde el campesino que necesitaba legalizar cualquier trámite, hasta las casas comerciales de mayor compromiso. La *Stamp Act* unió a la gran multitud con los estamentos socialmente más elevados y, por ello, más perjudicados; vinculó los intereses de las provincias septentrionales con las meridionales. La reacción fue unánime y cobró cotas altamente peligrosas mientras el Parlamento (inaugurado el 17 de diciembre de 1765 y aplazado hasta el 14 de enero) debatía la derogación de las tasas sobre el papel sellado en medio de una atomización de opiniones.

La *Gaceta* del 11 de marzo de 1766 vuelve a referirse a la angustiosa situación de los jueces: ni querían quebrantar sus deberes con la administración, ni estaban dispuestos a dañar a sus compatriotas:

> Segun las ultimas noticias de las Colonias de *América*, el disgusto ocasionado por el acto de sello, se iba estendiendo cada dia mas, dando motivo á nuevos alborotos en las Provincias. Una de las circunstancias que causa mas perjuicio, es la suspension de la Justicia. Los Jueces y Ministros que no quieren quebrantar el juramento que los obliga á hacer observar los actos del Parlamento, ni poner en execucion el acto de sello, contra el qual se han sublevado todos sus Compatriotas, tomaron la determinacion de cerrar los Tribunales, cesando en el exercicio de sus empléos [37].

El punto álgido de la crisis llega cuando la *Stamp Act* acababa de ser derogada: los principales puertos de las provincias estaban bloqueados:

> Dicese que los mas de nuestros Puertos de la *America Septentrional* quedaban bloqueados por los Navios de guerra, con particular encargo de impedir que salga Embarcacion alguna, que no lleve Pasaportes en los términos

---

[37] *Gaceta de Madrid* del martes 11 de marzo de 1766, sección de Londres, p. 76.

que previene el acto de sello. Se ha hecho el cálculo de que nuestras Colonias deben actualmente á los Comerciantes y Fabricantes de la *Gran Bretaña* por las remesas que han hecho, una suma de quatro millones de libras *Esterlinas*, cuya mayor parte corresponde á la Ciudad de Londres [38].

La última noticia sobre los alborotos ocasionados por la *Stamp Act* en América Septentrional, la registra la *Gaceta de Madrid* del martes 15 de abril de 1766:

Las noticias poco favorables que sucesivamente llegan de *América* prueban con evidencia que un Ministerio prudente y sabio no tenia otro partido que tomar que el de acomodarse á las circunstancias del tiempo, sin perjuicio de los intereses de la Corona y de la autoridad del Parlamento. Los últimos avisos de la *Nueva Yorck* refieren, que los principales Negociantes de aquella Ciudad se congregaron por el mes de Enero último, y resolvieron unánimemente oponerse á la execucion del acto de papel sellado, aunque fuese á costa de sus vidas y bienes. Igualmente determinaron, que todos quantos le obedeciesen serian tenidos por traydores: y que al contrario, aquellos que exerciesen sus profesiones y oficios sin usar del papel sellado, se les protegería con todo su poder. Estos avisos añaden, que una tropa de gente armada pasó el 12. del mismo mes á bordo de una Embarcacion, en que habia 10. caxones de papel sellado para el Pais: Que despues de haberlo sacado á tierra y puesto en un esquife, los quemaron, retirandose luego á sus habitaciones sin causar otro daño: Que á la sazon se hallaban en el Puerto 111 Navíos y Embarcaciones mercantes; y que el Lord *Colville*, Comandante en Gefe de la Esquadra del Rey del Departamento de la *América Septentrional*, habia tenido la prudencia de no interceptar Navío alguno sin los nuevos Pasaportes, hasta que reciba otras instrucciones de la Corte [39].

---

[38] *Gaceta de Madrid* del martes 18 de marzo de 1766, sección de Londres, p. 85.

[39] *Gaceta de Madrid* del martes 15 de abril de 1766, sección de Londres, p. 120.

La fogata del esquife del puerto de New York que abrasa la remesa de papel sellado es, por ahora, el postrer acto de sublevación. Las próximas noticias que se reciban referirán las manifestaciones de júbilo y de agradecimiento del pueblo americano al gobierno, en concreto, a William Pitt, el héroe nacional, en su último servicio a la Cámara de los Comunes, al pueblo. El 18 de marzo Jorge III otorgó su real consentimiento a la ley que derogaba la *Stamp Act*. Pero desde el mes de enero, en que se iniciaron los debates en el Parlamento, hasta el 18 de marzo se sucedieron enconadas disputas dialécticas en la Cámara legislativa.

MILORDS Y SEÑORES

La tranquilidad general que actualmente goza la *Europa*, me ha hecho esperar que podia dispensarme de convocar mi Parlamento antes del tiempo regular, y segun se acostumbra en tiempo de paz; pero como se han ofrecido diferentes negocios en algunas de mis Colonias de America, que pudieran llamar la mas séria atencion de mi Parlamento; y que por otra parte se esperan de dia en dia ulteriores avisos de diferentes parages de aquellos Países, los que he mandado comunicaros con todas sus circunstancias, he juzgado á proposito juntaros hoy para que podais proveer las plazas vacantes desde la ultima Sesion en la Camara de los Comunes, á fin de que el Parlamento quede completo, y en estado de proceder inmediatamente después de las vacaciones acostumbradas, al conocimiento de las importantes materias que le serán comunicadas [40].

Con el presente discurso inauguró Jorge III el Parlamento el 17 de diciembre de 1765. A nadie se le ocultaba que el problema

---

[40] Las sesiones del Parlamento que derogó la *Stamp Act* pueden seguirse a través del *Mercurio Histórico y Político* de los meses de enero, pp. 67-86; febrero, pp. 181-198; marzo, pp. 286-295, y abril de 1766, pp. 389-396. La *Gaceta de Madrid* también informa, aunque más escuetamente, de los debates parlamentarios. Se pueden consultar a este respecto las *Gacetas* del martes 14 de enero, sección de Londres, pp. 11-12; del martes 11 de febrero, pp. 43-44; del martes 18 de febrero, pp. 50-53; del martes 25 de febrero, pp. 59-61; del martes 4 de marzo, pp. 67-68; del martes 18 de marzo, pp. 83-84; del martes 25 de marzo, p. 90; del 8 de abril, pp. 112-113, y la *Gaceta de Madrid* del martes 15 de abril de 1766, sección de Londres, pp. 119-120. Conviene advertir que hemos reseñado únicamente las páginas en las que se trata de las colonias americanas.

principal y más acuciante era la situación de rebeldía de las colonias de América Septentrional. El monarca, incluso, manifiesta de forma evidente que la razón de haber convocado la Cámara legislativa es la sublevación de las provincias. No hay otro motivo. Todo lo más, aprobar los subsidios para el año que en breve va a empezar. Los miembros de los lores y de los comunes saben perfectamente que se espera de ellos las disposiciones correspondientes para dominar, tranquilizar y devolver a la dependencia a los súbditos del Nuevo Mundo. Y éstos, a su vez, en el fondo de sus ansiosos corazones, aguardan que la *Stamp Act* al menos sea revocada: es la única solución viable para restablecer las relaciones armoniosas entre la metrópoli y los establecimientos de ultramar. Los parlamentaristas no lo ignoran, pero son conscientes de que la simple derogación de la Ley del timbre, sin un acto que declare, de forma rotunda, la autoridad del Parlamento, supondría pérdida de prestigio, de poder frente a las asambleas provinciales. Serviría, además, daría pie a las posesiones americanas para protestar cualquier legislación posterior. No, la presente sesión no resultaba fácil.

Después de las respetuosas representaciones de ambas Cámaras, los Comunes debatieron la posibilidad de solicitar del monarca que les fuera proporcionada la documentación referente a los disturbios de América para deliberar con mayor fundamento. Aunque la lógica petición de la Cámara baja fue rechazada por votación de sus miembros, el rey, en el discurso de reapertura (enero de 1766), transcurridas las vacaciones de Navidad, informa de que ha dado orden de que se les entregase toda la documentación para

> dar luz sobre el origen, progresos, y consequencias de las ultimas turbulencias, que han inquietado algunas de las Colonias Septentrionales.

Sin embargo, la propuesta de que se imprimiese la mencionada documentación fue denegada casi por unanimidad: el pueblo no debía conocer los pormenores de las alteraciones provinciales.

El Parlamento inició de inmediato las sesiones. Se permitió a los miembros del antiguo ministerio justificar la causa de la legislación impuesta a los establecimientos del Nuevo Mundo: la administración y custodia de las adquisiciones obtenidas por el Tratado de París resultaban gravosas en extremo a Inglaterra. Era lógico y natural que los colonos contribuyesen a la defensa y mantenimiento de sus bienes. Las asambleas provinciales podían haber votado los impuestos, mas no habría habido forma de poner de acuerdo a cada estado: la contribución sería desigual. Además, los dominios de América pertenecían a Su Majestad Británica y al Parlamento y éstos eran los únicos autorizados para legislar. La finalidad que se perseguía era la de evitar pérdidas económicas a la metrópoli y la de aumentar el control en los nuevos dominios. Las colonias debían ser mantenidas en el estado de dependencia *para el qual nacieron.* Sus derechos se limitaban a realizar respetuosas representaciones *á sus Amos.* Cualquier otra pretensión era preciso que fuese considerada *como un atentado á la Magestad, al Poder, y á los derechos de la Legislación.* Otros parlamentarios no pensaban así porque los súbditos de América Septentrional eran ingleses y de ningún modo esclavos. Los adversarios de tales ideas hacían ver que no estaban representados en el Parlamento. Sobre este punto el gabinete Rockingham guardaba silencio. En efecto, ningún vasallo puede aceptar un impuesto que ha sido votado sin estar representado su ayuntamiento en la Cámara legislativa. Lo contrario lesionaba a la constitución británica. Rockingham sabía que los colonos dirigían sus ataques hacia la *Stamp Act,* porque era un gravamen interno promulgado sin tener en cuenta su opinión. La *Sugar Act* resultaba diferente: los productos tasados son bienes importados de la metrópoli o de las potencias extranjeras. Las quejas manifestadas entonces iban encaminadas contra la prohibición del libre comercio. Había, pues, que derogar la Ley del timbre como propugnaba Pitt. De esta forma, se lograría silenciar las airadas protestas de los provincianos. En lo sucesivo, Inglaterra deberá sopesar el tipo de impuesto que dicte para sus posesiones de ultramar: tendrán que ser externos. Con la derogación, además, se satisfacería a los comerciantes británicos molestos por el boicot al que han sometido los colonos sus manufacturas.

Las discusiones parlamentarias alternaban con la consulta de la documentación recibida de América Septentrional y de los memoriales presentados por los comerciantes de Inglaterra, los agentes de las provincias, los comisarios de aduanas y del Banco metropolitano. De esta forma, los miembros de las Cámaras de los Pares y de los Comunes se enteraban de forma exhaustiva sobre la auténtica situación de los establecimientos del Nuevo Mundo. Los comunicados del Congreso de New York les impulsó a promulgar la *Ley Declaratoria,* de la que ya hemos hablado y en la que dejaban constancia ineludible de la autoridad del Parlamento sobre todas las posesiones de Su Majestad Británica.

Tras las aprobaciones previas de los Lores y de los Comunes,

la mañana del 18 [de marzo], el Rey, muy persuadido del acertado y necesario partido que habian tomado en tiempo las dos Camaras en el asunto del Sello de *America*, pasó á la Camara de los Lords, y haciendo llamar á los Comunes, y juntar las tres clases, es á saber, el Monarca, los Señores, y los Comunes, dió en pleno Parlamento su Real, solemne y auténtico consentimiento al Bill de revocación del Acto del Sello en America [41].

El gobierno en el poder había triunfado en su propuesta. No obstante, los miembros del gabinete Grenville manifestaron una vez más su oposición a la abolición de la *Stamp Act* mediante la siguiente declaración transcrita por la *Gaceta* del 22 de abril de 1766:

Quando el acto para revocar el del papel sellado se leyó segunda vez en la Cámara de los Pares, 33. de sus Miembros hicieron y firmaron una protesta contra la abolicion de dicho acto, que en sustancia dice lo siguiente: *Habiendo declarado solemnemente el Parlamento, que tiene derecho, poder y autoridad de hacer executar sus leyes y reglamentos en todas las Colonias que están baxo el dominio de la Gran Bretaña, y que las turbaciones y sublevaciones de las Colonias de America con motivo del acto del sello, ofendían esencialmente la dignidad de la Corona y la autoridad legislativa del Parlamento: por consequencia la total revocacion de dicho acto, especialmente en tiempo en que aun subsiste el espiritu de sublevación en las Colonias, no puede dexar de producir peligrosisimos efectos. Semejante condescendencia en las presentes circunstancias, lleva consigo una apariencia de flaqueza y timidéz, muy a proposito para que en lo sucesivo renazcan nuevas inquietudes, debilitando el respeto debido á la autoridad soberana de la legislacion; favoreciendo el espiritu de revolucion; acreditando los peligrosos principios, sostenidos por los habi-*

---

[41] *Mercurio Histórico y Político* del mes de abril de 1766, sección de Londres, p. 389. La misma noticia la registra la *Gaceta de Madrid* del martes 15 de abril de 1766, sección de Londres, p. 120.

tadores de las Colonias sobre su pretendida independencia en lo que mira ál Parlamento de la Gran Bretaña para el impuesto de las tasas, y fomentandolas para que en otras ocasiones manifiesten igual resistencia á la execución de las leyes del Parlamento: peligros todos casi inevitables, y que en tiempo de guerra podrán tener las mas funestas conseqüencias. Por otra parte, siendo razon que todas las clases del Estado sufran una porcion del peso de las tasas con arreglo a sus facultades, el libertar las Colonias de América de un impuesto tan justo y moderado como el del sello, es lo mismo que dexar caer esta carga sobre el resto de la Nacion, excitar zelos en las demás partes de los Dominios de S. M., y perjudicar la seguridad que todo el Pueblo tiene derecho de esperar de la legislación. Pruébase por las razones que se van á dár, que las Colonias de la América Septentrional se hallan en estado de soportar, sin el menor inconveniente, la proporcion de tasa que se las impuso por el acto del sello: I. Se regula el producto de esta tasa en 60 [000] libras Esterlinas al año: repartida esta cantidad entre un millón y 200 [000] personas, que hacen poco mas de la mitad del número de los habitantes de nuestras Colonias de América, se reduce á un chelin por cabeza al año, que viene á ser como la tercera parte del salario regular de un jornalero ó artesano de aquellas Provincias: 2. Por los registros de los Comisarios de la Secretaría de Comercio y de las Plantaciones resulta, que en el solo espacio de tres años, habiendo aquellas Colonias asignado fondos á tomar en diferentes Provincias, han satisfecho un millón y 750 [000] libras Esterlinas, que hacen parte de la deuda que han contrahido durante la última guerra y que pagarán en solos dos años hasta 760 [000] libras Esterlinas [42].

Los miembros del Parlamento opuestos a la revocación de la *Stamp Act* se creyeron en la obligación de advertir públicamente al gobierno que la derogación contravenía los principios acordados en la Ley declaratoria y evidenciaba falta de autoridad por parte de la Cámara legislativa. Por otra parte, la presente abolición

---

[42] *Gaceta de Madrid* del martes 22 de abril de 1766, sección de Londres, pp. 127-128.

instauraba un precedente al que los colonos podían acogerse en las sucesivas disposiciones del Parlamento, además de atentar contra la seguridad del resto de los dominios británicos. ¡Y todo ello por un chelín por habitante al año! Pero es que los establecimientos de América Septentrional estaban acostumbrados al *abandono* metropolitano, y les pareció imposible que el gobierno intentase reducir sus seculares libertades. Las presiones comerciales pudieron más que las teorías jurídicas. La crisis económica a la que se asomó Inglaterra a causa del boicot colonial, inclinó la balanza a favor del mercantilismo, que luchó por ver restaurados sus antiguos beneficios. El sucederse de los acontecimientos diría si la oposición a la revocación de la *Stamp Act* tenían o no razón, mas, por ahora, el primer paso estaba dado. Los hombres de negocios de la Gran Bretaña, llenos de euforia al ver triunfar sus intereses, preparan remesas de mercancías para las colonias, seguros de que las relaciones comerciales volverán por los cauces de la normalidad, al tiempo que la Corte dicta las correspondientes órdenes para que el papel sellado destinado a América sea embarcado para Europa. La *Gaceta* del 22 de abril, corrobora nuestras palabras:

> Dos casas de Comerciantes de esta Ciudad cargaron la semana última para la América diferentes mercaderías hasta el valor de 90 [000] libras *Esterlinas*. En otros parages del Reyno, donde ha causado tan buenos efectos la renovacion del acto de sellos, se hacen también considerables remesas á las Colonias. Entretanto, la Corte ha despachado orden de que vuelva á embarcarse para *Europa* todo el papel sellado que se embió á la *América* [43].

La *Gaceta* y el *Mercurio* de la segunda mitad de 1766 comunican noticias de las manifestaciones de júbilo y agradecimiento que, de continuo, se producen en los establecimientos septentrionales. Fiestas populares, esculturas al prohombre de la derogación, acciones de gracias realizadas por unos súbditos que creen haber salido airosos en sus reivindicaciones economicoconstitucionales frente a la metrópoli, cuando lo cierto es que el Parlamento abolió la *Stamp Act* impulsado, principalmente por la crisis comercial de la Gran Bretaña.

El *Mercurio* del mes de junio resume la situación de América después de la revocación con las siguientes palabras:

---

[43] *Ibíd.*, p. 129.

En la *America* fue tanta la alegria que se recibió con la revocacion del acto del Sello, que están fuera de sí sus moradores, y señalan dias para dár solemnes gracias á Dios por haber inspirado á la Metropoli esta revocacion: como si la felicidad de las Colonias dependiese solo de ella. Por otra parte se hallan en estado de contribuir á las urgencias, y á las cargas de la Corona con mucho mayor cantidad que la que el Sello hubiera producido: de tal modo, que se percibe la contribucion con menos displicencia, y gravamen que aquel impuesto odioso [44].

El hombre ha conservado y conserva reminiscencias de las primitivas religiones. El sentimiento de la predestinación, del *todo está escrito* preside, en ciertos momentos, las acciones humanas. Cuando un hecho que se antojaba imposible, se realiza, dirigimos nuestros pensamientos hacia un espíritu, una mente, un Dios que rige nuestros actos y le rendimos culto en señal de agradecimiento. Los colonos no obraron de otra forma. La derogación de la *Stamp Act* parecía venida del cielo, y ante la voluntad celestial encaminan sus humildes prerrogativas suplicándole su bendición. La *Gaceta* del 15 de julio avisa que en New York,

Luego que allí se recibió copia del discurso que hizo el Sr. *Pitt* en el Parlamento contra el acto de Sellos, se estendió infinidad de exemplares por toda la Provincia; y que el Gobernador de la *Nueva Inglaterra* señaló el 24. de Abril último para un dia de ayuno general, á fin de aplacar la ira del Cielo, implorar sus bendiciones sobre las empresas de su Pueblo, calmar las turbaciones sobrevenidas en el País, y restablecer la concordia entre los Vasallos de la *Gran Bretaña* en *Europa* y *América* [45].

La Gaceta del 5 de agosto informa que los festejos habidos en Filadelfia para conmemorar la abolición de la Ley del Timbre:

Las noticias que nos llegan de *América* apenas hablan de otra cosa, que de las demostraciones públicas de gozo que hicieron á porfia todos los moradores de nuestras Colo-

---

[44] *Mercurio Histórico y Político* del mes de junio de 1766, sección de Londres, pp. 141-142.
[45] *Gaceta de Madrid* del martes 15 de julio de 1766, sección de Londres, p. 228.

nias al saber la revocación del acto del Sello. Escriben de *Filadelfia* que cuando se recibió allí esta noticia, se iluminaron todas las casas la noche del siguiente dia. Los principales habitantes dieron un espléndido banquete al Gobernador y sus dependientes, y á los Oficiales de las Tropas y de la Marina, despues de lo qual registraron la resolucion siguiente: «Para manifestar nuestro zelo á la *Gran Bretaña*, y nuestro agradecimiento por la revocacion del acto del Sello, se obliga cada uno de nosotros á ponerse el 4. de Junio proximo, dia del cumpleaños de nuestro benigno Soberano *Jorge III*, un vestido nuevo y completo de telas fabricadas en *Inglaterra*, y á dar á los Pobres todos los vestidos de las fábricas del País [46].

Junto a estas pintorescas manifestaciones de reconciliación en varias provincias se realizan otras con un carácter más oficial e inspiradas en un sentimiento de gratitud hacia los prohombres que hicieron posible la vuelta a la normalidad. La *Gaceta* del 12 de agosto comunica la decisión adoptada en Charlestown de erigir una escultura a William Pitt, el principal artífice de la revocación:

Se han recibido diferentes Comisiones de varias partes de la *América* para acuñar medallas de oro y plata en honor de los Patricios, que concurrieron con mas zelo á facilitar la revocacion del acto del papel sellado. Participan de *Charles-Town*, en la *América Meridional*, que la Cámara de los Comunes de la Asambléa Provincial resolvió unánimemente, que se señalasen fondos para costear y mandar hacer en Inglaterra una Estátua de marmol, que represente al Sr. *Pitt*, la qual se erigirá en aquella Provincia en señal de la veneracion y respeto de los moradores á su persona, y de su reconocimiento por los importantes servicios que ha hecho al Rey y á la Patria, como tambien en memoria de la asistencia noble, generosa y desinteresada que les ha dispensado para que se revocase el acto del Sello [47].

Los colonos aún no habían recibido la noticia de que William Pitt, encargado del gobierno desde agosto de 1766 por segunda vez,

---

[46] *Gaceta de Madrid* del martes 5 de agosto de 1766, sección de Londres, p. 251.

[47] *Gaceta de Madrid* del martes 12 de agosto de 1766, sección de Londres, p. 260.

había sido nombrado conde de Chatham, es decir, había ascendido a la Cámara de los Lores. Los Comunes y el pueblo representado por éstos se sintieron traicionados. Aunque les gobernase Pitt, ¿se acordaría de los intereses de la burguesía y de la clase baja a la hora de adoptar decisiones trascendentales para la comunidad, o se vería influido decisivamente por la nobleza? Las manifestaciones de adhesión a Pitt quedaron abortadas cuando el tercer estado se enteró del nombramiento otorgado por el rey. De esta forma, Jorge III, que desde su coronación había compartido la popularidad con Chatham, logró atraerse a uno de sus mayores enemigos políticos al tiempo que le distanciaba del fervor del pueblo. No obstante, el segundo gabinete de Pitt no resultó tan fulgurante como el primero, cuando consiguió que la Gran Bretaña saliese de los senderos de la derrota y constituyera el primer imperio al vencer a los *papistas* en la Guerra de los Siete Años. El presente ministerio fue un ministerio descabezado, carente de la mano rectora —William Pitt—, aquejado por los insoportables dolores que le producía la gota. Al final hubo de ceder el mando al duque de Grafton, mientras se retiraba a su castillo nostálgico, semidesprestigiado y enloquecido por la enfermedad que le conduciría a la muerte.

¿Cómo recibirán los colonos la noticia de que William Pitt se había convertido en el conde de Chatham? Se pregunta el redactor del *Mercurio* del mes de agosto:

> El asunto mas arduo, respecto á los negocios *Britanicos*, es el de *America*, la que apenas ha vuelto en sí desde el susto que la causó el Acto del Sello, y la fermentación que allí se habia excitado con este motivo. ¿Cómo será recibida, en aquella parte del mundo, la noticia de la elevacion del Conde de Chatham? Este no puede hablar tan de cerca á los *Americanos* como á los *Ingleses*. Si los primeros, dexandose llevar de otro nuevo impetu de colera, y creyendose vendidos, abandonados, ó entregados á designios opuestos á sus intereses y comercio, y á la prosperidad de sus negocios, rompen sus estatuas y medallas, antes que la promocion del Conde de *Chatham* esté bien asegurada, y la tranquilidad de la *America* enteramente restablecida, no sabremos resolver si la promocion referida es opuesta á la politica. Todo depende del concepto que forman al re-

cibir esta novedad, y mucho mas de sus resultas... Muchos objetos tiene este incidente [48].

Lo cierto es que Pitt cambió su postura con respecto a las colonias, pues las provincias septentrionales llegaron a exigir más de lo debido. En el siguiente capítulo veremos las razones que indujeron a Chatham a deslindar su sendero de los intereses de los establecimientos americanos.

La *Gaceta de Madrid* del 9 de septiembre de 1766 nos ofrece la última información referente a la acogida de la derogación de la *Stamp Act:*

> De *Boston*, en la *Nueva Inglaterra*, 26, de Junio de 1766.
> El Caballero *Francisco Bernard*, Capitan general y Gobernador en Gefe de esta Provincia, pasó el 3. de este mes á la Asambléa general, y en ella dió parte de una carta, en que el General *Conway*, Secretario de Estado, le anuncia la revocación del acto de papel sellado. Despues hizo á la Asambléa un largo discurso sobre este asunto, manifestando el reconocimiento que se debia á la bondad con que el Rey habia perdonado los pasados desordenes: encargó mucho la obediencia á las decisiones de S. M. y del Parlamento *Britanico*, y exhortó á la Provincia á que indemnizase plenamente á todos los que han padecido las violencias del Pueblo, con motivo de la imposicion del sello. El dia siguiente la Asambléa general entregó al Gobernador, en respuesta á su discurso, una representacion, cuyo extracto se reduce á lo siguiente: «La Camara que ha tomado en consideracion el discurso de V. Exc. de 3. de este mes, os pide licencia para observar que por una parte ninguna consideracion podrá jamas minorar la fidelidad y agradecimiento que profesamos al mejor de los Reyes; pero que por otra, vuestras expresiones, por duras y poco merecidas que sean, nunca podrán separarnos de la vigilancia en mantener nuestros derechos y los privilegios incontestables de nuestros titulos, siendo uno de los principales el de elegir anualmente el Consejo de S. M. Mientras disfrutemos estos privilegios seriamos responsables de nuestra conduc-

---

[48] *Mercurio Histórico y Político* del mes de agosto de 1766, Sección de Londres, p. 327.

ta, si nos dexasemos intimidar, renunciando su libre exercicio, que por ninguna razon puede jamas mirarse como abuso de nuestra libertad. En quanto al resto del discurso de V. Exc., sentimos vernos precisados á observar que en general el tono y el estilo anuncian mas bien un acto de perdon y gracia voluntaria, que una representacion Parlamentaria á las dos Camaras de la Asambléa; y hubieramos deseado que V. Exc., en caso necesario, reservase este modo de hablar para una Proclamación, &c [49].

A pesar de las enérgicas palabras de la Asamblea de New England, las diferencias entre las colonias y la metrópoli parecían superadas con la abolición de la *Stamp Act*. Pero no fue así. Inglaterra precisaba de subsidios y de ver restablecido su amor propio. Si el Parlamento no votaba nuevos impuestos a los establecimientos americanos, las juntas provinciales se considerarían con poder suficiente para autolegislarse e irse emancipando de la Gran Bretaña. Si la Cámara imponía derechos a los dominios de ultramar, éstos volverían a los disturbios hasta conseguir que fuesen anulados como la Ley del Timbre. Había un camino medio: gravar únicamente los productos importados, y de acuerdo con las asambleas estatales. Lo primero se llevó a cabo, si bien acompañado de una legislación comercial más estricta que la promulgada en su día por Grenville. Sin embargo no se tuvieron en cuenta las cámaras provinciales a la hora de dar el visto bueno al programa Townshend. Fue un error que le costó a Inglaterra la pérdida de las posesiones en América Septentrional.

La *Gaceta de Madrid* del 4 de noviembre de 1766 informaba de las reuniones habidas en palacio para deliberar sobre la próxima sesión del Parlamento y los actos, incluido el que afirmase la dependencia de las colonias, que se debían aprobar:

Estos dias ha habido muchos Consejos en Palacio, asi sobre los negocios domésticos, como sobre los que deben ser el asunto de las proximas deliberaciones del Parlamento. En ellos se trató de las providencias que deberán tomarse en lo que mira á la carestía de los viveres y mercaderias: de los medios de evitar en adelante los inconvenientes que resultaron de las turbaciones sobrevenidas con este moti-

---

[49] *Gaceta de Madrid* del martes 9 de septiembre de 1766, sección de Londres, pp. 293-294.

vo: de los reglamentos que sean mas eficaces para minorar las deudas públicas y aliviar el peso casi insoportable
de los impuestos y contribuciones; y de la necesidad que
hay de afirmar mas eficazmente la dependencia de las Colonias de *America* á la Corona por la contribucion de ciertos derechos que sean suficientes para ocurrir á los gastos que exîge su seguridad; pero esto ha de ser en virtud
de acuerdos y formales resoluciones de sus propias Asambléas Provinciales, cuyos proyectos se les comunicarán
de parte del Rey por los Gobernadores de las respectivas
Provincias [50].

Veamos cuáles fueron esos derechos —Townshend Acts— y
cómo reaccionaron los colonos.

---

[50] *Gaceta de Madrid* del martes 4 de noviembre de 1766, sección de Londres, p. 357.

III

THE TOWNSHEND ACTS. THE BOSTON TEA PARTY

Mientras se recibían las noticias del júbilo que había producido en América Septentrional la derogación de la *Stamp Act,* los miembros del gabinete Grafton se reunían para deliberar sobre la próxima sesión parlamentaria. En ella, como en ocasiones anteriores, pero esta vez de forma inevitable, saldría a relucir el tema de las colonias. Inglaterra aún precisaba enjugar la deuda contraída en la guerra de los Siete Años, por lo que la vieja idea de Grenville —que los provincianos contribuyan a su propia defensa y mantenimiento— seguía en vigor. A ello se añadía el propósito del Parlamento de demostrar a las asambleas coloniales que la autoridad legislativa era privativa, única y exclusivamente, de la Cámara de Londres. El medio de lograr ambos fines era la imposición de tasas. Sin embargo, la metrópoli había aprendido algo de los disturbios americanos: los impuestos internos revolvía a los establecimientos contra la Gran Bretaña; los gravámenes externos —tributos aduaneros— eran aceptados. No obstante, el programa de Charles Townshend, Canciller de la Tesorería, iba a manifestar que los *ingleses* no habían asimilado del todo las reivindicaciones de los *yankees.* Los provincianos solicitaban estar representados en el Parlamento de Inglaterra o que se permitiera a las asambleas coloniales votar sus propios impuestos. En última instancia, pedían que se consultase a sus juntas antes de decidir un tributo que les afectase de forma directa. El gobierno no lo tuvo en cuenta a la hora de aprobar el proyecto presentado por Charles Townshend. No se preocupó tampoco de informarse de si las asambleas podían servir de intermediarias para obtener fondos para la defensa de los establecimientos, o de enviar comisiones al continente americano, ni tuvo en cuenta a los agentes de los estados septentrionales. De esta forma, las Townshend Acts estaban llamadas a fracasar y a originar nuevos alborotos, pues serían leyes impuestas sin la voluntad ni la aprobación de los colonos. Y es que se negaba la autoridad del Parlamento para gravarles, aunque se le reconociese poder para promulgar leyes comerciales, siempre que les produjera beneficios. En cierta forma, lo que los norteamericanos propugnaban era la creación de la Commonwealth: autonomía legislativa, pero intereses económicos comunes. Ninguna de estas ideas revolucionarias tuvo eco en la Inglaterra del joven Jorge III hasta que se consumó la independencia de los Estados Unidos. Pero veamos en qué consistió el programa Townshend que, al menos, sirvió para distanciar más aún a los establecimientos septentrionales de la metrópoli.

El *Mercurio* del mes de julio informa de la aprobación real a los siguientes actos concernientes a América Septentrional:

V. Para cohortar la autoridad de la Asamblea de la *Nueva York*

VI. Para renovar el decreto sobre la deserción en *América.*

VIII. Para establecer los Comisarios de la Aduana de *América.*

IX. Para imponer muchos derechos en las Colonias de *América* [1].

Posteriormente, se aprobaron otras leyes por las que se permitía la libre conducción del trigo, de la harina y de las carnes saladas de las colonias a la metrópoli [2]. En cuanto a los *muchos derechos* puede esclarecernos su contenido las siguientes resoluciones del Parlamento:

VIII. Que se suspenda la rebaxa sobre la Porcelana, y Loza que se lleva á *América.*

---

[1] *Mercurio Histórico y Político* del mes de julio de 1767, sección de Londres, p. 210.

[2] *Gaceta de Madrid* del martes 25 de agosto de 1767, sección de Londres, p. 271, y *Gaceta de Madrid* del martes 19 de enero de 1768, sección de Londres, p. 42.

IX. Que se aumente al doble los derechos sobre el Papel, Carton &c. que se lleva á las Colonias de *América*.

X. Que se impongan 2. chelines por ciento sobre el Estaño y Peltre que entra en aquellos Países.

XI. Que se paguen tres sueldos por libra del Café que entra en dichas Colonias.

XII. Que se haga una rebaxa de los derechos que se pagan en la Aduana sobre el Thé, que se introduce en *Irlanda*, ó en *América* [3].

Sin embargo, el mayor interés del programa Townshend estribaba en el establecimiento de comisarios de aduana en América. La finalidad de estos comisarios aparece en la escueta noticia de la *Gaceta* del martes 15 de octubre de 1767:

> El Rey ha nombrado cinco Comisarios para recibir, y administrar los derechos de Aduana, y otros impuestos establecidos en las Colonias de *America* [4].

La *Gaceta* del 19 de enero y el *Mercurio* del mes de julio informan de la creación de un organismo superior que administrase los negocios americanos y regulase el comercio de las colonias:

> Del departamento del Súr, que exerce el Lord *Shelburne*, se separa la parte perteneciente á los negocios de *América* para formar un tercer departamento, que ha confiado el Rey al Lord *Hilsborough* [5].
>
> El manejo de los negocios del País [América] se ha encargado á una nueva Junta, compuesta de 16. personas, las quales han tenido una Asambléa general, en que el Conde de *Hilsborough* dió parte de los Pliegos que acaba de recibir. Esta Junta se compone de los sugetos siguientes: El Lord Chanciller, el Gran Tesorero, el Presidente

---

[3] *Mercurio Histórico y Político* del mes de junio de 1767, sección de Londres, pp. 161-162.

[4] *Gaceta de Madrid* del martes 15 de octubre de 1767, sección de Londres, p. 326.

[5] *Gaceta de Madrid* del martes 19 de enero de 1768, sección de Londres, p. 21. La misma noticia aparece en el *Mercurio Histórico y Político* del mes de enero de 1768, sección de Londres, p. 44. La *Gaceta de Madrid* del martes 26 de enero de 1768, sección de Londres, p. 27, redunda en la misma información.

del Consejo Privado, el primer Comisario del Almirantazgo, los Secretarios de Estado, el Canciller del Sello, el Obispo de *Londres*, el Intendente General de las Rentas de la *América*, y los Señores *Jennyngs, Eliot, Rice, Roberts, Dyson, Firt-Herbert,* y *Robin*[6].

La organización del nuevo departamento tenía como misión principal la de vigilar estrictamente el cobro de los impuestos aduaneros. Para ello se creó el Tribunal Americano de Comisarios de Aduanas con poder para promulgar reglamentaciones y controlar la recaudación de las tasas en las provincias, y con autoridad suficiente para juzgar sin necesidad de jurado las infracciones realizadas contra las Actas de Navegación y de Comercio. El dinero que obtuviera el Tribunal, sería empleado para dos objetivos principales: para la defensa de los establecimientos septentrionales y para pagar a los gobernadores y jueces de los mismos. Si recibían las asignaciones de un organismo estatal, quería decir que, a partir de entonces, ni los gobernadores ni los encargados de la justicia dependían de las asambleas provinciales y que, en consecuencia, se zafaban de los intereses coloniales. En suma: era una sencilla forma de asegurarse, a través de lo económico, la fidelidad de los gobernadores a la corona. Incluso fueron nombrados por designación real. Si ello, junto a las rígidas leyes comerciales y la prohibición del contrabando, serviría de incentivo a los espíritus sediciosos, la cuestión de los tribunales les daría fuerza para demostrar una vez más, que la Gran Bretaña violaba de continuo los derechos de los ingleses. En efecto, la Constitución británica indicaba que los acusados de delitos sólo podrían ser juzgados por tribunales de su propia comunidad. Sobre estos tres puntos girará la pugna sostenida entre la metrópoli y los establecimientos en los próximos años. Pero Charles Townshend, el autor del nuevo programa, no vería los efectos de su obra: en septiembre de 1767 le sobrevino la muerte. El designado para sucederle fue Lord North.

Los acontecimientos del período que nos ocupa (1767-1774), se van a centrar en New York y Boston. Las asambleas de ambas ciudades se enfrentarán al Parlamento británico hasta el punto de ser suspendidas. Ellas serán las que impondrán las medidas contra la autoridad de la Cámara legislativa. Las restantes colonias

---

6 *Mercurio Histórico y Político* del mes de julio de 1768, sección de Londres, p. 227.

se adherirán o no a sus proposiciones según conviniese a los intereses político-económicos de cada una.

Ya hemos visto que Jorge III dio su real aprobación a una ley destinada a «cohortar la autoridad de la Asambléa de la Nueva York». Pasemos a continuación a examinar los sucesos que determinaron tal decisión.

El *Mercurio* del mes de febrero inserta una larga reflexión sobre las consecuencias de la revocación de la *Stamp Act* para explicar con mayor precisión los acontecimientos ocurridos en New York con motivo del *Acta del acuartelamiento:*

> Se trata de mantener la autoridad en aquella parte del mundo, donde (por mas demostraciones de placer que manifieste la muchedumbre) los mas poderosos, que siempre se mezclan mas en los asuntos politicos, y à quienes domina mas la ambicion, quisieran que la rebocacion del *Sello* no les huviese quitado todo pretexto de sublevar las Provincias de *América* contra el dominio Ingles, deslumbrando á los Pueblos con el pretendido aumento del Comercio, y de las grandes ganancias que se lograrian, haciendolo libre é independiente. En medio de haberse gritado tanto contra la rebocacion de Acto del *Sello*, no ignoraba el Conde de *Chatam* (entonces Mr. Pitt) lo que hacia en reducir al Parlamento á dár el Acto de rebocacion; pues como luego diremos, yá aseguran muchos que el objeto principal de la Armada que estaba prevenida a los Puertos de *Inglaterra*, era mantener la autoridad de la Corona en *América;* por haber desconfiado el Gobierno de la fidelidad politica de los mas interesados en minorar dicha autoridad en aquellas Regiones, con el fin de traficar con mas ventaja en perjuicio del primitivo Comercio *Ingles*, que se procura poner allá muy floreciente.

> Bien se podria recelar que dicho Armamento tenga también otro destino, y sobre esto deberán estar atentas las Naciones Extrangeras emulas de la *Inglesa*, pues vemos de todos modos que la Armada existe, y que se publican muchos *Bills* para componer los Navios viejos, para fabricar otros nuevos, para poner la Marina sobre el mejor pie, para pagar las Tropas de mar y tierra, y para tomar otras muchas providencias, que sin duda indican alguna empresa muy ruidosa.

No obstante si hemos de dár credito á las noticias que se reciben de las Colonias de *América*, no dexará de ser preciso todo este aparato para restablecer en ellas el sosiego necesario: pues consta por los ultimos avisos que en algunas Provincias de aquel continente se han originado nuevas dificultades, que podrán tener perniciosas consequencias, segun se colige de la relacion siguiente.

En la ultima Sesion del Parlamento se aprobó un Acto, para que las Tropas que pasen á las Colonias de *América* deban alojarse en qualquier Pueblo, y proveerlas sus Moradores de leña, luz, sal, vinagre, cidra y cerveza: y aunque la Asambléa Provincial de la Nueva York mandó hacer Casernas para dichas Tropas, y que se las proveyese de leña, luz, cama, y utensilios de cocina, no tubieron cavimiento los articulos de la sal, vinagre, cidra y cerveza, baxo el pretexto de que tampoco se dán en *Europa* á las Tropas alojadas en Casernas. Este Acto del Gobierno de la *Nueva Yorck* se dirigió al Conde de *Shelburne*, Secretario de Estado del Despacho del *Sur*, el qual dió por respuesta, que, era la voluntad del Rey, que la Colonia obedeciese puntualmente la resolucion mencionada, sin alegar las costumbres establecidas en los demás Países del Dominio de S. M., las quales podia derogar la Legislacion quando lo tuviese por conveniente. En virtud de esta respuesta, que el Gobernador comunicó á la Asambléa General, se formó una Junta particular para examinarla; y el 15. de Diciembre embió dicha Junta una representacion al Gobernador, exponiendo, que no podia prestar su consentimiento á lo que se le pedia, sin faltar á lo que debia á los Vasallos de S. M. en aquella Colonia: que habiendo sido elegidos sus Individuos para cuidar de la conservacion del Gobierno de S. M. se harian indignos de esta confianza, sobrecargando al Pueblo con un peso superior á sus fuerzas: que, conformandose la Colonia con alojar dos Batallones y una Compañia de Artilleria, se ha impuesto un peso mucho mayor que el que puede tolerar ninguno de los Gobiernos inmediatos: que por el acto del Parlamento parece ser el ánimo de la Legislacion no providenciar al alojamiento de Tropas, sino al tiempo de su tránsito; y segun el sentido que se dá á esta ley, se pide que á todas las Tropas, en qualquier numero que sean, y en qualquier tiempo que entren en la Colonia, se las prepare alojamiento para todo un año. Pero que los miembros de la Asambléa General no pueden dár á nadie la facultad de imponer semejante obligacion: que confiados dichos Individuos en que sus representaciones son justas y arregladas, las sometan á la decisión del Gobernador, suplicandole haga presente á S. M. que su conducta se funda unicamente en la exacta idea que se han propuesto seguir para el desempeño de su obligacion.

El Gobernador, no obstante, respondió á esta representacion, *que sentia vivamente hallar los pareceres de la Asambléa general tan diferentes de los suyos en este punto, y que en la primera ocasion que se presentase embiaria la representacion al Secretario de Estado para que la entregase á su Magestad.*

La Memoria que el Lord *Clare* presentó de orden del Rey á los Comunes en nombre de todas las Colonias, tambien es una prueba de la necesidad que hay de embiar las Armadas á las Regiones de la *America*. Dicha Memoria refiere entre otras cosas, que las restricciones hechas al Comercio en *América* por los Reglamentos de los años Quarto y Sexto del presente Reynado, son tantas y tan perjudiciales, que es preciso acarreen su decadencia, cuyos efectos experimentarán primero las Colonias, y despues la *Gran Bretaña;* por lo que suplican á los *Comunes* reflexionen atentamente este punto: que produciendo aquellos Países muy pocos frutos que trahér a este Reyno en cambio de los que reciben, se ven obligados á llevarlos á otras partes para buscar dinero en especie o mercaderias equivalentes: que antes de las ultimas restricciones despachaban sus frutos en las Islas sacando de ellas azucar, algodon, añil, y otros generos que remitian á la *Gran Bretaña;* y que de esta manera podian comerciar ventajosamente con *España, Portugal* y *Italia*, practicando lo mismo en *Africa*, á donde se conducian muchos generos, fabricados en la *Gran Bretaña*. Concluye esta Memoria, suplicando á la Cámara considere el gran consumo de las *Indias Occidentales*, el crecido numero de habitantes de las Colonias *Inglesas* que ascienden á cerca de dos millones, sin contar los Vasallos de los Paises nuevamente conquistados y las numerosas Tribus de *Salvages* con quienes hay buena correspondencia. Los Agentes de las Colonias tienen frequentes conferencias con el Ministerio, cuyo favor solicitan, para evitar que el Parlamento dé providencias perjudiciales á aquellos establecimientos [7].

No comentaremos en este punto la primera idea expuesta por el redactor del *Mercurio:* los disturbios coloniales son instigados por las poderosas casas comerciales deseosas de practicar un comercio «libre e independiente», sin someterse a los intereses de la metrópoli. Ya hemos hablado de ello en otra ocasión, por lo que ahora nos atendremos a la noticia de la negativa de la Asamblea de New York a suministrar a las tropas cuantos *pertrechos* ordenaba la *Ley del Acuartelamiento.*

La Asamblea de New York accedió a las propuestas de la *Ley del Acuartelamiento* en la medida que coincidían con la vigentes en Europa, pero no admitió ninguna novedad: los súbditos de New York tenían las mismas obligaciones y derechos que los de Londres. No había por qué hacer diferencias. El conde de Shelburne no aceptó las *reivindicaciones* de los neoyorquinos y les respondió que se atuvieran a lo legislado. La Asamblea replicó, a su vez, que el acuartelamiento suponía «un peso mucho mayor que el que puede tolerar ninguno de los Gobiernos inmediatos» y que estaba tergiversando el contenido de la ley. Los habitantes de New York, en especial los miembros de la Cámara provincial, asistían a una nueva imposición del Parlamento de Inglaterra sin consultar para nada a la Asamblea. Por otra parte, presenciaban cómo la Gran Bretaña intentaba dirimir las diferencias existentes entre la metrópoli y los establecimientos septentrionales mediante la fuerza. Infiltrando las tropas, alojándolas en las ciudades bajo el pretexto de velar por su seguridad, los movimientos sediciosos y los disturbios populares podían ser controlados de forma directa y, aparentemente, sin ser percibido por nadie. Pero los provincianos se percataron de ello y se negaron a cumplir con los requisitos de la *Ley del acuartelamiento,* sobre todo ordenándose, como se ordenaba, *providenciar* el alojamiento de forma más o menos permanente. No sorprende, pues, que el Parlamento, alertado desde la *Sugar Act,* considerase la decisión de la Asamblea de New York

---

7 *Mercurio Histórico y Político* del mes de febrero de 1767, sección de Londres, pp. 144-149. Similar información aparece en la *Gaceta de Madrid* del 17 de marzo de 1767, sección de Londres, pp. 83-86.

como un nuevo acto de rebeldía y de oposición a su autoridad. La Cámara de los Comunes no vaciló en la decisión de suspender el poder legislativo al gobernador, Consejo y Asamblea de New York. El *Mercurio* del mes de mayo nos informa de que

El 13. examinó la Cámara de los Comunes las Representaciones y Papeles tocantes á los negocios de *América,* y despues de una larga Sesion, cedió a pluralidad de 180. Votos, contra 98. «Que la Cámara de los Representantes de la *Nueva York* se habia negado, contra la autoridad de la Legislacion *Britanica,* á dár las cosas necesarias á las Tropas del Rey en la forma que previene el Acto quinto del Reynado de S. M.: Que se habia aprobado en dicha Provincia un Acto de la Asamblea para proveer los Quarteles en las Ciudades de *Nueva York,* y de *Albania* de leña, luz, y otras cosas necesarias para las Tropas de S. M. de un modo incompatible con las disposiciones de dicho Acto, y opuesto al tenor de lo que en él se previene: Que al Gobernador, Consejo, y Asamblea de dicha Provincia se les quite el poder y facultad de aprobar Acto alguno de la Asamblea para qualquier efecto que sea, hasta que hayan providenciado á la subsistencia de las Tropas del Rey sobre el pie que se pide en el mismo Acto.

Esto prueba que el espíritu de disgusto e independencia que se manifestó en las Colonias de América, con motivo del Acto del Papel sellado, aún no se ha desvanecido enteramente.

El Acto del Parlamento, que establece la dependencia que las Colonias deben a la Corona y Parlamento de la Gran Bretaña, no es capaz de calmar los espíritus, porque se opone al derecho que se atribuyen los colonos americanos de no pagar más contribuciones que las que se impongan a sí mismos; pues declara formalmente que las Colonias y establecimientos ingleses en América están y deben estar sujetos a la Corona y al Parlamento de la Gran Bretaña; y que el Rey, con dictamen y beneplácito de los Lords Eclesiásticos y Seculares, y de los Comunes de la Gran Bretaña, juntos en Parlamento, se halla con legítima autoridad de establecer Leyes y Estatutos que tengan la fuerza necesaria para sujetar a las Colonias americanas en cualquier caso. Así vemos, que habiendo el Gobernador

de Boston dado orden para que los habitantes contribuyesen con las cosas necesarias al alojamiento y manutención
de las tropas del Rey que se hallan en aquella capital, le
entregó la Cámara de los Representantes de la provincia
una Memoria, quejándose de haberse impuesto estas nuevas cargas a la Colonia sin su consentimiento. Y para que
se vean los términos con que expone su resentimiento,
citaremos aquí su conclusión.

> Lo que mas sentimos es vér que V. E. hace mencion de
> un Acto posterior del Parlamento, por el qual se ha im-
> puesto este gasto á la Provincia. El mayor perjuicio del
> Acto del Sello consistia en pribarnos de una parte funda-
> mental y muy esencial de la Constitucion *Britanica;* es á
> saber, del derecho de ser libres de toda contribucion, á
> que no prestasemos voluntario asenso: y conociendo la
> fuerza é importancia de semejante derecho, no podemos
> dexar de manifestar la mayor inquietud, viendo que aún
> existe un Acto del Parlamento de que debe resultarnos tan
> efectiva opresion, como la que motivó el justo sobresalto
> de este Continente, &c.

Una reclamación tan auténtica, y hecha por la principal
Colonia de América contra las disposiciones más formales
del Parlamento, no puede menos de llamar la atención del
público y del gobierno británico [8].

En efecto: la llamada *Ley declaratoria* no obtuvo ningún resultado positivo. A pesar de la afirmación de la autoridad del Rey y
del Parlamento, los colonos siguieron acogiéndose a los derechos
proclamados en la Carta Magna para todos los súbditos ingleses.
Y por ellos lucharían hasta conseguir la independencia.

La suspensión de la asamblea de New York convenció, por el
momento, a los colonos. La *Gaceta de Madrid* del 11 de agosto de
1767 informa que los diputados neoyorquinos han decidido aceptar las últimas previsiones promulgadas por el Parlamento de Inglaterra:

> La Corte ha recibido con mucha satisfaccion la noticia de
> que la Asambléa general de la *Nueva York,* á imitacion de

---

8 *Mercurio Histórico y Político* del mes de mayo de 1767, sección de Londres, pp. 50-51.

la mayor parte de las Provincias, se habia conformado con
la voluntad de S. M. y el acto del Parlamento para proveer
á las Tropas de todo lo necesario. No obstante, declara
esta Asambléa en una representacion dirigida a S. M. que
las cargas de la Provincia excedian á sus facultades, siendo exôrbitantes el contingente de gastos para el acantona-
miento de las Tropas; y que espera de la equidad y benevolencia de S. M. la gracia de que establezca una igualdad
proporcionada en este asunto, atendiendo á que sus Car-
celes estaban llenas de deudores: su comercio se iba arrui-
nando en todos sus ramos: los fondos aplicados para las
urgencias del Gobierno, se disminuian diariamente; y en
fin, que uno de ellos se hallaba del todo aniquilado por
las restricciones puestas á la circulacion de las letras de
cambio en el Pais [9].

Las noticias de la *Gaceta* del 15 de septiembre corroboran la
anterior información:

Estos dias se tubieron muchos Consejos á presencia del
Rey en el Palacio de *S. James*, sobre el contenido de las
Cartas recibidas de la *América*, y particularmente sobre
los Pliegos de los Gobernadores de la *Nueva York* y de la
Nueva Inglaterra. Las Asambleas de estas dos Provincias
en sus últimas Sesiones aprobaron diversos actos y tomaron muchas resoluciones conformes á las intenciones del
Rey, a lo menos en quanto se lo permiten sus facultades.
Aun faltan que dar otras providencias para afirmar la dependencia de las Colonias a la Corona y Gobierno de la
Gran Bretaña. Entretanto el Doctor *Franklin*, natural de
la *América*, ha declarado sencillamente á los Ministros, que
sus Compatriotas no se conformarian en tiempo alguno con
actos del Parlamento, que impusiesen á las Colonias contribuciones ó derechos interiores, sin participación y concurso de sus Asambléas Provinciales. Por otra parte, el
gran numero de Fabricas establecidas en aquel Continente, junto á la suspension de los articulos de lo superfluo,
o de luxo, que iba de este Reyno, excitan mas y mas los

---

[9] *Gaceta de Madrid* del martes 11 de agosto de 1767, sección de Londres,
p. 254.

zelos y la desconfianza, y yá se piensa en que en la proxîma Sesion del Parlamento se establezcan leyes capaces de
conciliar los intereses de una y otra parte [10].

Benjamín Franklin conocía a sus compatriotas y sabía que no
estaban dispuestos a aceptar ningún arreglo con Inglaterra. Aunque,
como más adelante veremos, el Parlamento cediese a las peticiones de los comerciantes británicos y atendiese a las reivindicaciones de los *rebeldes* al anular parte del programa Townshend y establecer un simbólico impuesto, las colonias no estaban decididas
a abandonar el sueño dorado de verse independientes, sin sometimientos legislativos ni comerciales. Cualquier solución caería en
el vacío, llegaría demasiado tarde.

La paz no volvió definitivamente a New York con la resolución
de conformarse con los actos del Parlamento de Londres. Los
enfrentamientos constitucionales seguirían hasta el final y de forma paralela a los que acaecían en Boston. Esta ciudad se conver-
tirá en el epicentro de la revolución contra la metrópoli y sabrá
atraerse la solidaridad de las restantes provincias con las decisiones adoptadas por su asamblea.

La raíz de la oposición manifestada a la Cámara de Inglaterra
por parte de Boston, se encuentra en la última noticia transcrita
en el anterior capítulo. El hecho de afirmar que la Junta provincial decidiría sobre las indemnizaciones convenientes a los perjudicados en los disturbios de la *Stamp Act* sin atender a los dictámenes del Parlamento o del gobernador, suponía una nueva manifestación revolucionaria. La respuesta de la asamblea de Boston
venía a recordar lo ya sabido: que mientras las colonias no estuvieran representadas en el gobierno, no tenían por qué aceptar
las leyes promulgadas por la metrópoli, y que, por lo tanto, sólo
las asambleas provinciales podían legislarlas. Londres se alarmó y
la oposición solicitó el examen del último acto acordado por la
asamblea de Massachusetts Bay:

El 10. los Miembros de la Cámara alta asistieron al reco-
nocimiento de algunas Memorias tocantes á la *América*.
El partido opuesto al Ministerio propuso se presentase al
Rey un humilde Memorial, suplicando á S. M. se trate en

---

[10] *Gaceta de Madrid* del martes 15 de septiembre de 1767, sección de Londres, p. 294.

su Consejo Privado sobre la validacion de una parte de un Acto aprobado por el Gobernador, Consejo y Asambléa de la Provincia de *Masachuset Baye*, cuyo acto no solo concede recompensa á los que han padecido algunos daños, sino perdón con indemnizacion y olvido de lo pasado en las últimas turbaciones; y que si constase que este Acto, formado de autoridad privada, es nulo y contra la dignidad Real, se sirva S. M. dár las correspondientes providencias, mayormente importando en la presente coyuntura, contener al Gobernador, Consejo y Asambléa de la Provincia en los limites que le corresponden, sostener el derecho inherente, é inseparable de la Corona, y no permitir que se usurpe á la autoridad Real, á quien unicamente corresponde perdonar á los culpados, y hacer que experimenten los efectos de clemencia los Vasallos de *América*, yá sea por el gran Sello, ó por el Parlamento. Esta proposicion ocasionó grandes Disputas; pero habiendose puesto a pluralidad de votos pasó á la negativa de 63. contra 66 [11].

La proposición fue rechazada por una minoría que podía cambiar de opinión si se reincidía sobre la conveniencia de atajar las facultades que se asignaba la asamblea de Massachusetts y que repercutían de forma inmediata sobre la autoridad del Parlamento. El *Mercurio* del mes de mayo nos informa de las deliberaciones del Parlamento acerca de la situación colonial y, en concreto, de las medidas que se podían adoptar contra la cámara de Boston:

Respecto del segundo asunto en que se ocupa el Parlamento, hay fuertes disputas en las dos Cámaras sobre los negocios de *América*. Diferentes Miembros han opinado, que *si el Acto de la Asambléa Provincial de la Nueva Inglaterra, sobre resarcir los daños que algunos experimentaron con motivo del Acto del Sello, se dexaba sepultado en el silencio, aun padeceria mas la dignidad del Parlamento y de la Corona, que en la revocacion del mismo Acto del Sello; y que la conducta de los Americanos produciria un exemplar muy funesto para lo sucesivo;* pero el partido de la Corte sostuvo lo contrario. De que se infiere, que no

---

[11] *Mercurio Histórico y Político* del mes de abril de 1767, sección de Londres, p. 352. La misma noticia aparece en la *Gaceta de Madrid* del martes 12 de mayo de 1767, sección de Londres, p. 148.

quiere la Corte excitar nuevas disputas con los habitantes de aquellos Países, y que se reserva la moderacion de sus procedimientos para en adelante, caso de que se opongan directamente á la suprema Soberanía de la Nacion *Britanica*. Por lo que se debe recelar que, si se recurre á remedios efectivos, se vuelban á excitar nuevos acaecimientos inciertos.

«Los *Americanos* (dice uno de sus apasionados) subministraron en la última guerra, 10[000] hombres de Tropas bien disciplinadas, á titulo de Auxiliares; y siendo esto así, ¿cómo no creeremos que pueden facilmente levantar y mantener 30[000], tratandose de defender sus vidas y sus haciendas? Cómo podriamos nosotros en tal caso hacer pasar un Cuerpo de Tropas capáz de sujetarlos?

El desembarco de nuestras Tropas se hallaria tan expuesto á un contratiempo, como si intentase desembarcar en las Costas de *España* ó de *Francia*, fuera de que los Americanos no les ofrecerían el menor socorro, y podian al mismo tiempo contar con el de nuestros vecinos. Los engrandeció demasiado la ultima paz para que pensemos yá en mortificarles: ni debemos olvidar la conducta que tuvieron con motivo del acto del Sello». Los triunfos que lograron entonces indican claramente el partido que tomarian si intentasemos privarles de aquella parte de soberanía que creen ellos pertenecerles [12].

La decisión de perdonar a los alborotadores de la *Stamp Act* suponía reconocer el movimiento sedicioso y afirmar los derechos reivindicados por los colonos. El Parlamento británico se alarmó, porque veía que una asamblea provincial usurpaba de nuevo unas atribuciones que únicamente correspondían a Su Majestad Británica y al gobierno de Londres. La gravedad de la usurpación se acrecentaba con el tácito reconocimiento por los diputados coloniales de la oposición a la metrópoli. Urgía que el programa Townshend entrase en vigor para que, al menos los gobernadores, los jueces y los comisarios de las aduanas, pagados por la Gran Bretaña, se mantuviesen fieles a los intereses de la corona inglesa y, de esta forma, contribuyeran a la imposición de lo legislado des-

---

[12] *Mercurio Histórico y Político* del mes de mayo de 1767, sección de Londres, pp. 44-45.

de Londres. No obstante, no se consideró oportuno adoptar una drástica resolución contra la asamblea de Massachusetts porque supondría echar más leña al fuego, dar demasiada importancia a una situación que, quizá, el tiempo y las circunstancias terminarían por quitársela. Se prefirió, pues, el *laisser faire, laisser paser*. Por otra parte, ya se había decidido la suspensión de la asamblea de New York, lo que serviría de advertencia a los americanos, si persistían en la negativa de aceptar los acuerdos del Parlamento de Inglaterra. Sin embargo, cuanto hiciese el gobierno para reconciliar los intereses de una y otra parte, resultaría inútil. Los *Hijos de la Libertad*, ideólogos sediciosos y agitadores del orden público y «los posehedores de feudos y los principales habitantes» se unieron para hacer comprender a la Gran Bretaña y al mundo entero, que no estaban dispuestos a ninguna clase de sometimientos. Para celebrar la unión, se realizó una fiesta en la que se vincularon el simbolismo y los fines inmediatos que perseguían:

> Habiendose juntado ultimamente algunos de los habitantes mas acomodados de la Ciudad de *Boston*, en la nueva *Inglaterra*, en cierto parage, que ellos llaman su *Arbol de Libertad*, dieron varios brindis y salvas, segun la costumbre de aquel País, y entre ellos los siguientes:
>
> I. *Que todas las Cámaras de los Representantes en América, defiendan con vigor y teson las resoluciones que con tanta prudencia han tomado.*
>
> II. *Que reynen union, firmeza y fidelidad entre los hijos de la libertad en América.*
>
> III. *Que qualquier sugeto, que en caso de peligro no defienda la causa de su Pais, sea el objeto constante del desprecio universal de los hijos de la virtud, y de la libertad.*
>
> IV. *Que el dia en que este Pais llegue á verse bajo el yugo de la esclavitud sea el ultimo de su existencia* [13].

El espíritu que les animaba era abiertamente independentista. Al mismo tiempo, les alentaba un deseo de unidad intercolonial, de confederación para resistir con mayor ahinco y poder a los propósitos de la *pérfida Albión*. Pero, ¿cuáles fueron las resoluciones

---

[13] *Mercurio Histórico y Político* del mes de noviembre de 1767, sección de Londres, p. 223.

que adoptaron? El *Mercurio* del mes de diciembre nos informa de que

> El estraño modo de pensar que el mes pasado observamos en los *Colonos Americanos,* sigue siempre el mismo sistema de independencia á que los vemos aspirar continuamente. Los poseedores de feudos, y los principales habitantes de la nueva *Inglaterra* volvieron á tener en *Boston* el 28. de Octubre proximo pasado una Asambléa general, en la qual se resolvió prohibir la entrada de muchas cosas superfluas, que sirven de luxo, y otras mercadurías, que aunque sean precisas, se halla la Provincia en estado de proveerlas por sí misma. Tambien se han tomado eficaces providencias para fomentar la industria, la economía, y el comercio, para impedir la extraccion de las monedas, y para aliviar á la Provincia del peso de sus deudas. Como este reglamento interesa directamente á las Fábricas de este Reyno, no se duda que excite tanto mas la atencion del Ministro [14].

Los directores del movimiento colonial sabían que el boicot a las mercancías británicas era el medio más eficaz para obtener sus propósitos. Por el boicot consiguieron que la *Stamp Act* fuera derogada y lo mismo esperaban que sucediera con el programa Townshend. Adoptada la decisión, no restaba más que aguardar a que los comerciantes de Inglaterra empezaran a presionar en el Parlamento, aduciendo la poderosa razón de que sin el mercado de América la economía británica se hundía en la bancarrota. Sin embargo, los habitantes de Boston sabían que si las restantes colonias no se unían a su resolución, no habría nada que hacer sino esperar y soportar la brutal represión de la metrópoli. Para evitar que ello sucediera, los comités de correspondencia de los Hijos de la Libertad se movilizaron con toda urgencia, trasladándose a las provincias vecinas para comunicarlas su determinación y convencer a las asambleas para que se adhirieran a la postura de New England. New York no tardó en hacerlo, pues la *Gaceta* del 12 de enero de 1768 (es decir: a la semana siguiente de comunicar las resoluciones de Boston) informa brevemente de que

---

[14] *Mercurio Histórico y Político* del mes de diciembre de 1767, sección de Londres, p. 312. La misma noticia nos proporciona la *Gaceta de Madrid* del martes 5 de enero de 1768, sección de Londres, p. 6.

Parece que la Ciudad de la *Nueva Yorck* se dispone á seguir el exemplo de la de *Boston,* en la *Nueva Inglaterra,* suprimiendo el uso de ciertos generos, frutos, y mercaderías de la *Gran Bretaña.* Puede recelarse que á su imitacion hagan lo propio todas las Colonias de la Corona en *América,* mayormente quando por sí mismas pueden surtirse de todo lo necesario[15].

La *Gaceta* del 16 de febrero de 1768 confirma las anteriores noticias, aunque hace referencia también a otros avisos que señalan lo contrario: New England y New York han acatado las decisiones del Parlamento. Completa la información una breve orientación de los beneficios obtenidos de los impuestos coloniales, como si con ello se quisiera desmentir el carácter general del boicot emprendido por los comerciantes americanos:

El 15 se recibieron muchos pliegos de la *América Septentrional,* segun los quales parece que los habitantes de *Boston,* en la *Nueva Inglaterra,* y los de la *Nueva Yorck* han adoptado nuevos reglamentos suntuarios, conviniendose en no conducir de *Europa* especie alguna de telas, ni otras mercaderías de lana por espacio de año y medio, contado desde primero de Enero de 1768. En un solo Navío se han extrahido de la *Nueva Inglaterra* para *Europa* 160[000] libras *Esterlinas* por derechos é impuestos sobre azucar, cacao y otros generos, y se asegura haber salido yá cerca de un millon de libras procedentes de los mismos derechos.

Otros avisos refieren, que las Provincias de la *Nueva Inglaterra* y de la *Nueva Yorck,* que á los principios manifestaron mucha repugnancia en conformarse con el establecimiento de ciertos derechos, y con la residencia en su territorio de los dependientes de la Aduana, se han sujetado enteramente á las disposiciones de estos dos actos del Parlamento, con lo que se espera el restablecimiento de la tranquilidad en aquellos Países. Todos los Gobernadores del Rey en el Continente de la *América Septentrional* han recibido nuevas instrucciones sobre las providencias

---

[15] *Gaceta de Madrid* del martes 12 de enero de 1768, sección de Londres, p. 12.

que conviene tomar por lo perteneciente á la conducta de los Américanos [16].

La *Gaceta* del 26 de enero de 1768 informa de forma más objetiva sobre el considerable descenso que había sufrido el comercio con América desde que las colonias decidieron abastecerse por sí solas y rescindir las superfluidades. Sigue la noticia de las ya conocidas resoluciones de Boston a las que se añaden pormenores interesantes para el justo conocimiento de la economía, incluida la doméstica, provincial en los primeros momentos de su marcha hacia la independencia:

> Se observa que las extracciones de la *Gran Bretaña* para las Colonias de *América,* que ascendian antes á cerca de tres millones de libras *Esterlinas* cada año, se han reducido de algun tiempo á esta parte á 500[000] libras *Esterlinas.* Proviene esta baxa de la resolucion que ha tomado de concierto la mayor parte de los habitantes de nuestras Colonias de prohibir el uso de diferentes clases de mercaderías y provisiones de la Gran Bretaña, que se han propuesto suplir con las producciones de su propia industria.
>
> De *Boston,* Capital de la *Nueva Inglaterra,* avisan las siguientes noticias: El uso excesivo de las superfluidades estrangeras es la causa principal de la triste situacion en que actualmente se halla esta Provincia. Con tales abusos se vá escaseando dinero efectivo, y parece se debe aumentar esta infelicidad por las cargas é impuestos adicionales que sufre el comercio de la Provincia, y amenazan al País con una ruina y pobreza inevitables. Por tanto, se ha resuelto que esta Ciudad tome aquellas providencias prudentes y legales que sean capaces de fomentar las producciones y las fábricas de esta Provincia, y minorar el uso de las superfluidades que nos vienen de fuera. Conociendo que para salir de estas lamentables circunstancias es absolutamente necesario aumentar en nuestro País la industria, la economía y las Fábricas, evitando con esto la introduccion inutil de mercaderías de Europa, promete-

---

[16] *Gaceta de Madrid* del martes 16 de febrero de 1768, sección de Londres, pp. 53-54. Información similar es registrada por el *Mercurio Histórico y Político* del mes de febrero de 1768, sección de Londres, p. 136.

mos fomentar el uso y consumo de las manufacturas de las Colonias *Inglesas* de *America,* y señaladamente las de esta Provincia; y que desde 31 de Diciembre del presente año no comprarémos mercaderías algunas provenientes de País estrangero. En sola una pequeña Ciudad de esta Provincia se han fabricado el año antecedente 30[000] varas de paño: tal es el espiritu de industria y emulacion que comienza á reynar entre nosotros, que favorecido de la frugalidad y economía, podemos esperar salir brevemente de la situacion en que nos hallamos, y dár nuevo vigor al comercio. Finalmente se hacen esfuerzos extraordinarios por desterrar el luxo é introducir la economía; y yá se advierten los buenos efectos en el poco despacho que tienen las mercaderías de *Europa.* Posteriores avisos de la misma Ciudad refieren haberse publicado en ella un escrito dirigido á las mugeres, exhortandolas en nombre del bien público á privarse de todas las telas y demás mercaderías de *Europa* que sirven á su adorno, y á vestirse unicamente de las que se fabrican en el País. Esta insinuacion produjo todo el efecto que se esperaba. Se ha suprimido el uso de cintas ó colonias y de otros muchos objetos de luxo. El the, que hacia salir de las Colonias sumas considerables, se ha suprimido igualmente, substituyendo en su lugar una hierva llamada *Hyperion* ó *The de Labrador,* que se encuentra en mucha abundancia entre los grados 40 y 60 de latitud Septentrional, cuyos saludables efectos la hacen, segun dicen, preferible al the de *Asia.* La Compañia de las *Indias,* y todos los Fabricantes de la *Gran Bretaña* temen los efectos de estas disposiciones. Los Ministros han tenido yá muchas conferencias sobre las providencias que con este motivo conviene tomar, creyendose que el Parlamento haga algunos reglamentos para conciliar los intereses de la Metrópoli con los de las Colonias. Escriben de la *Nueva Yorck,* que alli se fabricaban armas de fuego tan buenas y en tanta abundancia, como en qualquiera Población de Inglaterra [17].

---

[17] *Gaceta de Madrid* del martes 26 de enero de 1768, sección de Londres, pp. 28-29. El *Mercurio Histórico y Político* del mes de enero de 1768 proporciona noticias similares.

Las colonias septentrionales emprendieron su vida económica independientes de los intereses y presiones británicas. Si el dinero era malgastado en superfluidades europeas y se vertía en Inglaterra a través de los impuestos, las únicas soluciones posibles eran suprimir las primeras y oponerse a los segundos. De esta forma, se evitaba la fuga de divisas. El problema que se planteaba era el de encontrar un argumento legal que justificase la negativa de aceptar las tasas promulgadas por Londres. La Carta Magna y la Constitución inglesa expresaban que ningún súbdito británico debía pagar un impuesto que no hubiera sido aprobado por la Cámara de los Comunes, por los representantes del pueblo. Los americanos no estaban representados en el Parlamento, luego no tenían por qué admitir gravámenes que sus diputados no habían votado. Tal fue el argumento constitucional al que se acogieron los colonos cuando se percataron de que la Gran Bretaña quería limitar las libertades de las que habían gozado hasta el final de la guerra de los Siete Años. Resulta indubable que la razón aducida necesitaba de una base económica capaz de apoyarla. Los americanos sabían que su país era rico y que les proporcionaba las materias primas precisas para elaborar las manufacturas importadas de Inglaterra. Las que no se pudieran producir, se conseguirían comerciando con las colonias antillanas y con las potencias europeas. La finalidad principal que se debía perseguir era la de abrir mercados con Francia y España, principalmente, pero antes había que demostrar a los *papistas* que América Septentrional podía mantener su propia economía sin la intervención británica. Una vez demostrado, incluso se podría contar con su ayuda para independizarse de la Gran Bretaña... El Parlamento y los comerciantes de Londres se percataron por dónde dirigían los provincianos sus pasos. Mientras los financieros hacían representaciones solicitando la total derogación de los impuestos para no perder la fuente de ingresos americana, el monarca y los diputados se obstinaban en defender un amor propio que les costaría un imperio. Imperio que se iba difuminando y poniendo en entredicho con las decisiones adoptadas por la asamblea provincial de Massachusetts Bay. El *Mercurio* del mes de abril informa del nombramiento de una Junta encargada de examinar las causas de la precaria situación económica de New England:

Segun Cartas de *Boston*, de 20. de Enero ultimo, la Asambléa de la Provincia habia nombrado una Junta ó

Comision para deliberar sobre el estado de aquella Provincia, sobre la carestía que se experimentaba, y sobre diferentes Actos antiguos del Parlamento, que perjudican á los privilegios de los habitantes, igualmente que sobre otros Actos nuevos, para imponer derechos en *América*, y para nombrar recaudadores que perciban los de las Colonias. La Asambléa de que hablamos resolvió se hiciesen sobre estos asuntos Representaciones al Rey, al Ministerio, y al Parlamento de la *Gran Bretaña*. Y tambien determinó convidar con formalidad á las otras Colonias, para que junten sus Representaciones, y soliciten de la Corte la diminucion de las cargas á que están sujetas. Los mismos avisos refieren, que las Fábricas de telas, lanas, y de otros generos continúan con felíz exîto en aquellos Paises; añadiendo haberse descubierto en la *Nueva Inglaterra* algunos Minerales de piedras cornelinas, topacios, amatistas, y otras piedras preciosas, como asimismo canteras de marmol muy bello [18].

La invitación dirigida a las restantes colonias fue realizada en forma de carta circular. En ella se llamaba la atención de las asambleas provinciales sobre el carácter anticonstitucional del programa Townshend, promulgado sin haberse consultado siquiera a los interesados o a sus representantes en Londres. Sólo quedaba aguardar a que los memoriales destinados al monarca y al gobierno, lograsen convencer a las autoridades metropolitanas de que se habían violado, una vez más, los derechos de todo súbdito inglés. La finalidad perseguida era la de demostrar que los americanos habían sido las víctimas de una legislación injusta. Pero muy poca fe se había prestado a aquellas representaciones. Los medios para hacerse oír y lograr las reivindicaciones solicitadas, debían ser otros: el boicot comercial y la lucha armada, inclusive, si bien había que considerarla como la última y definitiva arma a emplear. En Londres, la Carta Circular de Boston fue considerada como un llamamiento a la rebeldía general y un nuevo enfrentamiento al Parlamento de Inglaterra. El Secretario del Departamento de las Colonias, Lord Hillsborough, ordenó que se rescindiera de inme-

---

[18] *Mercurio Histórico y Político* del mes de abril de 1768, sección de Londres, pp. 339-340. La misma noticia aparece en la *Gaceta de Madrid* del martes 10 de mayo de 1768, sección de Londres, p. 149.

diato la circular. Sus órdenes fueron transmitidas por Mr. Bernard gobernador de New England, a la asamblea. Los miembros de la junta provincial decidieron por votación que la carta no fuera rescindida, y Mr. Bernard expulsó y suspendió la asamblea de Boston. Veamos cómo nos refiere el *Mercurio* del mes de septiembre los pormenores de esta tumultuosa sesión parlamentaria:

Habiendo el Gobernador de la *Nueva Inglaterra* recibido orden del Rey para pedir á la Junta general que recogiese la Carta circular que habia remitido á las demás Colonias, negandose á pagar toda clase de impuestos á la *Gran Bretaña*, apenas lo intentó, quando despues de muchos debates por una y otra parte, se puso este asunto en deliberación, y fue desechado á pluralidad de 92 votos contra 17. En consecuencia de esto la Junta general mandó escribir un papel al Gobernador, declarando: que aprueba la Carta circular, los motivos que la han ocasionado, y el modo en que está concebida; pero añade, que se precia de una fidelidad, é inclinacion inviolables a la Sagrada Persona del Rey, y de un respeto sincero á la autoridad del Parlamento de la *Gran Bretaña:* que su dictamen es que los Vasallos tienen el derecho incontestable de recurrir al Trono, juntos ó separadamente para obtener la justicia que se les debe; sobre todo, quando se portan en estas circunstancias con la atención, orden y respeto debidos; y que no le parece haber obrado mal en el convite que hizo á las demas Colonias para que uniesen sus humildes representaciones á las suyas. Al mismo tiempo exclama fuertemente dicha Junta contra las falsas voces que han corrido contra su conducta, y que le han adquirido el resentimiento del Soberano, y la censura del Ministerio. Y en fin declara, que los ultimos Actos del Parlamento solo pueden reputarse como un peso insoportable, y que confirmandolo la Carta circular que se manda recoger, solo ha consultado los impulsos de su conciencia, y su obligacion para con Dios, con el Rey, con la Patria, y la posteridad, &c. Luego que se tomó esta resolucion, disolvió el Gobernador la Junta, despues de haber dado su consentimiento á tres Actos pertenecientes á hacienda, y gobierno de la Provincia.

Segun las ultimas noticias, 10[000] habitantes de *Boston* han tomado las armas, resueltos firmemente á oponerse á qualquier desembarco de Tropas que lleguen de *Inglaterra*. El Regimiento N. 23. que se halla alli, y que el Gobernador habia querido emplear para disipar el tumulto, fue, segun dicen, muy maltratado. En una palabra, es tal el desorden y confusion que habia en la Ciudad, que el Gobernador no se atrevía a exercer las funciones de su empleo [19].

Las pruebas de adhesión a Massachusetts se manifestaron pronto. La *Gaceta* del 4 de octubre informa de la decisión de New York y de New Jersey de aceptar las resoluciones propuestas por la carta circular de Boston: boicot a las mercancías británicas y oposición al programa Townshend por haber sido promulgado sin el consenso de los colonos:

Una Embarcacion que llegó el 6 de este mes de la *Nueva Yorck* á *Douvres*, ha traido pliegos, que contienen las siguientes noticias. Los habitantes de esta Provincia adoptaron el mismo sistéma, que los de la *Nueva Inglaterra*, tocante á los derechos é impuestos establecidos en las Colonias por un nuevo Acto del Parlamento de la *Gran Bretaña*. La Asambléa de la *Nueva Jersey* dirigio al Rey una representacion á poca diferencia semejante á la de las demás Colonias. En ella manifiestan los habitantes, que habiendose transportado libremente sus antecesores de la *Inglaterra* á aquella Colonia, debian gozar en ella de las mismas prerrogativas y libertades que los habitantes de la *Gran Bretaña:* que no siendo, ni pudiendo ser representados en el Parlamento de *Inglaterra*, tampoco se les debia sujetar á las tasas impuestas por el mismo Parlamento, sino únicamente á las que se conviniesen en sus Asambléas Provinciales, en conseqüencia de las demandas del Rey; y que en lo demás están penetrados de respeto y sumision á S. M., y no disputan su subordinacion al Parlamento de la *Gran Bretaña*, ni su dependencia de la Corona.

---

[19] *Mercurio Histórico y Político* del mes de septiembre de 1768, sección de Londres, pp. 38-41. La *Gaceta de Madrid* del martes 20 de septiembre de 1768, sección de Londres, pp. 301-302, ofrece la misma información si bien más extractada.

Escriben de la Provincia de la *Carolina Septentrional*, que se habian juntado mas de mil hombres en un solo parage en menos de 48 horas, y que habian insultado á algunas personas que quisieron proteger la execucion del Acto del Parlamento de la Gran Bretaña [20].

Respecto a las decisiones adoptadas por la asamblea provincial de New York, el *Mercurio* del mes de junio nos refiere con más detalle las resoluciones aprobadas: declarar ilegal todo impuesto votado por el Parlamento británico, boicotear las mercancías metropolitanas hasta conseguir la derogación de los últimos impuestos y amenazar a los comisarios de las aduanas para impedir la ejecución de su misión:

Los pliegos que la Corte acaba de recibir de la *Nueva York* nos aseguran «que las Asambléas de aquellas Provincias habian declarado por ilegitimo todo acto del Parlamento *Británico*, que se dirija á imponer tributos ó cargas sobre las Colonias, suponiendo que solo ellas tienen derecho de exigir por sí mismas los impuestos que el Rey quiera pedirlas». Y para dár mas fuerza á sus razones, y hacer vér que pueden sostener su empeño, se han obligado solemnemente todos los Negociantes comisionados á no admitir ninguna mercaduría de *Inglaterra* desde primero de Octubre próximo, hasta que se revoque el acto del Parlamento, que carga derechos sobre el papel, cerveza, y otros generos que se introducian alli. Esta resolucion, que en su principio solo se debió á los Comerciantes de la *Nueva Inglaterra*, se ha comunicado á las demás Colonias, y á todo el Continente, que acaba de adoptarla, y de obligarse á su execucion. Sabemos tambien, que han prohibido baxo pena de muerte á los Comisarios de la Aduana, exigir ninguno de los nuevos impuestos: y estos asuntos en que tanto se ocupan los Ministros del Rey, y los Agentes de todas las Colonias acaban de aumentar nuestra confusión [21].

---

[20] *Gaceta de Madrid* del martes 4 de octubre de 1768, sección de Londres, pp. 317-318.

[21] *Mercurio Histórico y Político* del mes de junio de 1768, sección de Londres, pp. 128-129.

Transcribiremos, por último, la noticia de la adhesión a Massachusetts de las provincias de Pennsylvania, Rhode Island y Carolina. No se pormenorizan las resoluciones adoptadas por ser las mismas que se aprobaron en Boston y que secundaron New York y New Jersey principalmente:

> Los Representantes ó Apoderados de la Provincia de *Pensilvania* y de la Ciudad de *Filadelfia*, de la Isla de *Rhoda* y de la *Carolina*, han hecho saber á la Asambléa de la *Nueva Inglaterra*, que estaban prontos á conformarse con su Carta circular, tocante á los Actos del Parlamento de la *Gran Bretaña*. En su consecuencia los Agentes de todas estas Colonias, en *Londres*, han recibido nuevas instrucciones, con el encargo de hacer representaciones al Rey y á las Cámaras de los Pares y Comunes sobre los agravios de que se quexan. Casi todas las Colonias han protestado contra la contribucion para las Tropas, y su alojamiento en las casas particulares [22].

La *Carta Circular* de Boston supuso el reconocimiento formal de las asambleas provinciales frente al Parlamento de Londres y una manifiesta incitación a la rebeldía y a la unidad intercolonial para oponerse a los atropellos constitucionales de la metrópoli. Los americanos aún pensaban en una solución con la Gran Bretaña. Admitían la potestad del Parlamento y del gobierno británico en la promulgación de las Actas de Navegación y en las legislaciones encaminadas a promover el bienestar de los dominios de Inglaterra, pero no aceptaban ningún impuesto sin su aprobación. Si el imperio necesitaba dinero, ellos se lo facilitarían a través de las asambleas provinciales. Incluso estaban dispuestos a pagar las tasas que hubieran sido votadas por sus representantes en la Cámara de Londres, es decir, conformes a la constitución británica. Lo que de ninguna forma acataban eran los gravámenes (ya no se distinguía entre tributos externos e internos) destinados a limitar sus derechos y su libertad. El programa Townshend era anticonstitucional en su raíz (promulgado sin consultar previamente ni a las asambleas coloniales, ni a los agentes provinciales en la metrópoli), coaccionaba el comercio y, sobre todo, violaba los de-

---

[22] *Gaceta de Madrid* del martes 25 de octubre de 1768, sección de Londres, p. 342.

rechos fundacionales al subordinar y pagar, con el fruto obtenido de los impuestos, a los funcionarios. Londres se vio descubierta y las medidas adoptadas por New England se encaminaban a atajar un mal (el deseo de Jorge III y su cámara privada de reemplazar la monarquía parlamentaria por una forma de gobierno más personal y absolutista) que ya no sólo afectaban a los establecimientos americanos sino a la misma Gran Bretaña. América era, pues, el escenario donde se experimentaban las nuevas directrices políticas, y convenía someterla, acallarla, al igual que se estaba haciendo con el Parlamento, cuyos principales miembros habían sido sobornados. Por todo ello, las colonias septentrionales, aunque persiguiesen sus propios intereses económico-comerciales e incluso políticos, llegaron a convertirse en el símbolo de la defensa de los derechos tradicionales británicos. Resultaba conveniente y hasta imprescindible reducir a los *rebeldes* de una forma u otra. Se pensaba en enviar tropas para tranquilizar los ánimos de los colonos, y en estatalizar las provincias que pertenecían a particulares o que mantenían el *statuo* semiindependiente otorgado por las cartas fundacionales.

Es ahora cuando Londres delibera con auténtico fervor sobre la conveniencia de enviar regimientos a New England. Las revueltas realizadas contra los empleados de las aduanas y las declaraciones adoptadas por las asambleas provinciales, atentatorias contra la autoridad del monarca, del gobierno y del Parlamento, servirían de apoyo para aquellos que exigían mano dura para con las colonias. Sin embargo, otro importante sector de la sociedad británica opinaba que el empleo de la fuerza sólo serviría para precipitar un fin, que se entreveía, pero que aún podía ser evitado. La *Gaceta de Madrid* del martes 23 de agosto de 1768 nos informa de la incertidumbre reinante entre los miembros del ministerio, aunque ya se hubiera adoptado una decisión:

> Las conferencias que se tienen en la Corte sobre el contenido de los Pliegos que han llegado de la *América*, son muy freqüentes. En aquellas Provincias parece se han cometido algunos excesos contra los empleados en la Aduana Real. Los dictámenes de los Ministros de aquí continúan divididos en quanto al partido de moderacion, ó de rigor, que deberá tomarse para atraer á la razon á los habitantes de aquellos distritos. Estos diferentes partidos tienen iguales inconvenientes; y es muy dificil de preveer qual de

ellos se seguirá. Entre tanto se dice haberse expedido órdenes á los Gobernadores de las Provincias de que dén las mas activas providencias de proteger á dichos Dependientes de la Aduana, y que procuren mantener la tranquilidad hasta que aquí se esté de acuerdo sobre las disposiciones que hayan de tomarse en las actuales circunstancias. No obstante, nos persuadimos á que la Corte desde luego substituirá con otras personas las que componen los Consejos de las Provincias de la *Nueva Inglaterra*, y de la *Nueva Yorck*, á donde se embiarán algunos Navíos de guerra, los quales, juntamente con nuevas Tropas, y las que se hallan yá prevenidas, cuidarán, no solo de que se cumplan las Ordenanzas del Rey, y Actos del Parlamento, sino de castigar á los que se manifiesten obstinados en su desobediencia [23].

Una semana después, la Corte parece haberse decidido con respecto a las colonias. Ha optado por enviar tropas al continente americano para realizar una demostración de fuerzas. Los regimientos 64 y 65 serían los destinados a advertir a los colonos de lo que podría suceder si proseguían en su obstinada postura. La *Gaceta* del 30 de agosto es la que nos informa de la decisión ministerial:

Los negocios de la *América* han sido estos dias el objeto de algunos Consejos. En ellos se ha resuelto tomar medidas propias á mantener la autoridad de la Nacion en las Colonias, sin usar de ciertas extremidades propuestas por algunos Miembros del Gavinete. Las fuerzas, que se emplearán para este efecto, no serán muy considerables, porque no se embiarán á *Boston* mas que los Regimientos 64, y 65 de Infanteria, sostenidos de algunos Navíos de guerra, á las órdenes del Lord Corville. El derecho, sobre que se fundan los Americanos, es, que siendo la institucion de la forma de su Gobierno precisamente la misma que la de Irlanda, deben, considerandose en este pie, gozar del mismo privilegio de catastrarse por sí mismos, en lo que de ninguna manera conviene el Gobierno. Sea lo que fuere, la duda les dá lugar de razon, y la resolucion en que están de sostenerse unos á otros contra la fuerza

---

[23] *Gaceta de Madrid* del 23 de agosto de 1768, sección de Londres, p. 268.

que se emplee para precisarlos á someterse á los ultimos Actos del Parlamento, dán lugar á que se teman funestas conseqüencias de su parte. Las opiniones de los Ministros han sido muy diferentes en el Consejo, sobre las providencias que se debian tomar en las presentes circunstancias, y la del Conde de *Chatam*, á quien se ha consultado sobre este asunto, es de que conviene adoptar las medidas del rigor, bien que temperadas con la moderacion [24].

La decisión de enviar tropas a New England satisfizo a los miembros del antiguo gabinete Grenville, que consideraban culpables de los presentes disturbios a los principios expuestos por William Pitt en el debate sobre la derogación de la *Stamp Act*. Incluso a un particular le pareció acertada la decisión de emplear al ejército contra los *provincianos* que llegaban a exasperar a los británicos con sus continuas muestras antipatrióticas al protestar por unos impuestos ridículos, si se comparaban con los que soportaban la metrópoli. De todo ello nos informa el *Mercurio* del mes de septiembre de 1768:

Los Partidarios del Ministerio antiguo, y particularmente los amigos del Sr. *Grenville* se enardecen fuertemente contra la conducta del Gobierno actual, respecto de los *Americanos*, sosteniendo, que si no se usa de la fuerza en la presente coyuntura, se debe dar por perdida la dependencia de las Colonias. En prueba de su asercion alegan, que los principios del Conde de Chatam han dado motivo á la resistencia que las Colonias demuestran en el dia, particularmente por haber logrado su apoyo tocante al Acto del Papel Sellado, el qual dicho Ministro habia declarado por ilegal, contrario a la constitucion, y opresivo. De este principio, dicen, nace el que viendo los *Americanos* su systema sostenido y apoyado, hayan defendido hasta ahora sus máximas con feliz suceso, de modo, que actualmente todas las Colonias siguen el exemplo de la *Nueva Inglaterra*, la qual se irrita tanto contra el Ministerio actual, porque este sostiene un exemplo enteramente opuesto al que se practicó dos años antes. En fin, las mismas Colo-

---

[24] *Gaceta de Madrid* del martes 30 de agosto de 1768, sección de Londres, pp. 277-278.

nias pretenden disputar á los Ministros: *Si los Americanos son subditos de la Gran Bretaña: Si deben continuar en serlo; y si pueden erigirse en estados independientes:* tanto que se ignora lo que entienden por la palabra *Subditos*, y en qué terminos quieren sujetarse. En fin todo se reduce á discurrir sobre la conducta que se debe tener con los *Americanos*. Pero la Corte no se ha separado de la resolucion de portarse con ellos del mismo modo que si los Vasallos de los tres Reynos de *Inglaterra, Escocia,* é *Irlanda,* ó los del Principado de *Gales,* reclamasen la independencia, ó intentasen sustraerse de la soberanía legitima, sin dexar al mismo tiempo la proteccion del Gobierno.

Comparando un Escritor la moderada imposicion de derechos en las Colonias de *América,* con los impuestos de que hace relacion, y que paga la *Inglaterra,* exclama contra la conducta de los *Americanos,* afirmandose en la idea de que solo la fuerza los obligará á pensar con mas equidad: añadiendo, que es de admirar la multitud de las contribuciones actuales, y de sus aumentos, habiendo sido tan cortas en el Reynado de *Carlos Primero.* Y concluye preguntando: *¿Cómo se debe entender la libertad de un Pueblo que está oprimido con impuestos; y cómo se puede atropellar á otro, quando casi no los tiene?* [25].

Las polémicas en los momentos difíciles no conducen a ninguna parte. No importa quién sea el culpable de los presentes disturbios ni que la Corte afirme que se comporta con los americanos de la misma forma que si los sublevados fueran súbditos de cualquiera de los reinos de la Gran Bretaña. En estos instantes conviene trabajar para obtener la reconciliación. El conde de Hillsborough proyectó un plan para someter a la jurisdicción estatal a los establecimientos que aún pertenecían a particulares. La finalidad que perseguía era doble. Por una parte, quería asegurar la soberanía de la metrópoli sobre las colonias. Por otra, intentaba vincular, mediante intereses comunes, a las provincias con la Gran Bretaña, de forma que cualquiera de las partes que realizase una acción contra la otra, resultaría a su vez perjudicada. Pero los americanos no compartieron el mismo punto de vista. Ellos cre-

---

[25] *Mercurio Histórico y Político* del mes de septiembre de 1768, sección de Londres, pp. 37-38.

yeron ver, en primer lugar, que Londres procuraba obtener los beneficios económicos que, hasta el presente, revertían en determinadas compañías comerciales privadas. En segundo lugar, se dieron cuenta de que se les iba a someter al yugo de Inglaterra a través de un gobernador, unos funcionarios y unas asambleas nombradas y elegidas por el gobierno. Y, en última instancia, comprendieron que se atentaba contra su sagrada libertad, derecho natural de cada hombre al que ninguna forma política puede ni debe coaccionar. Por ello, el proyecto de Hillsborough se convirtió en una nueva ofensa hecha al pueblo americano. Es la *Gaceta* del 13 de septiembre la que nos informa:

> El Ministerio trabaja sin cesar en los negocios de *América*, y el Conde de *Hilsborough* debe haber formado el plan de poner baxo la jurisdicion de la Corona muchas de las Provincias del País, que pertenecen á Particulares, y entre ellas las de *Pensilbania* y *Mariland*, tan considerables por su estension y comercio. Este proyecto incluye tambien los medios, no solo de garantizar la Soberanía, respecto á todas las Colonias, sino hacer los intereses comunes del Comercio tan intimamente unidos, que aquellas Colonias y la *Gran Bretaña* puedan afirmar mas y mas su union, y precaver todo quanto pueda, y en qualquier modo que sea, el que padezcan alteracion la amistad y la confianza de una y otra parte. Entretanto, se espera con impaciencia saber qué efecto han producido las ordenes que despachó la Corte tres meses há á sus Gobernadores por la Fragata la *Rosa*, para obligar á los *Americanos* á que obedezcan los ultimos Actos del Parlamento. Esta Fragata ha llevado tambien nuevas instrucciones al Almirante *Palliser*, Superintendente de la Pesca en *Terranova*. En lo demás, se ha mandado á todos los Oficiales de los Regimientos en *América*, que se junten luego á sus respectivos Cuerpos, los quales se deben aumentar considerablemente.

> Las Embarcaciones, á cuyo bordo ván las Tropas que se embian á la *América*, se unirán luego que lleguen á *Boston*, en la *Nueva Inglaterra*, á otros Navios destinados á cubrir su desembarco, en caso que los Americanos intentasen impedirlo [26].

---

[26] *Gaceta de Madrid* del martes 13 de septiembre de 1768, sección de Londres, pp. 293-294.

Mientras Londres se debatía sobre la conveniencia de utilizar el ejército para reducir a los rebeldes de Boston, New England reafirmaba el boicot a las mercancías británicas. Pero lo que realmente preocupaba a la Gran Bretaña, era la reacción de las colonias en el momento en que las tropas desembarcasen. No se ocultaba el temor a una guerra colonial que acrecentase la deuda nacional y vistiera de luto los hogares ingleses y norteamericanos. Inquietaba la reacción de las provincias septentrionales porque se tenía conciencia del ingente humano que podían movilizar. En la pasada guerra lo demostraron sin lugar a dudas y no se vacilaba en que en la presente coyuntura desarrollaran un poderío mayor, máxime cuando ahora eran ellas las afectadas directamente. Veamos las noticias de la *Gaceta* del 18 de octubre y se comprenderá mejor lo dicho:

> Refieren las cartas de *Dublin*, que la Fragata del Rey, nombrada el *Husar*, se hizo á la vela desde el Puerto de *Corck* el 7 de este mes [septiembre], comboyando 8 Embarcaciones de transportes con los dos nuevos Regimientos destinados á *Boston*, en la *Nueva Inglaterra*. Estos dias se ha despachado una Chalupa con igual destino, que lleva posteriores instrucciones de la Corte para el Gobernador de aquella Provincia.

> El patron de un Navío, que ha llegado ultimamente de *Boston*, dice, que los principales Comerciantes y Fabricantes de aquella Ciudad, habian resuelto no tomar especie alguna de mercaderías de *Inglaterra* desde primero de enero de 1769, hasta otro dia del siguiente año. Aquella obstinada Provincia parece presume demasiado de sus fuerzas naturales, y por razones de estado ó de comercio quisiera que el Gobierno condescendiese á sus idéas en lo tocante al modo de imponer derechos. No se ignora que sus Milicias, comprendidas las de la Provincia de *Hampshire*, pasan de 200[000] hombres, capaces de llevar las armas, desde la edad de 18, hasta la de 60 años. Tambien se sabe que abunda en subsistencias de toda especie: que en caso necesario pudieran socorrerla las demás Colonias, y que concertadas todas en no admitir mercaderías *Inglesas* en el País, ocasionarian un perjuicio considerable al Comercio de la *Gran Bretaña*. Sin embargo, la Corte no puede tener por buenos Vasallos á los que lejos de obe-

decer las leyes, para conseguir que se atienda á sus quexas, toman el partido de armarse contra su Soberano. Por otra parte, los Agentes y apasionados de las Colonias se esfuerzan á reputarlas por fieles y dispuestas á sacrificar su vida y quanto tienen por la reputacion y defensa del Rey, y por la utilidad y prosperidad de la *Gran Bretaña*. Uno de estos parciales quiso tambien explicar favorablemente sus idéas sobre las últimas quatro proposiciones; pero siendo sus reflexîones absolutamente incompatibles con la reciente conducta de los *Americanos*, y por conseqüencia con sus verdaderos sentimientos, sobre los asuntos que actualmente se disputan, es menester suspender el juicio hasta que se verifiquen por efectivos testimonios de sumision á las leyes y afecto natural á la Pátria [27].

Se tenía conciencia, pues, de las medidas que podían adoptar las colonias en caso de conflicto armado. De las señaladas en la noticia, habían puesto en práctica el boicot a las mercancías británicas. Con el tiempo, y obligadas por las circunstancias, las provincias septentrionales de América socorrerían a New England y reclutarían soldados para hacer frente a los *casacas rojas*. Aún faltaba para llegar a tal extremo. Mientras, los acontecimientos se precipitaban en Nueva Inglaterra. La disolución de la asamblea provincial favoreció los propósitos de los Hijos de la Libertad, quienes instigaban al pueblo contra los comisarios de las aduanas y fomentaban los tumultos pretextando la próxima llegada de las tropas a Boston. Nadie ignoraba que el ejército era enviado a *reprimir* los justos derechos reclamados por los colonos. Mr. Bernard proclamó un bando ante los acontecimientos que se desarrollaban en su provincia. En él se ordenaba a las diversas autoridades que mantuviesen el orden mediante la ejecución de las leyes. Al mismo tiempo exhortaba a los *buenos Vasallos del Rey* a que contribuyeran al restablecimiento de la paz. Años más tarde, cuando el conflicto armado fuera una realidad irremediable, los *buenos Vasallos del Rey* serían considerados colaboracionistas, *tories* que vendían a sus hermanos. La *Gaceta* del 25 de octubre de 1768 reproduce el bando. Leámosle:

---

[27] *Gaceta de Madrid* del martes 18 de octubre de 1768, sección de Londres, pp. 331-332.

Se sabe que el Sr. *Bernard*, Gobernador de la *Nueva Inglaterra*, hizo publicar el 3 de agosto ultimo el siguiente Vando: «Habiendose turbado ultimamente la paz y buen orden de la Provincia por las sediciones y tumultos que ha habido en muchas de sus Ciudades, doy el presente Vando, con dictamen del Consejo del Rey, ordenando expresamente á todos los Magistrados y Regidores, á sus Diputados y á todos los Oficiales de los diferentes distritos y departamentos de esta Provincia, cuiden con todo el zelo posible del mantenimiento de la tranquilidad publica, y de proteger, como deben, á todos los Vasallos del Rey. En su conseqüencia recomiendo y mando la observancia y execucion de las Leyes á cada uno en la parte que le toque, á fin de evitar toda clase de sublevaciones, tumultos y alborotos. Exhorto al mismo tiempo á todos los buenos Vasallos del Rey en la Provincia, á que contribuyan al mantenimiento de la paz y buen orden, y al restablecimiento de la actividad del Gobierno, auxiliando á los Oficiales Civiles en la legítima execución de las Leyes [28].

Corrían malos vientos para Mr. Bernard. La Cámara de Representantes de New England envió una súplica al Rey en la que le rogaban se sirviese deponer de su cargo a Mr. Bernard. En ella se detallaban las infracciones que había cometido. La de mayor gravedad era la de haber desmesurado los acontecimientos ocurridos últimamente en Massachusetts en los pliegos oficiales remitidos a Su Graciosa Majestad. Es decir: se le acusaba de haber enfrentado a los vasallos del rey con el gobierno de Londres. Por lo tanto, era el principal responsable de que las tropas hubieran sido enviadas a Boston y de los sucesos que acaecieran en el futuro. Malamente podía Mr. Bernard restablecer la tranquilidad en su provincia, cuando era él uno de los causantes de los tumultos. Las relaciones con la asamblea resultaron tirantes e incómodas desde que ordenó disolver la cámara por haberse negado a recoger la Carta Circular de Boston y mucho más lo serían después. La tensión duraría hasta que Mr. Bernard fue depuesto del cargo de gobernador de New England, pero entonces ya sería demasiado

---

[28] *Gaceta de Madrid* del martes 25 de octubre de 1768, sección de Londres, pp. 341-342.

tarde. Veamos las razones aducidas por la Cámara de Representantes a través del *Mercurio* del mes de octubre de 1768:

Nos los muy humildes y fieles Vasallos de V. M., Representantes de vuestra antigua y leal Provincia de *Massachuset's Bay*, llenos de la, mayor satisfaccion de que el Cielo se hubiese dignado colocar á la Ilustre Familia de V. M. en el Trono *Britanico*, asegurando en la Persona de V. M. el de sus antecesores; y enteramente convencidos de la bondad y clemencia de V. M. imploramos humildemente su Real proteccion con motivo de exponerle sucintamente los agravios que experimentamos, y que despues de Dios solo V. M. puede remediar.

Con sumo dolor nos vemos en la precision de quexarnos publicamente de la administracion del Excmo. Sr. *Francisco Bernard*, Gobernador por S. M. en su Provincia, el qual acredita con sus acciones una autoridad meramente arbitraria. Los principios, y designios, á que desde su arribo se entregó, nos han parecido siempre contrarias al Real Servicio de V. M. En todos sus discursos, y actos públicos ha tratado con desprecio al Cuerpo Representativo de esta Provincia. Se abrogó contra toda justicia el exercicio de vuestra prerrogativa Real, concediendo el Titulo de un Colegio sin dar parte de ello al Consejo de V. M., y se hizo publicamente Juez y árbitro de la calidad, y circunstancias de los Miembros, que habian sido elegidos para componer la Cámara de los Representantes. Es muy de temer, que haya procurado persuadir á los Ministros de V. M. que esta Colonia, y todas las demás habian formado el designio de substraerse pérfidamente de la sujecion, y dependencia de la *Gran Bretaña*, y del vasallage natural debido á la sagrada Persona y Gobierno de V. M., pues asi lo habia proyectado. No contento con esto acusó publicamente á las dos Cámaras de la Junta de haber combatido la Autoridad Real, y de haber impedido que algunas personas entrasen en el Consejo, por ser muy afectas á la Corona. Exerció indiscretamente, por no decir sin necesidad, la prerogativa de la Magestad, desechando repetidas veces á unos Consejeros irreprensibles, y cuya eleccion habia sido legalmente hecha á pluralidad de votos en las dos Cámaras de la Junta: y declaró, que las plazas vacantes en el Consejo no se proveerian hasta que se volviese á elegir ciertos Ministros de su parcialidad. Tambien se ha mezclado indebidamente en las elecciones contra lo dispuesto por la Constitucion, influyendo particularmente en la eleccion del Agente de esta Provincia, privando groseramente de sus empleos á muchos sugetos beneméritos, sin mas motivo que el de haber votado en la Junta contra sus ideas; y embiando al Ministerio las declaraciones de varias personas, sin dár parte á los acusados de los cargos, y procedimientos que se les atribuyen. Ha creado muchos Empleos, contrarios á la Constitucion, y expedido ordenes á la Tesorería para hacer ciertos gastos en perjuicio de la mas notoria prerogativa de la Junta. Tubo la osadía de amenazar á la Junta general en la ultima Sesion, con motivo de no conformarse los Representantes con cierto requerimiento, diciendo que disolveria la Junta, y dexaria de convocar otra: lo que es contra lo dispuestto por V. M.

Por estas razones, y otras que se omiten ha hecho su administracion desagradable á todo el Pueblo, destruyendo por este medio la confianza, que es indispensable en un Gobernador para el verdadero servicio de V. M.

Por tanto, suplicamos muy humildemente á V. M. se sirva llamar al Excmo. Sr. *Francisco Bernard*, Gobernador de esta Provincia, y elegir una persona que sea digna de representar al mayor y mejor de los Monarcas del mundo [29].

Los principales enfrentamientos entre la asamblea y el gobernador se produjeron con motivo de solicitar información oficial sobre el envío de tropas a Boston. Al no responder de una forma taxativa Mr. Bernard, los habitantes de la capital de Massachusetts determinaron aplicar con todo rigor las leyes pertinentes. Veamos cómo se desarrollaron los acontecimientos y qué derechos les correspondía a los vecinos de Boston:

Ayer [27 de octubre] llegó un aviso de la *Nueva Yorck:* las noticias que trae hicieron baxar repentinamente 1 1/2 por 100 las acciones de los fondos públicos. Se asegura

[29] *Mercurio Histórico y Político* del mes de octubre de 1768, sección de Londres, pp. 142-145.

que habiendose congregado de su propia autoridad los habitantes de *Boston*, dirigieron al Sr. *Bernard*, Gobernador de la Provincia, una representacion, preguntandole si era cierto que se esperaban en aquella Ciudad tres Regimientos de Infantería. Como el Sr. *Bernard* no les dió respuesta positiva, determinaron el 19 del mes ultimo, «que los habitantes de *Boston* tomarian, con riesgo de sus vidas y sus bienes, todas las providencias correspondientes á la defensa de la persona, familia, corona y dignidad de su Soberano el Rey Jorge III, y al mantenimiento de los derechos, libertades, privilegios é inmunidades que se les han concedido por Reales Decretos, como tambien todos quantos derechos les competen á titulo de Vasallos *Británicos*, &c.: Que el establecimiento de tasas é impuestos en esta Provincia, sin consentimiento del Pueblo, es contra las leyes y constituciones, y que tambien se opone á ellas el mantener en pie un Exército en tiempo de paz, sin el mismo consentimiento del Pueblo». Esta resolucion se aprobó unanimemente; y como por un Acto del Parlamento se permite á los Vasallos *Protestantes* que puedan tener armas para su defensa quando hubiese algun peligro, ó estubiesen amenazados de guerra determinaron, que respecto de que el actual estado de las cosas de *Europa* parecia anunciar una proxîma guerra, se mandaba que se pertrechasen de armas y municiones todos los habitantes matriculados. Despues se señaló un dia de rogativas y de ayuno, y se embió copia de estos acuerdos á las demás Ciudades de la Provincia [30].

Los habitantes de Boston defendían, en primer lugar «*la persona, familia, corona y dignidad*» de Jorge III: no se les podía acusar de antipatrióticos. En segundo lugar, e íntimamente vinculado a lo anteriormente expuesto, luchaban por mantener incólumes sus derechos particulares y aquellos (y esto es lo importante) que les correspondía como súbditos británicos. Sale, pues, a relucir una

---

[30] *Gaceta de Madrid* del martes 22 de noviembre de 1768, sección de Londres, p. 371. La misma noticia es reproducida por el *Mercurio Histórico y Político* del mes de noviembre de 1768, sección de Londres, pp. 256-257.

vez más el conflicto constitucional que inspira la independencia norteamericana. Conflicto constitucional que alerta los espíritus británicos al entrever la posibilidad de que fueran abatidas las libertades por las que el pueblo inglés había luchado secularmente: ni impuestos ni ejércitos en tiempo de paz sin el consentimiento popular. Pero detrás de ello palpitan los intereses económicos. Si no se trata a los norteamericanos con los mismos privilegios de que disfrutan los británicos, el boicot comercial proseguirá. Y el mundo de las finanzas se tambalea: si las colonias no resultan rentables, es absurdo mantenerlas. Tampoco conviene desprenderse de ellas, porque, antes que nade, son un mercado. ¿Entonces...? Los comerciantes presionan para que se llegue a un arreglo con los establecimientos septentrionales sin merma de sus beneficios económicos. Beneficios económicos contra los que pugnan, a su vez, los comerciantes norteamericanos, que desean ver prósperos sus negocios. Mientras no se atiendan sus intereses, se continuará examinando concienzudamente la constitución británica para demostrar su incumplimiento por el gobierno de la metrópoli. Y si la constitución no se aplica con absoluta igualdad a todos los vasallos de Su Graciosa Majestad, ellos proseguirán comerciando libremente y desarrollando sus industrias, pues al no estar representados en el Parlamento británico, no tienen por qué acatar sus leyes... La solución resulta difícil. Se procurará atender a los intereses económicos, mas sin relegar a un segundo plano la autoridad de las Cámaras de Londres. El conflicto degenerará en una cuestión de amor propio que cegará toda salida, todo arreglo.

Entretanto, la situación en Boston se volvía cada vez más ardua, más espinosa. Los habitantes no podían adoptar resolución alguna mientras la asamblea provincial estuviera disuelta y no se convocase elecciones para designar a los nuevos diputados. No quedaba sino realizar reuniones *clandestinas*, cuyos miembros intentaban acceder al gobernador para interrogarle sobre el destino y la misión que se encomendarían a las tropas procedentes de Irlanda. Por otra parte, el ejército del general Gage cercaba la ciudad. Resultaba imprescindible que Mr. Bernard recibiera a una representación de la provincia para que atendiera sus quejas. Veamos cómo nos informa la *Gaceta* del 29 de noviembre de 1768 sobre estos últimos acontecimientos:

> Segun Cartas de *Boston,* mas de 70 Diputados de las Ciudades y Distritos de la *Nueva Inglaterra,* se congrega-

ron en aquella Ciudad el 22 de Setiembre próxîmo pasado para deliberar sobre los medios de asegurar la paz, y buen órden entre los Vasallos del Rey. En esta Junta se hizo una representacion al Gobernador, rogandole convocase la Asambléa de la Provincia, y se eligieron tres Diputados para llevarsela; pero no la quiso admitir, declarando por ilegal la Asambléa, y exhortando á sus Miembros á que se separasen para evitar por este medio los efectos de un procedimiento contrario á las leyes. La Asambléa no quiso condescender á sus instancias, y le dirigió otra representacion en que manifestaba sus temores con motivo de la llegada de las Tropas; pero el Gobernador se negó igualmente á recibirla, y entonces el Consejo de la Provincia tomó á su cargo formar una que fue obligado á recibir. En ella se expusieron los agravios del Pueblo, los inconvenientes, y la ilegalidad de acantonar las Tropas en la Ciudad, pidiendo que se repartiesen en el fuerte *Guillermo.* El Gobernador declaró, que el embio de dos Regimientos de *Halifax*, y otros dos de *Irlanda*, tenia por objeto evitar las conseqüencias de las turbaciones que se habian originado en la Provincia de algun tiempo á esta parte.

A la partida de dos Embarcaciones que llegaron de *Boston* el dia primero de este mes con importantes pliegos del Gobernador *Bernard*, parece que el General *Gage* habia puesto cerco á la Ciudad con tres Regimientos, pidiendo que los habitantes rindiesen las armas, so pena de execucion militar, y que despues de algunas dificultades se habian conformado con la intimacion [31].

Los enfrentamientos entre el gobernador de New England y los habitantes de Boston prosiguieron aún después del desembarco de las tropas. El motivo es la ya conocida cuestión del acuartelamiento del ejército. Veamos lo que nos dice el *Mercurio* del mes de diciembre a través de una carta particular recibida de América:

El mismo dia 25. recibió la Corte algunos Pliegos de la *América Septentrional*, por los quales se sabe, que habia habido fuertes disputas entre el Gobernador, y los habi-

---

[31] *Gaceta de Madrid* del martes 29 de noviembre de 1768, sección de Londres, p. 382.

tantes de Boston, con motivo del repartimiento de los Tropas en la Ciudad. Y entre ellos se vé una Carta del tenor siguiente.

«Las Representaciones falsas que de algunos años á esta parte se han hecho en grave perjuicio de la *Gran Bretaña*, y de sus Colonias, son demasiado frecuentes, como lo acredita el modo con que el Gobernador y el Secretario han expuesto los procedimientos del Consejo, tocante al alojamiento de las Tropas.

Acabamos de saber con bastante dolor, por medio de uno de nuestros Carpinteros, que uno de los Gefes de las Barracas ó Casernas trataba de ajustar con él la construccion de un grande Edificio, que se intenta hacer sobre el territorio de la Ciudad, y á la entrada de ella por la parte del Campo; de modo, que en virtud de la declaracion que hizo el Gobernador de que dicho terreno pertenecia al Rey, tomaron con él el ajuste mencionado sin dár parte á los Propietarios. El mismo Gefe de Barracas hace reparar el Almacen sobre la Bateria *Meridional*, despues de haber mandado retirar, y poner sobre el Muelle las municiones y provisiones pertenecientes á la Ciudad.

Hoy Domingo se han juntado los Soldados en el terreno del Comun, con motivo de haber predicado alli el Capellan de uno de los Regimientos que llegaron poco ha de *Halifax*. Y aunque en todo el dia se observó la mayor tranquilidad, no faltó quien destruyese el plan, ó lineas del edificio mencionado; pero el Gobernador hizo publicar al instante un vando, por el qual ofrece una gratificacion de 20. libras *Esterlinas* al que descubra los sugetos que lo executaron.

Se observa además de esto, que los Oficiales del Navio del Rey, que se hallan aqui, vuelven nuevamente á ocupar á nuestros Marineros con grave perjuicio del Comercio interior, que yá ha cesado enteramente desde que llegaron los Navios y las Tropas del Rey. Nada absolutamente se hace en la Aduana ni en otras Oficinas públicas [32].

---

[32] *Mercurio Histórico y Político* del mes de diciembre de 1768, sección de Londres, pp. 330-331. La *Gaceta de Madrid* del martes 27 de diciembre de 1768, sección de Londres, p. 418, ofrece una noticia similar, si bien más concisa, sobre los altercados entre el Gobernador y los habitantes de Boston. La *Ga-*

Las disensiones ocasionadas por el alojamiento de las tropas se fueron disipando. Se diría que las colonias adoptaron una postura estoica. Se aguardaban las resoluciones del Parlamento derogando las *Townshend Acts*. Por otra parte, aún no había llegado el momento del enfrentamiento armado. La presencia de los *casacas rojas* sometió a una tensa paz a la ciudad de Boston. El boicot comercial proseguía en espera de la reacción de los mercaderes de Londres. Los habitantes de New England pugnaban por sacar adelante su incipiente industria y reajustar la economía colonial. Pero el Parlamento no estaba dispuesto a transigir por el momento ni a los intereses provinciales ni a las súplicas de los comerciantes de la *City*. En las sesiones parlamentarias se debatió sobre la situación de América Septentrional y, en particular, sobre los disturbios acaecidos últimamente en la Nueva Inglaterra, pero no se aprobó ningún acto que revocase los impuestos y las leyes comerciales promulgadas por Townshend. Antes al contrario: la primera decisión que se adoptó, y de la que nos informa el *Mercurio* de febrero de 1769, fue la de dirigir un memorial al rey rogándole se sirva mandar instrucciones al gobernador de New England para que realizara indagaciones sobre los alteradores del orden público, los detuviera y los juzgara por una Junta especial nombrada para el caso:

El 13 las dos Cámaras del Parlamento presentaron al Rey un Memorial concebido en estos terminos:

MUY BENIGNO SOBERANO.

«Nos los Pares Eclesiásticos y Seculares y los Comunes de la *Gran Bretaña* obedientes y fieles Vasallos de V. M. congregados en Parlamento, damos humildes gracias á V. M. por haberse dignado comunicar á su Parlamento el contenido de varios papeles concernientes á los negocios de la Provincia de *Masachuset*.

Manifestamos á V. M. la gran satisfaccion que nos ocasionan las providencias que ha tomado para mantener la constitucion, y la obediencia debida á la autoridad de la Legislacion, y ofrecemos sostener la resolucion en que estamos de favorecer y apoyar á V. M. en todas las demás

---

ceta de Madrid del martes 6 de diciembre de 1768, sección de Londres, pp. 393-394, nos informa acerca del pacífico desembarco de las tropas en Boston.

providencias que juzgue necesarias para mantener á los Magistrados Civiles en la libre execucion de las Leyes en la Provincia de *Masachuset*. Conociendo que nada puede asegurar mas directamente la autoridad de V. M. en aquella Provincia, é impedir que sus Vasallos se dexen seducir en lo sucesivo por los artificios de los malcontentos, que la prontitud con que se debe proceder al castigo exemplar de los principales motores y cabezas de las ultimas turbaciones, suplicamos humildemente á V. M. se sirva mandar á su Gobernador de *Masachuset*, que haga las mas exactas y eficaces informaciones y pesquisas sobre todas las traiciones y sus complices que no se hayan descubierto, y se huviesen cometido en lo interior de su Gobierno desde 30 de Diciembre de 1767: y que todas estas informaciones se remitan á uno de los principales Secretarios de Estado de V. M. con los nombres de las personas que mas se hayan señalado en estos procedimientos abominables, para que V. M. pueda establecer (si el caso lo requiere) una Junta encargada especialmente de examinar, oir, y sentenciar estos delitos, conforme á lo dispuesto por una Ley del año 35 del Reynado del Rey *Guillermo III*».

La respuesta que el Rey dió al Parlamento dice así:

«La sincera satisfaccion que os motivan las providencias que he tomado hasta ahora, y las grandes seguridades que me dais de ayudarme en las que puedan ser necesarias para el mantenimiento de la legitima autoridad legislativa, y para la execucion de las leyes en mi Provincia de *Masachuset*, me causa el mayor gusto. Daré las órdenes que teneis por el medio mas eficaz de asegurar el castigo exemplar de los motores de los ultimos desordenes, que lastimosamente han turbado aquella Provincia, segun me lo recomendais» [33].

La situación para Mr. Bernard se volvía más espinosa. Sabía perfectamente que la ejecución del último acto promulgado por el Parlamento sólo serviría para excitar más los ánimos de los habi-

---

[33] *Mercurio Histórico y Político* del mes de febrero de 1769, sección de Londres, pp. 135-137. La misma noticia aparece también en la *Gaceta de Madrid* del martes 14 de marzo de 1769, sección de Londres, pp. 82-83.

tantes de Boston, pues se les privaba del derecho de ser juzgados por los tribunales de su provincia. Mr. Bernard, conocedor de la violenta reacción que ocasionaría la detención de los cabecillas de los *Hijos de la Libertad*, decidió no cumplir las órdenes de Londres. Decisión que comunicó al gobierno junto a una relación de los motivos que le habían inducido a adoptar tal resolución. La postura del gobernador de New England contrarió al Parlamento: su destitución estaba consumada, no por la súplica de la Cámara de Representantes de Nueva Inglaterra, sino por la contraorden dada.

El problema colonial se agravaba por el estricto cumplimiento del boicot. El comercio con los establecimientos americanos se vio reducido prácticamente a la nada. Y los comerciantes de Londres presionaban para que las Cámaras de la *City* acordasen una ley que deshiciera definitivamente el nudo gordiano. Urgía, pues, una nueva legislación para las provincias septentrionales, pero ésta no vería la luz hasta pasado un año. Aún entonces, no se lograría la resolución de la problemática colonial. La Gran Bretaña se obstinaría en mantener la autoridad del Parlamento y su dependencia de la metrópoli. Los *yankees*, a su vez, permanecerían firmes en su decisión de no aceptar ningún impuesto sin ser aprobados por sus inexistentes representantes en la Cámara de los Comunes o por las asambleas provinciales. Resulta difícil de comprender la *tozudez* de ambas partes. Quizá, la única explicación que cabe, es la del enfrentamiento de los intereses comerciales de la Gran Bretaña, ansiosa de mantener un básico mercado, con los de Norteamérica, deseosa de ver su incipiente industria y su comercio en un auge progresivo, sin limitaciones metropolitanas, capaces de incrementar la libertad (semiabandono sería más exacto) de la que habían gozado antaño. Pero no conviene olvidar el fondo ideológico que les alentaba: la Ilustración y la filosofía del derecho natural, cuyas principales ideas serían sintetizadas en la Declaración de independencia.

Veamos a continuación cómo nos informa el *Mercurio* del mes de junio de 1769 sobre las *cuitas* de Mr. Bernard y la decadencia del comercio:

> Las ultimas cartas que se han recibido de *Boston*, en la *Nueva Inglaterra*, refieren que el Gobernador se hallaba bastante embarazado sobre el partido que habia de tomar con los Caudillos principales de las turbaciones que hubo en aquella Provincia, con motivo de las tasas impuestas

en ella; pues aunque la Corte le habia dado orden de prenderlos, él, rezeloso de algunas malas resultas, lo habia suspendido, y expuesto á la Corte sus motivos; y se asegura que ésta insiste en sus primeras resoluciones. Por otra parte se han hecho al Ministerio serias Representaciones sobre la decadencia del Comercio de la *Gran Bretaña* con las Colonias de la *América Septentrional*, y sobre el rezelo que se tiene de que bien pronto se aniquile enteramente en algunas de ellas, si se insiste en la execucion de los Actos del Parlamento, que imponen ciertos derechos, los quales solo producirían al Gobierno una suma annual de 20 mil libras *Esterlinas*, mientras que el Comercio con estas Colonias haria entrar todos los años muchos millones en el Reyno. En vista de estas Representaciones, dicen ha formado el Gobierno un Plan muy á proposito para conciliar los intereses de las Colonias, los de la Metropoli, la dignidad de la Corona, y los derechos del Parlamento [34].

Mr. Bernard resolvió, ante la conflictiva situación en que se hallaba, sin apoyo alguno del gobierno ni de las colonias, convocar una nueva asamblea general. ¿Intentaba atraerse ahora las simpatías de los provincianos? De ello nos informa la *Gaceta* del 11 de julio junto a las inevitables noticias acerca del disgusto existente en los establecimientos septentrionales y del *chantaje* comercial realizado por los americanos para alcanzar sus propósitos:

> En el Consejo que se tubo el 9 de este mes, á presencia del Rey, ordenó S. M., que el Parlamento, prorrogado al 14 de este mes, lo fuese nuevamente hasta el 19 de Julio. En el mismo Consejo se exâminaron algunos pliegos que llegaron de América la semana pasada. Segun su contenido, las ultimas resoluciones del Parlamento tocantes á las tasas impuestas en las Colonias, ocasionan en las diferentes Provincias un disgusto universal. La mayor parte de los Negociantes, y habitantes, ha resuelto no pedir especie alguna de mercaderías de la *Gran Bretaña*, hasta que se supriman estas tasas. Se espera, no obstante, que la resolucion tomada ultimamente en el Consejo, de atender en

---

[34] *Mercurio Histórico y Político* del mes de junio de 1769, sección de Londres, pp. 126-127. Igual información registra la *Gaceta de Madrid* del martes 20 de junio de 1769, sección de Londres, pp. 197-198.

la proxîma Sesion del Parlamento á las representaciones de las Colonias, las traerá á sentimientos mas pacificos.

Otros pliegos, que se recibieron el 12 de la *Nueva Yorck*, refieren haber llegado alli una gran porcion de mercaderías sacadas de la *Gran Bretaña*, con destino á muchos Negociantes que ya se habian obligado á no recibirlas, y que en su conseqüencia resolvieron depositarlas en un Almacén, declarando que no las tomarían de su cuenta, ni las usarían mientras que subsistiesen los ultimos actos del Parlamento. Igual determinacion tomaron muchos Negociantes de *Boston*, de cuya Ciudad se avisa, que el Sr. Bernard, Gobernador de la Colonia, publicó una Ordenanza para convocar una nueva Asambléa general; y que se han elegido quatro Representantes de la Capital, de los que han manifestado mas zelo en defensa de los derechos de las Colonias. Habiendo pedido los Electores que se retirásen las Tropas del Rey á sus Casernas, durante la eleccion, y dándoles el Gobernador una respuesta indiferente, hubo con este motivo una altercacion, que sin embargo se terminó pácificamente. La Asambléa debía convocarse en la Nueva Yorck el 31 de Mayo [35].

No había que desaprovechar la ocasión para hacer valer los derechos de la provincia. Los habitantes de Boston indicaron a los diputados electos los puntos que debían defender a ultranza en la Junta general. Se referían, principalmente, al alojamiento de las tropas, a la derogación de los impuestos, a la limitación de las atribuciones de los Tribunales del Almirantazgo y a dejar constancia de los privilegios de la colonia. Al mismo tiempo, Virginia afirmaba, una vez más, el derecho incuestionable de las Cámaras de Representantes de cada provincia a votar las tasas. Es el *Mercurio* del mes de julio quien nos informa:

Luego que los habitantes de *Boston* nombraron sus Diputados en la Junta general de la Provincia, que el Caballero *Francisco Bernard*, Gobernador de aquella Colonia, habia convocado para el dia 31 de Mayo, les recomendaron los puntos siguientes.

---

[35] *Gaceta de Madrid* del martes 11 de julio de 1769, sección de Londres, pp. 225-226.

«1: La mas particular atencion á los Privilegios de la Junta: 2, que procedan al examen de los agravios de la Colonia: 3, que averigüen el motivo del alojamiento de Tropas en la Ciudad en tiempo de paz: 4, que insistan en hacerlas retirar: 5, que no consientan pagar los gastos hechos, aunque los pidan: 6, que se opongan á las impresiones, que las falsas insinuaciones del Gobernador puedan excitar en *Londres*. 7, que procuren hacer suprimir la tasa de las Colonias, á no ser con su propio consentimiento: 8, que limiten la autoridad de los Tribunales del Almirantazgo á los asuntos de su jurisdiccion solamente: es á saber, al conocimiento solo de los delitos cometidos en el Mar, ó en los Rios, y no en la Tierra: 9, que hagan patentes todos los derechos, privilegios, y franquicias pertenecientes legitimamente á las Colonias, manifestando en todo una fidelidad, y afecto inviolable á la Persona del Soberano». Tambien la Ciudad de *Cambriche*, en la misma Colonia, habia resuelto otros quatro Articulos, relativos á estos mismos puntos.

En vista de estas Resoluciones se ha prorrogado la Junta general desde el dia 20 de Mayo hasta el 7 de Julio; y la de la *Virginea* se habia separado tres dias antes, por haber concluido y resuelto por su parte: *Que el derecho de poner impuestos á los habitantes de esta Colonia ha pertenecido siempre á la Cámara de sus Representantes: que los Vecinos tienen el derecho incontestable de presentar sus quexas al Rey: que todas las personas acusadas de traycion, ó de otros delitos deben ser juzgadas en las Colonias donde los cometieron: y que lo contrario es derogar enteramente los derechos de los Vasallos Británicos, enviandolos á la otra parte del Mar.* Esta misma Cámara ha tomado ocho resoluciones, tocantes á la entrada de las mercadurias de Inglaterra, las quales estarán prohibidas, *hasta que el Parlamento haya revocado los ultimos Actos que dió para imponer derechos sobre el Thé, Papel, Cerveza, &c* [36].

Las resoluciones de Virginia conmovieron al Parlamento, en el que se debatió sobre la conveniencia de enviar tropas a aquella co-

---

[36] *Mercurio Histórico y Político* del mes de julio de 1769, sección de Londres, pp. 220-221.

lonia. El temor de que se produjeran tumultos parecidos a los de New England, decidió a los diputados por la negativa. Entre tanto, en Cambridge proseguían las recomendaciones y las discusiones de la asamblea general de Nueva Inglaterra. Mr. Bernard, reclamado por Londres para informar de la situación existente en la provincia, cumplía con sus últimas misiones, como gobernador al indicar los puntos sobre los que debía deliberar la Cámara recién constituida. Comunicaba, al mismo tiempo, el viaje que iba a realizar a la metrópoli y solicitaba que se continuasen sus sueldos, pues estaba seguro de proseguir en el cargo cuando regresase de Londres. La asamblea no era de la misma opinión y decidió abonarle hasta la fecha de su partida. Veamos cómo nos informa la *Gaceta* de 19 de septiembre sobre la sesión que estamos refiriendo:

Segun cartas de la *Nueva Inglaterra*, con fecha de principios del mes último, la Asambléa general de aquella Provincia, convocada en *Cambridge*, y no en *Boston*, recibió el 21 del mes precedente un mensage de parte del Gobernador con el resumen de los artículos que deben ser objeto de sus deliberaciones, á saber: 1, el mantenimiento del Gobierno: 2, las sumas que deben entregarse en Tesorería: 3, el reembolso de la deuda de la Provincia, que asciende actualmente á 150[000] libras *Esterlinas:* 4, el Bil de las Tasas: 5, el de los Impuestos: 6, el de la *Excisa*, si se tubiere por conveniente: 7, la continuacion del comercio por cambio: 8, los fondos necesarios para la manutencion de los fuertes y guarniciones: 9, y finalmente la renovacion de las leyes proxîmas á espirar. El Gobernador declaró despues por sí mismo en la Asambléa, que habiendosele llamado á *Londres* para informar al Rey del estado de aquella Provincia, y por otra parte hallandose con fundamentos para creer que continuaría en el Gobierno de la Provincia, segun se le avisaba; y en fin, que no teniendo su viage otro objeto que los negocios de la Colonia, esperaba que se le continuasen sus sueldos. Pero le respondió la Asambléa, que respecto de que no habia certeza alguna sobre la continuacion de su empléo de Gobernador, solo se le pagaría el sueldo hasta el dia de su partida. Aguardando los habitantes de *Boston* las resoluciones de la Asambléa de la Provincia, tubieron otra el 4 del mes siguiente, en la qual firmaron un acto de protesta contra las instancias que hicieron y pudiesen hacer ciertas personas al Gobernador para prolongar la residencia de las Tropas en aquella Capital, reputando este proceder como contrario al sentimiento general de los habitantes, que, añaden ellos, están y estarán siempre prontos á obedecer á los Magistrados civiles, y á asistirlos en la execucion de las leyes del País, las quales son muy suficientes para la permanencia del sosiego y buen órden, sin necesidad de especie alguna de socorro estrangero. La Cámara de los Representantes de la Provincia por su parte entabló pocos dias despues sus deliberaciones, dando principio con la aprobacion de 19 resoluciones, en las quales, declarando su obediencia y fidelidad al Rey, persisten en defender que el derecho de tasar la Colonia pertenece á esta Cámara: que es ilegal, y opuesto á la constitucion el repartimiento de Tropas en la Ciudad de *Boston;* y que el Gobernador se ha hecho muy culpable comunicando al Ministerio una relacion falsa del estado de la Colonia. Quéxase tambien de los embarazos que se han puesto al Comercio de la misma Colonia: de las facultades que se dieron á los Tribunales de Almirantazgo, para juzgar en ultima instancia sobre las causas que no son de su competencia, y de la conducta del General *Gage,* á quien igualmente acusa de haber hecho una pintura siniestra de las disposiciones de los habitantes de la Colonia. Otras cartas de *Boston* de 13 de Julio último refieren, que la Fragata del Rey *Launceston* se hizo á la vela para *Halifax,* llevando á su bordo quatro Compañias del Regimiento num. 64, cuyo resto le seguiría inmediatamente [37].

Poco se puede comentar que no se haya hecho anteriormente. La asamblea general de New England reafirmó los derechos que, desde hacía tiempo, venía defendiendo: la votación de los impuestos correspondía a la Cámara de los Representantes y el alojamiento de las tropas en Boston es ilegal y anticonstitucional. En cuanto a Mr. Bernard, no regresaría a Massachusetts. Se consideró

---

[37] *Gaceta de Madrid* del martes 19 de septiembre de 1769, sección de Londres, pp. 317-318. El *Mercurio Histórico y Político* del mes de agosto de 1769, sección de Londres, p. 294, transcribe solamente el programa presentado por Mr. Bernard a la Asamblea General.

oportuno su relevo y se designó a Thomas Hutchinson para ocupar el cargo de gobernador de Nueva Inglaterra [38].

Entre tanto, el boicot comercial proseguía y los comerciantes de la Gran Bretaña se exasperaban. Las representaciones al ministerio se sucedían de forma reiterativa. En ellas se exponían los perjuicios que ocasionaba la postura norteamericana y se procuraba hacer ver por todos los medios la necesidad que tenía la economía británica de llegar a un arreglo con los colonos. Veamos, a través de dos breves noticias, la precaria situación en que se hallaban las relaciones comerciales entre la metrópoli y sus dependencias. La primera nos la proporciona la *Gaceta* del 10 de octubre de 1769:

> El Comercio de la *Gran Bretaña*, con las Colonias de *América*, que en la presente estacion era ordinariamente muy considerable, se halla reducido ahora, respecto á los principales Negociantes de esta Capital, á algunas comisiones de mercaderías de poca entidad. No hay mas que un Navío cargado para la *Nueva Yorck*, ó la *Pensilvania*, y tres para la *Carolina*. Tambien se han minorado mucho las remesas para las Islas *Inglesas*: de manera que nuestros Negociantes conocen mas que nunca la necesidad de unir sus instancias á las de los *Americanos*, para obtener la justicia que estos piden tanto tiempo ha, á cuyo efecto harán sus representaciones luego que se convoque el Parlamento [39].

La *Gaceta* del 21 de noviembre de 1769 informa de que

> Se ha extinguido casi enteramente nuestro comercio con la *América Septentrional*, lo que ocasiona repetidas quexas, y murmuraciones de la mayor parte de los Negociantes y Fabricantes de este Reyno [40].

---

[38] Prosiguen informando de la llegada a Londres de Mr. Bernard, de sus reuniones con los ministros y su destitución los *Mercurios* de los meses de septiembre de 1769, p. 47, y de octubre, p. 126, y las *Gacetas* del 21 de noviembre de 1769, p. 402, del 28 del mismo mes, p. 410, y del 5 de enero de 1770, p. 5.

[39] *Gaceta de Madrid* del martes 10 de octubre de 1769, sección de Londres, p. 347.

[40] *Gaceta de Madrid* del martes 21 de noviembre de 1769, sección de Londres, p. 403.

Parecía, pues, imprescindible un cambio en la política colonial. La prensa de los últimos meses de 1769 y de los primeros de 1770 hace circular fundamentados rumores que refieren la inmediata crisis ministerial que se iba a producir en el gobierno de Londres. Íntimamente vinculados a éstos, prosperan las noticias oficiosas sobre la abolición de las tasas vigentes en América y la promulgación de unas nuevas leyes que permitirán la entrada de mercancías coloniales que hasta el presente eran importadas de las potencias europeas. Si ello se producía, no se podía ocultar que los establecimientos septentrionales habían logrado un evidente triunfo sobre el mercantilismo metropolitano y el reconocimiento de la mayoría de edad de su industria. Veamos cómo nos informa a este respecto el *Mercurio* del mes de diciembre de 1769:

> Hay apariencias de que los negocios de la *America Septentrional* se mejorarán muy en breve, y que el Parlamento revocará los actos que causan tanto disgusto á las Colonias, autorizando al mismo tiempo la entrada en el Reyno de varios generos de aquellos Países, en lugar de los que suelen venir de los Reynos Estrangeros. Por cuyo medio se discurre será posible conciliar el afecto de aquellos Colonos, que parece solicitan esto mismo, como se infiere de una Carta de la *America*, dirigida al Agente de algunas Colonias, la qual dice así:
>
> «Sabemos que los Mercaderes y Artesanos de *Inglaterra* han abandonado nuestros intereses con la vana y mal fundada idea de que no podremos subsistir sin ellos: que nuestras resoluciones de no admitir las Mercadurias de la *Gran Bretaña* (semejantes á otras resoluciones que habeis tomado allá) son meros trampantojos; que no tendremos constancia para sostenerlas; que luego mudaremos de parecer, y nos sujetaremos al yugo que nos quieran imponer; y que todos los movimientos que hacemos solo servirán de sujetarnos á obedecer con mas rendimiento al Ministerio.
>
> Como vemos que los *Ingleses* no se interesan por la *America*, y que solo estiman nuestra amada libertad, quando les produce alguna ventaja en el Comercio; y que por consiguiente no nos aman mas que por su provecho, y por el rezelo de perder las ventajas que les podemos procurar: esperamos que por esto mismo abrirán los ojos pron-

tamente. Nos lisongeamos de poder hacerles conocer en lo sucesivo, que nuestra constancia no es imaginaria, y que un Pueblo insultado y oprimido tan inhumanamente, conseguirá al fin lo que pretende».

Los Negociantes de esta Ciudad interesados en el Comercio de *America* fueron el 9 de este mes á hablar con el Conde de *Hillsborough*, Secretario de Estado por lo tocante á las Colonias, y despues de haberle manifestado la decadencia de este Comercio, le suplicaron emplease su mayor cuidado en ponerse de acuerdo con los demás Ministros para restablecerle, ó à lo menos evitar su total ruina; con cuyo motivo tubieron una larga conferencia sobre este asunto. Se trató en ella de los medios mas propios para restablecer este Comercio à su antiguo vigor, sin desdoro de la dignidad de la Corona y Privilegios del Parlamento, y sin sustraer á las Colonias de la subordinacion que deben tener al Gobierno *Britanico:* é inmediatamente se comunicó al Rey la resulta de estas deliberaciones: el Duque de *Grafton* tubo por la noche una larga conferencia con S. M. sobre estos diferentes asuntos [41].

El nuevo año trajo consigo un cambio en la orientación política de la Gran Bretaña. El conde de Grafton dimitió de su cargo de primer ministro para el que fue destinado Lord North, personaje que, por su carácter, se adecuaba perfectamente con los propósitos de gobierno personal de Jorge III. Para verlos realizados, procuró debilitar la autoridad del Parlamento facilitando el nombramiento de los diputados que más convenían a sus intereses. La oposición (Burke, Pitt, Richmond...) no tardó en percatarse de las intenciones anticonstitucionales del monarca y lucharon denodadamente para minar los objetivos del monarca y salvaguardar los derechos y las libertades obtenidas por el pueblo inglés en su secular pugna con los soberanos y la nobleza. Entonces fue cuando los británicos se dieron cuenta de que los americanos habían servido para experimentar la forma de gobierno que ahora se quería implantar en la metrópoli y de que su enfrentamiento a los dictáme-

---

[41] *Mercurio Histórico y Político* del mes de diciembre de 1769, sección de Londres, pp. 297-299. La misma noticia aparece también en la *Gaceta de Madrid* del martes 9 de enero de 1770, sección de Londres, p. 13. Las *Gacetas* de 19, p. 444, y del 22 de diciembre de 1769, p. 454, registran informaciones similares.

nes del Parlamento suponía la defensa de la Constitución inglesa. La Gran Bretaña se dividió con respecto a las colonias de América al apoyar la oposición la rebeldía de los *provincianos*. Pero en los primeros meses de 1770 las intenciones de Jorge III aún no se habían apreciado ni, en consecuencia, la conciencia del pueblo se había despertado. En el presente sólo interesaba llegar a un arreglo con los establecimientos septentrionales. Todos los indicios parecían apuntar, a pesar del discurso real que inauguró las sesiones del Parlamento en el que se manifestaba una evidente afán por mantener a toda costa la subordinación de las colonias, a la derogación de los últimos impuestos, si bien se mantendría uno insignificante para afirmar la autoridad de la Cámara legislativa sobre las provincias americanas.

Entre tanto, se sopesaban los exactos perjuicios que el boicot provinciano ocasionaba a la economía británica. La *Gaceta* del 23 de enero de 1770 no se muestra tan pesimista:

> No obstante las repetidas quexas sobre la decadencia del Comercio de este Reyno con los Países estrangeros, y especialmente con la *América Septentrional*, se asegura que en 1747 solo ascendían las rentas de la Aduana á 900[000] libras *Esterlinas;* y en el presente año suben á mas de 2.800[000] libras de la misma moneda [42].

Sin embargo, la representación realizada por los comerciantes de Londres a la Cámara de los Comunes debió de alarmar a los diputados:

> Los Comerciantes y Mercaderes de la Ciudad de *Londres*, que tienen comercio en la *América Septentrional*, exponen en una Representacion que hicieron á la Cámara de los Comunes, que acostumbraban hacer un Comercio considerable con las Colonias de S. M. en la *América Septentrional*, así por la gran porcion de mercaderías que transportaban de *Inglaterra*, como por la variedad de generos que traen de retorno, necesarios á muchas de nuestras mas principales Manufacturas: Que su Comercio con la *América Septentrional* ha hecho pasar todos los años á *Inglaterra* sumas considerables de Paises estrangeros, asi en

---

[42] *Gaceta de Madrid* del martes 23 de enero de 1770, sección de Londres, p. 28.

especie como en letras de cambio de diferentes partes del mundo, en pago de las mercaderías de *América*, que abundarían en la *Gran Bretaña*, si no estubiese generalmente prohibida su entrada por Actos del Parlamento; por cuya razon pueden reputarse estas mercaderías como un objeto, que influye mucho sobre la balanza del Comercio de *Europa:* Que este importante ramo de Comercio, tan necesario para ocupar y hacer subsistir los Fabricantes de estos Reynos, para aumentar las Rentas públicas, para instruccion de los Marineros, y para mantener y aumentar nuestra navegacion y fuerzas maritimas, se halla actualmente en una suspension, que debe ocasionar vivos sobresaltos; y que discurren los Suplicantes que puede atribuirse principalmente la interrupción de este Comercio, á cierto derecho que se impuso por un acto pasado en el septimo año del Reynado de S. M. sobre el té, papel, vidrio y colores que se conducían á aquellas Colonias; y que en su conseqüencia, tomandose la libertad de representar á la Cámara la situacion de este importante ramo de Comercio, suplícan se digne elegir los medios que tenga por convenientes para restablecerle en su actividad [43].

Ante las perspectivas expuestas por los comerciantes de Londres y con el deseo de conciliar los intereses de la metrópoli con los de las colonias, la Cámara de los Comunes resolvió derogar los últimos impuestos excepto el que sobrecargaba el té. La tasa sobre el té resultaba insignificante: podía ser soportada por todos los estamentos sociales de las provincias americanas. Los beneficios que proporcionaría a la Gran Bretaña serían de escasa cuantía, por lo que poseía más bien un valor simbólico: el de afirmar la autoridad del Parlamento británico sobre los establecimientos septentrionales. Aunque la aprobación real a la revocación de los anteriores impuestos y el consentimiento al nuevo gravamen no tuvieron lugar hasta el 12 de marzo, los agentes de las colonias se apresuraron a informar de la trascendental decisión para los americanos nada más ser votada por la Cámara de los Comunes. Al

---

[43] *Gaceta de Madrid* del martes 20 de marzo de 1770, sección de Londres, pp. 96-97. La misma noticia aparece también en el *Mercurio Histórico y Político* del mes de marzo de 1770, sección de Londres, pp. 233-234.

mismo tiempo, el gobierno de Londres comunicó las instrucciones correspondientes a las autoridades provinciales:

> Los Agentes de las Colonias despacharon Correos, informandolas de que la Cámara de los Comunes habia tomado el 5 la resolucion de revocar todas las contribuciones en *América*, á excepcion de la establecida sobre el té. Y los Ministros embiaron al mismo tiempo á los Gobernadores, y demás Oficiales Civiles y Militares del Rey, en aquellas Colonias, las instrucciones pertenecientes á este objeto. Se lisongea la Corte, de que habiendose suprimido todas estas contribuciones, se acabará el disgusto de las Colonias, y se restablecerá la buena armonía entre ellas, y la Metropoli; pero como se dexa la contribucion sobre el té, y de este modo el Ministerio, y el Parlamento se reservan el derecho de tasar las Colonias, y disminuir sus impuestos quando se tenga por conveniente, dandolas á entender al mismo tiempo, que se quiere mantener su dependencia á la Corona, y al Parlamento: se puede dudar que queden satisfechas con este Reglamento [44].

Como se puede apreciar, el escepticismo era evidente. El redactor del *Mercurio* se daba cuenta de que la solución no era la de derogar los impuestos, sino la de no votar ninguno. Pero aún había que esperar la reacción de las colonias. ¿Aceptarían la solución propuesta o proseguirían la lucha? Mientras se aguardaban las noticias que refiriesen la acogida de los últimos acuerdos del Parlamento, la prensa informaba de dos lamentables enfrentamientos entre las tropas y el pueblo, acaecidos en New York y en Boston, en los que se derramó la primera sangre por la consecución de la independencia. La *Gaceta* del 1 de mayo de 1770, sin demasiados detalles, refiere el suceso de New York:

> Segun cartas que llegaron de la *Nueva Yorck*, con fecha 22 de Enero ultimo, todo quedaba en aquella Ciudad en la mayor confusion. Los Soldados que están de guarnicion derribaron un poste, que se llamaba el *Arbol de la Libertad*, lo que parece ocasionó extraordinaria conmocion

---

[44] *Mercurio Histórico y Político* del mes de marzo de 1770, sección de Londres, pp. 234-235. El *Mercurio* del mes de abril, p. 341, y la *Gaceta de Madrid* del 8 de mayo de 1770, p. 155, informan de la aprobación real al impuesto sobre el té y de la derogación de las tasas anteriores.

entre los habitantes. Ellos y los Soldados tubieron el 19 una especie de combate, en el qual hubo sangre derramada de una y otra parte. Un Marinero recibió una estocada, que le atravesó el cuerpo, y murió poco despues. El 20 se tocó a rebato en la Casa del Ayuntamiento, que fue la señal de un nuevo combate. Muchos Marineros, armados de mazas, se unieron á los habitantes para vengar la muerte de su camarada. No pudiendo resistir las Tropas á su furor, se retiraron á sus Casernas. Esta disposición de los espiritus ocasiona las mas vivas inquietudes, y se recela que el encóno se comunique también á las demás Colonias [45].

Sin embargo, el enfrentamiento de New York quedó eclipsado por los tumultos de Boston. Aunque el honor de haber derramado la primera sangre en pro de la libertad correspondió a los neoyorquinos, el número de víctimas y un adecuado aparato propagandístico otorgó la preponderancia a la *masacre de Boston*, hasta el punto de convertirse el 5 de marzo, fecha en que tuvo lugar dicha *matanza*, en fiesta nacional para los *Hijos de la Libertad*. Seis años más tarde, el 4 de julio, día de la declaración de la independencia, reemplazó a la anterior efeméride. Si analizamos detenidamente la *masacre de Boston*, no fue más que una pendencia callejera, una reyerta, de las que sucedían y suceden a diario, entre unos soldados y unos ciudadanos. Y si investigamos las ulteriores repercusiones que ocasionó, comprenderemos que ni la metrópoli ni el resto de las colonias la dio demasiada importancia. La metrópoli, porque adoptó una postura *pacifista*, mientras se aguardaba la reacción de las provincias americanas a la disposición de abolir las *Townshend Acts* y porque una orden de represión y de *mano dura*, habría precipitado lo que ya se consideraba casi inevitable. Las colonias no consideraron oportuna ninguna clase de medidas contra los *casacas rojas*, pues ya habían conseguido sus objetivos: la derogación de los impuestos y una suavización de las leyes comerciales y de navegación. Veamos, antes de seguir más adelante, cómo se desarrolló la *masacre de Boston:*

> Por Cartas particulares de *Boston*, en la *Nueva Inglaterra*, se acaban de saber los motivos y circunstancias del

---

[45] *Gaceta de Madrid* del martes 1 de mayo de 1770, sección de Londres, pp. 149-150.

alboroto sobrevenido ultimamente en aquella Ciudad, cuyo suceso se refiere de este modo: Habiendo tres jóvenes de la Ciudad tenido el 5 de Marzo ultimo, poco antes de anochecer, una pendencia con tres Soldados de la Guarnicion, llegaron á las manos, cayó herido uno de estos, y se retiraron los otros dos. Poco despues se unieron á los jóvenes otros muchos habitantes, y á los Soldados se juntaron igualmente algunos camaradas suyos armados. Empezó nuevamente la refriega, y despues de un vivo ataque se vió la Tropa precisada á huir, perseguida de sus contrarios; pero uniendosela en su retirada otros Soldados, con el Oficial de Guardia, dieron la vuelta por otra calle, prevenidos yá de fusiles, hicieron fuego contra los Paysanos, mataron 4 de ellos, é hirieron 8, de los quales 6 quedaban de mucho peligro. Los dos Regimientos de la Guarnicion tubieron por conveniente retirarse al Fuerte *Guillermo*, distante una legua de la Ciudad, para evitar los efectos del enojo de los habitantes, que habian jurado acabar con ellos en el termino de 24 horas. Añaden, que apenas se supo este suceso en las demás Ciudades de la *Nueva Inglaterra*, tomaron sus habitantes las armas, resueltos á vengar la muerte de sus compatriotas. El Oficial, y los Soldados que dispararon están en la Carcel de orden del Magistrado. Al primero se le acusa de haber mandado tirar, pero él justifica su conducta, y la de sus Soldados, alegando que viendose insultados, ultrajados, y amenazados con la muerte, no pudieron menos de defenderse con bayoneta calada: Los Soldados alegan, que viendo maltratar á su Oficial, y habiendo oido gritar fuego en la fuerza de la refriega, creyeron que era de dicho Oficial esta voz, proferida por la multitud, y que con esta equivocacion dispararon contra los Paysanos. Esta causa está para verse en el Parlamento, á cuyo fin se preparan en las diferentes Secretarías los Extractos de las Cartas, Ordenes é Instrucciones que se embiaron á las Colonias.

La Corte ha tenido por conveniente suspender todas las providencias de rigor y autoridad respecto de los *Americanos*, hasta saber el efecto que producirán las nuevas disposiciones que se darán en el Parlamento. Tratando de estos asuntos el 9 de este mes en la Cámara de los Comunes, el Sr. *Burke*. Autor de una nueva Obra, intitulada: *Refle-*

xiones sobre la causa de los actuales malcontentos, habló por espacio de mas de dos horas; y el **Sr.** *Wedderburn* expuso, que la Nacion conquistó la *América* en el reynado de *Carlos II*, y que la habia perdido en el de *Jorge III:* pues ya él no miraba, añadió, *á nuestras Colonias de América como parte de los Dominios del Imperio Británico.* Los Condes de *Chatham, Temple* y *Shelburne* y otros Miembros del partido de oposicion, hablaron con mucha audacia en la Cámara de los Pares contra la conducta de los Ministros [46].

El desafortunado incidente de Boston no alcanzó resonadas consecuencias. Los soldados y el oficial fueron juzgados. Su defensa corrió a cargo de John Adams, miembro de la oposición, quien consiguió que fueran declarados *no culpables*. De esta forma concluyó todo. Sólo quedaba el dolor de unas familias y el resentimiento de un grupo de ideólogos que aguardaban otra ocasión para que sus ideales obtuvieran el fruto preciso. Mientras se esperaban las noticias oficiales que certificasen la revocación de las tasas, los comerciantes americanos vacilaban en proseguir el boicot a las mercancías británicas. Los más radicales pregonaban que la lucha con la Gran Bretaña no había terminado, que aún había que defender los derechos por los que se habían combatido y se acusaba de traidores a los que habían reanudado las relaciones con Inglaterra. Al final, los intereses económicos triunfaron. Entre tanto, en Boston, los Diputados que iban a representar a la ciudad en la próxima Junta general recibían instrucciones atentatorias contra la autoridad del gobierno de Londres. Es el *Mercurio* del mes de julio de 1770 el que nos informa de dichas instrucciones al transcribirlas y comentarlas:

Para formar una idéa justa del estado en que se hallan los negocios en aquellos parages, bastará exponer aqui las Instrucciones que la Ciudad de *Boston* dió á sus representantes en la Junta General, usando en ellas de un tono de manifiesto, que parece ser el precursor de una declaracion de guerra, por haberse publicado en las *Gazetas de Masachussets-Bay* á 17 de Mayo en esta forma:

46 *Mercurio Histórico y Político* del mes de mayo de 1770, sección de Londres, pp. 51-53. Las *Gacetas de Madrid* del 22, pp. 172-173, y del 29 de mayo de 1770, p. 180, reflejan la misma noticia.

«SEÑORES.

En la eleccion que hizo de vosotros la Ciudad de *Boston* para representarla en la próxima Junta General, os ha dado una gran prueba de la confianza que tiene de vuestros talentos. Desde los calamitosos tiempos de nuestros venerables padres, no hubo época, ni periodo, cuyo aspecto fuese ni mas triste, ni mas temible que al presente. Los impuestos ilegales y arbitrarios con que gravan el Pueblo, el Comercio que se advierte yá en la última agonía, los agravios, murmuraciones y disgustos que ponen en convulsion á todas las partes del Imperio *Britanico,* no pueden menos de anunciarnos una catastrofe, en que, despues de Dios, solo una virtud constante, y un valor inflexible puede libertarnos de una destruccion cruel y miserable. Un encadenamiento de incidentes y de sucesos recientes, y especialmente *los ultimos diarios de la Cámara de los Pares, dan fundamento suficiente para creer que se ha formado y executado en parte un plan desesperado y profundo de despotismo Imperial para extinguir todo genero de libertad civil:* y como ván escabando poco á poco los grandes cimientos: como minan sutilmente las columnas: como arruinan los baluartes y ciegan los fosos y contrafosos: esta fortaleza augusta de la libertad *Inglesa,* tan respetada en otros tiempos: esta obra admirable de tantos siglos (la Constitucion *Britanica)* parece vá actualmente declinando ázia su ruina fatal é inevitable.

Esta formidable catastrofe nos amenaza con un desorden universal, poniendonos á la vista la terrible advertencia de *aventurarlo todo,* si por casualidad en estos distantes confines de la tierra nos hallamos en estado de impedir el que absolutamente nos opriman y sepulten baxo las ruinas de nuestros mas sólidos derechos. Muchos años ha que hemos previsto con dolor el *próximo conflicto:* varias causas aceleran este periodo decisivo; y todo conspira hoy á sugerir el total exercicio de nuestra vigilancia, de nuestra prudencia y firmeza. Y como la urgencia del tiempo no solo requiere los talentos mas refinados en la verdadera politica, hemos elegido y puesto en vos la confianza mas importante, con la qual no dudamos cumplireis, empleando y reuniendo todas las fuerzas del *cuerpo y del espiritu.*

El despreciable estado á que se halla reducida nuestra Milicia Provincial debe ser el objeto de vuestra particular atencion; y siendo tan evidente el origen corrupto de este descaecimiento de emulacion militar, os encargamos tomeis tan valerosas y prudentes medidas, que puedan poner prontamente este País en estado de librarse del baldon que se le puede hacer sobre este punto.

Hemos observado de mucho tiempo á esta parte, con dolor y asombro, la intolerable costumbre de las Instrucciones Militares de los Comandantes de esta Provincia. Yá es tiempo, Señores, de considerar esta materia, y de aplicar el remedio.

Si se tarda mas en reprimir la extension de este orgulloso poder, sorberá con el tiempo todo lo mas esencial de la libertad civil. Repugna á los primeros principios del verdadero Gobierno, (establecido unicamente para el bien de los que son gobernados) el que una *Potencia distante,* que no solo está muy separada, sino que tiene intereses regularmente diferentes, *emprenda, segun su capricho, contrarrestar y mandar en los asuntos de la mayor entidad para el bien y alivio del pueblo:* una Potencia distante mas de tres mil millas á la otra parte del mar, que ignora no solo nuestro verdadero interés, sino que tambien lo tiene en oponerse á el, si bien se examina, y que efectivamente nos oprime, *prescriba* leyes sin necesidad á los Patricios y Plebeyos: que fixe segun su antojo la residencia de nuestro Parlamento: que señale el tiempo de su convocacion, el modo como ha de proceder, y el parage donde debe retirarse: que prohiba en cierto tiempo el aumento de nuestros productos: que en otras ocasiones nos obligue á comprar mercadurias estrangeras: que en fin de mano armada, por decirlo asi, nos pida nuestros bienes, y nos prohiba el disponer de cierta parte de ellos: estas son unas doctrinas y solecismos políticos, que solo pueden tener su origen y progresos baxo del meridiano de *Roma* moderna, no en la *America Britanica,* mediante la bendicion de Dios, en quien confiamos. Os encargamos por tanto muy expresamente, que no concedais *subsidio alguno á los instrumentos del Gobierno,* si por su falta ó negligencia no llegan á cumplirse los grandes fines, por los quales *aguantamos á los que nos gobiernan.*

Os recordamos, que quanto mas curso toleran y dán las Naciones á las astucias y tramas agigantadas de un despótico poderoso, tanto mas rápidamente se adelanta el espiritu maligno para estender la desolación; y en tales casos, luego que se intenta detener sus estragos y progresos, *los perros guerreros, sueltos y sedientos de sangre se abalanzan para debastar y meter todo en confusion. Obsta principiis* es la máxima que se debe tener siempre á la vista. Yá no estamos en tiempo de vacilar entre dos opiniones. Las demandas del fraude, de la violencia y de la usurpacion son insaciables; y por consiguiente yá no es ocasion de dexarse llevar de cebos sutiles, de caricias fingidas, ni de amenazas formidables. Os intimamos, pues, que en todo acontecimiento os porteis como fieles Representantes de un Pueblo que nació libre, resuelto, y lleno del espiritu de libertad en que fue concebido; pues criado desde su infancia en los principios de franqueza, está resuelto á respirar el mismo ayre celeste, hasta tanto que el Todo Poderoso, que le ha inspirado esta sagrada llama, se digne hacerse debolver.

Por orden de la Junta

(Firmado)   R. Dana. Attest.
                                  Guillermo Couper,
                                  Secretario de la Ciudad».

Sería imposible, que despues de haberse publicado unas Instrucciones de esta naturaleza, dexasen de poner al Ministerio en el mayor cuidado; y asi vemos, que han sido declaradas por *un grande atentado contra el honor y dignidad de la Corona, y contra las prerrogativas del Parlamento, opuestas á la dependencia que deben tener las Colonias á la Metropoli, y dirigidas á sublevar los animos contra el Gobierno legitimo de la Gran Bretaña,* &c. Es verosimil que la Corte no quiera ceder sobre este punto, por lisongearse el Partido Ministerial de haber adquirido ultimamente nuevas fuerzas y apoyo en la Junta General de la *Nueva Inglaterra*. Pero se sabe que la resolucion de no admitir genero alguno de la *Gran Bretaña*, se observa tan religiosamente, que muchos Navíos que habian llegado á *Boston*, á la *Nueva Inglaterra* y á *Filadelfia*, se han visto precisados á bolverse con todos los generos que llevaron. La pérdida que se sigue á la Nacion con este motivo, se valúa en mil guineas diarias, sin contar los derechos pertenecientes al Gobierno [47].

Hasta las presentes instrucciones no se habían manifestado con tanta violencia las colonias. En ellas se aprecia una indudable conciencia del cambio de orientación política de Gran Bretaña con respecto a sus posesiones. Cambio que se fue manifestando en los impuestos, en las leyes comerciales, en los acuartelamientos indebidos y en la suspensión de los derechos jurídicos de los norteamericanos. La nueva orientación del gobierno metropolitano pretende, según los habitantes de Boston, «extinguir todo genero de libertad civil», reemplazar la constitución por el despotismo imperial. Pero como la mentalidad y la forma de vida de los colonos no están dispuestos a aceptar distinta ideología, conviene «aventurarlo todo» y prepararse en todos los niveles para el «próximo conflicto», en el legal y en el militar. Lo primero que encargan a los representantes es la promulgación de disposiciones encaminadas a rehabilitar las milicias provinciales para «que puedan poner prontamente este País en estado de librarse del baldón que se le puede hacer sobre este punto». Resulta interesante la frase que anuncia la posibilidad de un enfrentamiento con Inglaterra: «Muchos años ha que hemos previsto con dolor el *proximo conflicto*». ¿Desde cuándo palpitaba la convicción de que la Gran Bretaña y las colonias de América Septentrional habrían de luchar para defender intereses opuestos? ¿Desde la conclusión de la guerra de los Siete Años? ¿Desde la imposición de la *Stamp Act*? ¿La independencia de los Estados Unidos de Norteamérica fue el producto de la premeditación de los comerciantes, capitalistas y de un sector de los hombres de leyes, cuando se percataron de que la metrópoli limitaba el desarrollo de los establecimientos con las tasas y

---

[47] *Mercurio Histórico y Político* del mes de julio de 1770, sección de Londres, pp. 233-239. Las declaraciones de Londres contra las Instrucciones de Boston aparecen también, de forma similar, en la *Gaceta de Madrid* del martes 17 de julio de 1770, sección de Londres, pp. 244-245.

las actas de navegación, o fue una decisión adoptada en última instancia? Por entonces los acontecimientos indicaban que había que desafiar a una potencia distante y de intereses opuestos, que se interfería en el gobierno y en la vida económica de los americanos. «¡Repugna a los primeros principios del verdadero Gobierno!», que, según la filantropía dieciochesca, debe proseguir el bien del pueblo. No queda más solución que combatir para conservar la sagrada libertad, que la naturaleza proporciona a cualquier hombre desde el instante de ser concebido.

Gran Bretaña, ofuscada ante la realidad de que una nueva concepción política se está imponiendo en el mundo, reacciona de acuerdo a la antigua ideología y declara las instrucciones de Boston atentatorias contra el gobierno de la metrópoli, subversivas y «opuestas á la dependencia que deben tener las colonias á la Metrópoli». ¿No comprendió el significado exacto del calificativo que los americanos la habían atribuido? «Potencia distante», la habían denominado. Tres mil millas de mar, el *Mar de las Tinieblas*, estaban borrando de los corazones de los colonos el cariño a la madre patria; les inducía a enfrentarse a un país extranjero que les había proporcionado las instituciones y los principios que ahora reivindicaban. Mas, ¿por qué no empleó la fuerza para reprimir el espíritu subversivo y sedicioso. Tal vez porque las autoridades de Londres aguardasen la reacción favorable de las colonias a la derogación de las *Townshend Acts*: cualquier decisión enérgica podía resultar irreparable. Por otra parte, la Gran Bretaña sabía que las reservas de los provincianos tenían también un límite y que, alcanzado, no les quedaba más solución que recurrir a la «potencia distante». No ignoraba que, una vez consumidas o a punto de consumir esas reservas y con los últimos impuestos abolidos, los comerciantes americanos se dividirían en su postura con la metrópoli.

Mientras tanto, las noticias recibidas de las provincias de ultramar continuaban siendo adversas. La *Gaceta* del 7 de agosto de 1770, a través del extracto de las cartas recibidas de América, nos informa de

que muchos Navíos, que habían llegado alli de *Londres* con mercaderías del Reyno, fueron obligados á hacerse á la vela sin descargar un solo fardo, en observancia de la resolucion que se tomó de no admitir especie alguna de mercaderías de la *Gran Bretaña*. Dícese que sin incluir los derechos Reales, sube á mil guineas por dia la pérdida que causan á la Nacion las diferencias que subsisten entre ella y sus Colonias. Estos asuntos, que se hacen cada dia mas sérios, ocasionan mucho embarazo al Ministerio. Han llegado las cosas á tal grado, que pueden resultar los mayores inconvenientes, asi de forzar las Colonias á la obediencia, como de concederlas lo que desean[48].

La situación se ponía difícil para la Gran Bretaña, pues ni podía obligar a sus territorios por la fuerza a que acatasen los actos del Parlamento de Londres, sin arriesgarse a un conflicto armado, ni parecía oportuno para la política británica el aceptar las condiciones que imponían las colonias americanas, con el consiguiente peligro de que similares reivindicaciones se extendieran a los restantes establecimientos. Entre tanto, la economía de la metrópoli perdía mil guineas diarias con el boicot de los *yankees* a las mercancías inglesas. Las noticias recibidas no informaban de nada favorable: los miembros de la junta de Massachusetts disputaban con el gobernador para conseguir que sus reuniones se celebrasen en Boston en lugar de en Cambridge, a donde había sido trasladada la asamblea en prevención de posibles disturbios populares. Por otra parte, habían sido enviados dos regimientos de New York a Boston para proteger el tránsito de los navíos británicos[49].

Ante tal situación, el gobierno de Londres optó por enviar tropas y autoridades que comunicasen las últimas resoluciones de la Cámara legislativa y contribuyeran a la entrada en vigor de las mismas. La *Gaceta* del 18 de septiembre informa:

> Se ha resuelto que la Corte haga pasar prontamente de *Irlanda* á la *América Septentrional* tres Regimientos de Infantería; y se asegura que los Comandantes en Gefe de los Navíos de guerra y de las Tropas que irán á nuestras Colonias, tienen orden de hacer observar las Leyes del Parlamento de la *Gran Bretaña*, con tanto rigor como en *Europa*. Se tiene aviso de que los habitantes de *Virginia* han formado una asociacion para suspender la entrada de toda especie de mercaderías de la *Gran Bretaña*. Firmaron

---

[48] *Gaceta de Madrid* del martes 7 de agosto de 1770, sección de Londres, p. 269. La *Gaceta* del 4 de septiembre de 1770, pp. 304-305, ofrece una noticia similar.

[49] *Mercurio Histórico y Político* del mes de agosto de 1770, sección de Londres, pp. 334-336.

este acuerdo el 22 de Junio ultimo 168 principales Comerciantes de la Ciudad [50].

La *Gaceta* del 25 de septiembre da la noticia de la principal misión encomendada al lord Dunmore, nuevo gobernador de New York: otorgar las principales garantías de seguridad a los comerciantes y habitantes de la ciudad que había aceptado la entrada de embarcaciones inglesas, granjeándose la enemistad de los bostonienses:

> El Lord *Dunmore*, que acaba de partir á la *Nueva Yorck*, en calidad de Gobernador, lleva orden de emplear todos los medios capaces de afirmar á los Comerciantes de aquella Colonia en la resolucion que tomaron tocante á la entrada de mercaderías de la *Gran Bretaña*, y de dar á los habitantes las mas positivas seguridades de la proteccion y favor del Gobierno. Por otra parte se sabe, que los habitantes de *Boston* han renunciado toda especie de comercio y comunicacion con los de la *Nueva Yorck*, á quienes miran como enemigos de la Pátria y de la libertad [51].

Las colonias empezaron a reaccionar tal y como lo esperaba la metrópoli. Abolidos los impuestos excepto uno, el del té, de cuantía insignificante, el boicot resultaba intrascendente y hasta perjudicial para los propios intereses. Sin embargo, no todos los comerciantes americanos compartían la misma opinión. Sí, en efecto, —pensaban— la mayoría de los gravámenes han sido derogados, pero es que el vigente sobre el té simboliza la autoridad del Parlamento de Londres sobre las asambleas provinciales; es el rescoldo que pueden aprovechar en el futuro para reavivar las viejas tasas. La lucha constitucional prosigue. Como se esperaba, los colonos se dividieron. Mientras unos reanudaban las relaciones comerciales con la Gran Bretaña, otros protestaban y formaban comités para combatir a los *traidores a la causa*. Pero, a la larga, las circunstancias indujeron a la totalidad a embarcar las mercancías en los navíos con destino a los puertos de la metrópoli.

---

[50] *Gaceta de Madrid* del martes 18 de septiembre de 1770, sección de Londres, pp. 319-320.

[51] *Gaceta de Madrid* del martes 25 de septiembre de 1770, sección de Londres, p. 329.

La *Gaceta* del 9 de octubre nos informa de los disturbios acaecidos en New York contra los comerciantes que atentaron a la unidad intercolonial en su lucha por la prosecución de sus libertades:

> Avisan de la *Nueva Yorck,* que los vecinos de aquella Ciudad se congregaron en gran número el 25 de Julio ultimo en la Casa Consistorial de *Hamden,* y que en esta Asambléa se leyó una protesta contra la conducta de los que rompieron la convencion de no recibir mercaderías de la *Gran Bretaña,* por dirigirse á destruir la union de las Colonias, tan esencial al mantenimiento de sus libertades. Se añade que esta protesta se aprobó unánimemente y firmó por un gran número de personas [52].

La *Gaceta* del 16 de octubre, a través de un extracto de las cartas recibidas de Boston, además de comunicar el nuevo aplazamiento de la asamblea de Massachusetts, debido a la negativa de sus miembros de abrir las sesiones en otro lugar que no fuera Boston, da la noticia de que va cobrando fuerza el partido predispuesto a aceptar las mercancías británicas que no estuvieran gravadas [53]. Había, pues, que aprovechar la coyuntura favorable a la reanudación de relaciones comerciales con la Gran Bretaña. Incluso se debían fomentar las disensiones entre los americanos con la promulgación de pliegos oficiales que demostrasen el espíritu de reconciliación reinante entre las autoridades de Londres [54]. A pesar de las informaciones negativas que se recibían de New York y de Newport, ciudades en las que aún subsistían compañías y juntas opuestas al desembarco de las mercancías inglesas [55], las noticias que llegaban de América devolvían el optimismo al mundo de las finanzas. Y es que, una tras otra, las ciudades que habían ofrecido más oposición a los actos del Parlamento iban transigiendo con la suspensión del boicot:

---

[52] *Gaceta de Madrid* del martes 9 de octubre de 1770, sección de Londres, p. 345. El *Mercurio Histórico y Político* del mes de septiembre de 1770, sección de Londres, p. 54, ofrece la misma información.

[53] *Gaceta de Madrid* del martes 16 de octubre de 1770, sección de Londres, p. 354.

[54] *Gaceta de Madrid* del martes 30 de octubre de 1770, sección de Londres, p. 368.

[55] *Mercurio Histórico y Político* del mes de octubre de 1770, sección de Londres, p. 138.

Las cartas que llegaron ultimamente de la *América Septentrional*, refieren, que los Comerciantes de la Ciudad de *Filadelfia* han resuelto permitir la entrada de mercaderías de la *Gran Bretaña*, con las mismas condiciones que en la *Nueva Yorck:* que los Comerciantes de *Boston* quedaban resueltos á hacer algunas excepciones en el plan que formaron contra esta entrada; y que el Puerto de esta ultima Plaza será en adelante el punto de reunion general de los Navíos del Rey, repartidos en aquella parte de la *América*[56].

Aunque la reanudación de las relaciones comerciales fuese limitada, por el momento, a los productos que no estuvieran gravados, cabía la posibilidad de verlas incrementadas en su totalidad.

Las noticias referentes a la situación en América se van distanciando, debido a la tranquilidad existente en las colonias y al incidente que enfrentó a Inglaterra con España por la usurpación de las islas Malvinas. La atención de los periodistas se dirigió hacia el nuevo conflicto internacional que comenzaba a conmover al mundo[57]. No obstante, Inglaterra parecía haberse asegurado la fidelidad de las colonias americanas que no solamente estaban dispuestas a ayudar con sus milicias y armamento a la metrópoli en el inminente enfrentamiento con los españoles, sino que también permitían la libre entrada de mercancías británicas en sus puertos por lo que la economía de la metrópoli volvía a florecer. La *Gaceta* del 9 de abril de 1771 nos informa del importe al que ascendían los productos embarcados con destino a América: «mas de un millon de libras *Esterlinas* en mercaderías de diferentes especies»[58]. Las diferencias estaban superadas.

---

[56] *Gaceta de Madrid* del martes 27 de noviembre de 1770, sección de Londres, pp. 401-402. Noticia idéntica en el *Mercurio Histórico y Político* del mes de noviembre de 1770, sección de Londres, p. 135.

[57] Las *Gacetas* del 22 de enero de 1771, p. 30, del 5 de febrero, p. 49, y del 19 del mismo mes, p. 65, informan de la tranquilidad existente en las colonias y de los preparativos que realizaban ante la posibilidad de una nueva guerra con España. Una vez superadas de forma pacífica las diferencias, los norteamericanos suspendieron el armamento, lo que notifica la *Gaceta de Madrid* del martes 11 de junio de 1771, sección de Londres, p. 129.

[58] *Gaceta de Madrid* del martes 9 de abril de 1771, sección de Londres, p. 122.

Antes de seguir adelante, daremos cuenta de un acontecimiento clave en la ayuda prestada por España a los Estados Unidos de Norteamérica. Nos referimos a la toma de posesión de la Luisiana por los españoles. Pero veamos primeramente cómo llegó dicha provincia a depender del gobierno de Madrid.

España, tras el neutral y pacífico reinado de Fernando VI, se vio arrastrada a la guerra de los Siete Años por el Tercer Pacto de Familia, firmado el 13 de agosto de 1761, es decir, dos años después de ascender a la corona Carlos III. Poca actividad desarrolló nuestro país en dicho conflicto, pero el suficiente para conquistar a los portugueses, aliados de la Gran Bretaña, las plazas de Almeida y la colonia del Sacramento en América Meridional. Por su parte, los españoles vieron caer en poder de los ingleses Manila y La Habana. Tal era el balance cuando se iniciaron las negociaciones que concluirían en el Tratado de París de 1763. Francia, desmoralizada y dispuesta a desasirse de su imperio americano, se mostró dispuesta a entregar a Inglaterra la Luisiana. El gobierno de Londres prefirió las Floridas a cambio de devolver a España La Habana y Manila. Se aceptaron las condiciones en las que se incluía la restitución a Portugal de los dominios conquistados. Luis XV accedió a transferir, en señal de agradecimiento por la ayuda prestada y en compensación por la pérdida de las Floridas, al gobierno español los territorios que poseían en la orilla occidental del Mississippi y en la isla de Orleáns. De esta forma, las provincias septentrionales del virreinato de Nueva España se veían protegidas por una amplia faja de terreno que presentaba las dificultades de la incertidumbre de sus fronteras y de las riquezas que encerraban. Inglaterra, por el contrario, sentía amenazado el sector occidental de sus colonias con la presencia de los españoles. La medida exacta de su equivocación al rechazar la oferta de la Luisiana, la apreció Gran Bretaña en el instante en que sus establecimientos se declararon en rebeldía y contaron con el apoyo de España. En efecto: las principales entregas de dinero y de armas que efectuó el gobierno de Carlos III a los norteamericanos, se realizaron a través del gobernador de la Luisiana, por Bernardo de Gálvez. Al mismo tiempo, la frontera de la Florida occidental con la provincia española representó un frente más al que debían atender las ya de por sí dispersas y desorientadas tropas inglesas. Con ello España facilitaba, voluntaria o involuntariamente, las maniobras de los ejércitos norteamericanos.

Los *trámites* de la transmisión de poderes no resultaron tan sencillos. En 1764 Jean Jacques D'Abbadie, el último gobernador francés, abandonó la Luisiana al enterarse de la transferencia realizada a España. El capitán Phillippe Aubry quedó encargado de ultimar los detalles de la transferencia y de velar por los intereses de los franceses que permanecerían en la nueva colonia española.

Por su parte, el gobierno de Carlos III nombró a don Antonio de Ulloa gobernador de la Luisiana, quien partió en la primavera de 1766 de La Habana con rumbo a Nueva Orleans acompañado de una pequeña dotación de soldados. Durante el tiempo transcurrido desde la cesión en el Tratado de París hasta el desembarco de Ulloa, los colonos franceses habían cimentado las raíces y beneficios, que temían perder con la llegada de los españoles, por lo que los *advenedizos* fueron acogidos de forma hostil. El gobernador español, ante la escasa fuerza con la que contaba, hubo de pactar con Aubry y el Consejo Superior de Nueva Orleáns una serie de medidas que favorecían a los franceses, pero que disgustaron a las autoridades españolas. Durante una ausencia de Antonio de Ulloa la situación se agravó hasta el punto de tener que adoptar la decisión de regresar a La Habana (noviembre de 1768). Informado el gobierno de Madrid, resolvió enviar al teniente general Alejandro O'Reilly al frente «de una Fragata y 20 Buques menores, en los quales se embarcaron dos mil y mas hombres de Tropa veterana y Milicia disciplinada» para que tomaran de nuevo posesión de la Luisiana y dominaran a los amotinados franceses. Ante la superioridad del ejército español nada pudieron los colonos que vieron cómo eran fusilados sus principales dirigentes y de que les eran impuestas la lengua, las leyes y los sistemas económicos imperantes en España. Cuando O'Reilly cumplió su misión, abandonó la Luisiana dejando en el puesto de gobernador a don Luis de Unzaga (marzo de 1770).

Tales fueron las vicisitudes de la transferencia de poderes y de las que nos informa la *Gaceta* del 19 de junio de 1770, cuando todas las dificultades habían sido superadas:

> Habiendo cedido el Rey *Christianisimo* al Rey nuestro Señor, por el ultimo Tratado de Paz, la Provincia de la *Luisiana*, destinó S. M. al Capitan de Navío, ahora Gefe de Esquadra, D. *Antonio de Ulloa*, para que fuese a tomar posesion de ella, y encargarse de su Gobierno. El Consejo

superior de la Provincia registró el Instrumento de Cesion, y le hizo notorio al público: el Comandante de la Tropa *Francesa*, que hacía veces de Gobernador, y aquellos habitadores, reconocieron á D. *Antonio de Ulloa* con el caracter de Gobernador en nombre de S. M.; y aunque se difirió la formalidad de la posesion hasta la llegada de la Tropa que esperaba y era necesaria para el relevo de los Puestos, disponía *Ulloa* en los asuntos del Gobierno lo que se le encargó por Instrucciones y Ordenes, estableció varios Puestos sin contradicion alguna con Vandera del Rey, y desde su arribo hizo por cuenta de S. M. todos los gastos de la Colonia, comprehendido el sueldo de los mismos Consegeros. Iba navegando la Tropa que había de guarnecer aquel nuevo Dominio, quando se supo que uniéndose entre sí algunos sediciosos y malcontentos con el buen orden que veían se iba á poner, y esparciendo especies y rumores criminales, falsos é injuriosos á la Nacion, concitaron los ánimos de los habitadores contra el Dominio de *España*, y forzaron con las armas al Gobernador, y á la poca Tropa que tenía consigo á salir de la Provincia, sin embargo de las formales y repetidas protestas que hizo al Consejo y Pueblo el Comandante de la Tropa *Francesa*. Resolvió el Rey reprimir y castigar un insulto que había excitado su Real indignacion: y nombró para ello al Teniente general D. *Alexandro O'Reilly*, dandole poder para aposesionarse de la Colonia, formar causa, y castigar conforme á Leyes á los motores de la sublevacion, y establecer el Gobierno, manejo de Real Hacienda, y el Comercio que juzgase mas conforme á la quietud y ventajas del País, con respeto al interés comun de la Monarquía. Este General se embarcó en *Cadiz* con algunos subalternos, y llegando á la *Habana*, auxîliandole con el mayor zelo los Gefes de Mar y Tierra de aquella Plaza, en once dias logró se aprontasen una Fragata y 20 Buques menores, en los quales se embarcaron dos mil y mas hombres de Tropa veterana y Milicia disciplinada de aquella Isla, con la artillería, municiones y pertrechos que consideró necesarios. Desembarcó en el *Nuevo Orleans;* y habiendose aposesionado solemnemente, en nombre del Rey, de la Plaza y Provincia, en ocho meses que se detubo en ella tomó juramento de fidelidad á aquellos habitadores: convocó y distribuyó por sí mismo los regalos acostumbrados á los Gefes de las Naciones de *Indios:* siguió la causa y castigó con pena de muerte á los principales sublevadores, y con presidio ó destierro á los menos culpados: publicó perdon general á todos los demas que seducidos tubieron parte en la sublevacion: formalizó el Cuerpo de Tropa reglada que guarnece la Ciudad y Puestos: estableció Milicias regladas en la Ciudad y otras poblaciones: abolió el Consejo superior de la Provincia, creando en su lugar un Cabildo y Alcaldes Ordinarios conforme á las Leyes de *Indias*: con arreglo á ellas estableció el método de administrar justicia, y de hacer el Comercio: liquidó y finalizó las cuentas generales y particulares, dando satisfaccion de todo lo que se debía: visitó las Poblaciones y Puestos á larga distancia de la Ciudad; y regló el numero de dependientes de Real Hacienda, y los gastos que se deben hacer, reduciendolos á menos de la mitad de la consignacion que tenían: y habiendo evacuado todos los puntos de su comision, entregó el Gobierno al Coronel D. *Luis de Vuzaga* [*sic*], y se ha restituido á esta Corte, dexando establecido en aquella Provincia el buen orden, la buena fé, el afecto de sus habitadores, y su debida confianza en la proteccion del Rey. Con las primeras noticias que S. M. tuvo de todo lo executado y dispuesto, en prueba de la aprobacion que le merecía, concedió á dicho Teniente General una pensión de 2[000] pesos en *Indias:* y á su arribo tubo el honor de besar la mano á S. M., que le manifestó la plena satisfaccion con que se halla de su zelo, talento y pericia militar, y de su acierto y cabal desempeño en las repetidas importantes comisiones que se ha servido confiarle, especialmente en esta de la *Luisiana*, que ha concluído, llenando su Real deseo[59].

---

[59] *Gaceta de Madrid* del martes 19 de junio de 1770, sección de Madrid, pp. 213-215. A pesar de la política informativa del gobierno español de no dar a conocer más que los hechos consumados, podemos seguir la evolución del proceso de la cesión de la Luisiana a través del *Mercurio Histórico y Político* del mes de abril de 1764, sección de Londres, p. 343, en el que se comunica, muy brevemente, que la Corte de Londres no mira con agrado que

Francia ceda á la *España* la *Nueva Orleáns* y toda la *Luisiana.*

Volviendo a las colonias británicas, diremos que la situación en las mismas es, desde principios de 1771 hasta la *Boston Tea Party*, de tensa tranquilidad. El gobierno de Londres aprovecha la relativa *normalidad* para imponer, de forma moderada y apenas perceptible, sus criterios. Por otra parte, la cuestión americana empieza a adquirir relevancia con motivo de la elección de diputados de la Cámara de los Comunes. La Sociedad del Bill de los Derechos redacta una declaración que deberían jurar cuantos pretendían ser nombrados representantes del pueblo en el Parlamento. Por el artículo once los electores

> harán todos sus esfuerzos para que se restituya á los *Americanos* el derecho esencial de la *Tasa*, hecha por los Representantes que quieran elegir libremente, revocando los Actos expedidos desde el año de 1763, para violar este derecho, y la *Accisa* general, esencialmente contraria á cada

---

La *Gaceta de Madrid* del martes 26 de junio de 1764, sección de Londres, pp. 221-222, informa, en cambio, de que

> Nuestra Corte está yá de acuerdo con la de *Madrid*, por lo que mira á la *Luisiana Francesa*, que los *Españoles* deben ocupar dentro de poco: esta convencion contribuye tambien á mantener la amistad, y buena vecindad entre el Gobernador de aquella Provincia, y los Vasallos del Rey en las dos *Floridas*.

Mientras Madrid sigue ignorando la cesión de la Luisiana y los incidentes que ocasionó, la sección de Londres del *Mercurio Histórico y Político* del mes de febrero de 1765, p. 152, haciéndose eco de las noticias transmitidas desde la Carolina, informa de que

> Nos han escrito últimamente de *Carolina* la confirmación de la noticia de haver tomado los *Españoles* posesion de la nueva *Orleans*, y de toda la *Luisiana*, á principios de Diciembre proximo pasado, en virtud de un convenio particular, ajustado el dia 3 de Noviembre de 1762 entre las Cortes de *Madrid*, y *Versalles*.

La última información referente a la cesión y porvenir de la Luisiana que hemos encontrado en la *Gaceta* y en el *Mercurio* anterior al comunicado transcrito en el texto, nos lo proporciona, una vez más, la sección de Londres del *Mercurio Histórico y Político* del mes de junio de 1765, p. 141, al recoger un rumor por el que

> Aseguran por otra parte, que se está negociando una cesion entera de la *Nueva Orleans*, y de toda la *Luisiana*.

uno de los principios de la libertad *Británica*, y substituida ultimamente en las Colonias á las Leyes de la Aduana[60].

Los diputados que faltasen al presente artículo atentarían contra *el templo de la libertad*, la Cámara de los Comunes, y contra los derechos establecidos en la Constitución británica. La causa colonial se convierte, pues, en causa nacional. No conocemos la reacción del gobierno de Londres a la declaración formulada por la Sociedad del Bill de los Derechos del Pueblo, cuya finalidad principal era la de exterminar la corrupción entre los representantes de la Cámara Baja, y sus ulteriores consecuencias. Presumimos que no debieron de resultar demasiado positivas ya que la política de Jorge III y de Lord North prosiguió por el mismo camino durante mucho tiempo, casi hasta el momento en que las colonias americanas estaban a punto de obtener el reconocimiento metropolitano de su independencia. Entre tanto, se aprovechaba la relativa paz y la favorable predisposición de los *yankees* para introducir reformas en el sistema administrativo de los establecimientos septentrionales, referidas no sólo al ámbito gubernamental, sino que también afectaban al espiritual. Los rumores que recoge la *Gaceta* del 3 de septiembre de 1771 pueden servirnos para comprender mejor los proyectos de Londres respecto a las provincias de América:

Se habla mucho del establecimiento de cierto número de Obispos en las Colonias de *América;* pero esta innovacion, à que las Colonias han manifestado la mayor repugnancia, podría excitar en ellas nuevas turbaciones. La Corte debe hacer pasar á la *Nueva Yorck* un refuerzo de dos Regimientos, y aseguran que se formarán Gobiernos civiles en las partes Occidentales de aquella Provincia de *América*. Tambien se habla del establecimiento de un nuevo impuesto en las Colonias, que se hará admitiendo en el Parlamento de la *Gran Bretaña* Diputados de aquellas Colonias à instancia de los de *Inglaterra* y *Escocia*[61].

La imposición de autoridades eclesiásticas en las colonias por la metrópoli era ya un antiguo y espinoso problema que enfren-

---

[60] *Mercurio Histórico y Político* del mes de agosto de 1771, sección de Londres, pp. 272-280.

[61] *Gaceta de Madrid* del martes 3 de septiembre de 1771, sección de Londres, p. 296.

taba a los británicos con los norteamericanos. El *Mercurio* del mes de agosto de 1764 se hacía eco de la posibilidad

> de erigir un Arzobispado, y doce Obispados en las Provincias de *America* para cuidar de los Negocios Eclesiasticos [62].

El mismo periódico transcribe una noticia muy similar en las páginas de la sección de Londres correspondientes al mes de septiembre de dicho año [63]. Las primeras reacciones contrarias a la injerencia de Inglaterra en los dominios espirituales de los *provincianos* aparecen un año más tarde. De nuevo es el *Mercurio* el que nos informa:

> Nuestras Provincias de la *America Septentrional* no parecen de modo alguno dispuestas á que se erijan nuevos Obispados en aquella parte de nuestras Posesiones. Los Agentes que han enviado aqui trahen el encargo de oponerse vivamente á este establecimiento, que no serviria sino de incomodarles en las facultades temporales, en que creen estár yá demasiado perjudicados. En quanto á lo espiritual, dicen que tienen lo necesario [64].

Aparte de los indudables propósitos religiosos que alentarían al gobierno de Su Graciosa Majestad, la metrópoli perseguía una segunda finalidad mediante la imposición de las jerarquías eclesiásticas: asegurar la fidelidad de la Iglesia anglicana a los intereses de la Gran Bretaña. Si la Iglesia apoyaba a la corona, el pueblo, influido debidamente por los pastores, también seguiría y acataría las directrices de Londres. De esta forma, el movimiento sedicionista quedaría reducido a una minoría —intelectuales y comerciantes principalmente— a la que no resultaría tan difícil dominar. Por ello el establecimiento de autoridades eclesiásticas, que reorganizasen la estructura de la Iglesia en la América anglosajona, adquiría visos de imperiosa urgencia. Pero las colonias, constituidas en la mayoría de los casos desde su origen por sectas religiosas

---

[62] *Mercurio Histórico y Político* del mes de agosto de 1764, sección de Londres, p. 319.

[63] *Mercurio Histórico y Político* del mes de septiembre de 1764, sección de Londres, p. 37.

[64] *Mercurio Histórico y Político* del mes de octubre de 1765, sección de Londres, pp. 129-130.

disidentes y opuestas al anglicanismo, que fueron trasplantadas al Nuevo Mundo para evitar guerras de religión en la Gran Bretaña y para obtener un usufructo de los vírgenes establecimientos a cambio de respetar sus creencias, eran un extraño conglomerado de principios espirituales, entre los que las ideas anglicanas, aunque fueran las oficiales, representaban tan sólo una más. El pueblo americano se revolvió cuando supo que Londres iba a dar prioridad a la Iglesia estatal de forma manifiesta: se temía que la libertad religiosa también fuera limitada y que se violasen los derechos constitucionales de cada provincia. Además, el arzobispo y los obispos serían designados desde Londres; es decir, ni siquiera se permitiría a los americanos que eligiesen sus propios jerarcas eclesiásticos. Veamos, a través del extracto de una carta particular, publicada por el *Mercurio* del mes de agosto de 1768, cuáles eran los ánimos que imperaban en New York sobre este asunto:

> No solo los negocios Politicos perturban actualmente nuestra comun tranquilidad; sino tambien el nuevo establecimiento de Obispos, en que muchos se han empeñado. Casi todos los dias se publican escritos sobre este punto en pró, y en contra, de modo que los espiritus se enardecen mas y mas, como suele suceder en los asuntos de esta clase: y todo nace de haber cierto sugeto dexado una suma considerable de dinero á la hora de su muerte, para el primer Arzobispo *Protestante* que se establezca en la *América*. Es imponderable la displicencia que muestra el Pueblo al oír hablar del establecimiento de Obispos *Protestantes;* y para restablecer la paz, será absolutamente precisa la fuerza, y la autoridad, en vista de la aversion con que las Colonias *Britanicas* miran hasta las Vestiduras Episcopales de que usan los Obispos [65].

Durante tres años la prensa no vuelve a informar sobre el establecimiento de autoridades eclesiásticas en América. Tenemos que esperar hasta el mes de julio de 1771 para que la *Gaceta de Madrid* nos comunique la próxima llegada de un obispo anglicano a los establecimientos septentrionales y del recelo que ocasionó entre los americanos dicha visita:

[65] *Mercurio Histórico y Político* del mes de agosto de 1768, sección de Londres, pp. 302-303.

Debe llegar prontamente á *Strarford*, en *América*, un Eclesiástico de la Iglesia *Anglicana*, el qual tiene el encargo de reconocer el estado de las Catedrales en las diferentes Colonias, y dar parte todos los años al Ministerio. La comision de este Eclesiástico ocasiona mucha inquietud á los habitantes de las Colonias, recelando que la Corte quiera enviarles Obispo, á cuyo establecimiento han tenido siempre la mayor repugnancia [66].

La última noticia que hallamos por entonces concerniente al establecimiento de autoridades eclesiásticas en las colonias americanas, nos la proporciona el *Mercurio* del mes de septiembre de 1771. Refiere el agradecimiento de la Junta General de Virginia a unos párrocos por haberse opuesto al intento anglicano de instaurar un obispado en aquella provincia:

Las noticias de nuestras Colonias de la *América* son cada dia mas funestas. Se sabe que la Junta General de la Provincia de la *Virginea* ha resuelto dár gracias y premiar á quatro Párrocos por haberse opuesto al proyecto pernicioso con que algunos Ministros de la Iglesia *Anglicana* intentaban introducir un Obispo en aquella Provincia, de que sin duda resultarian grandes discordias entre los *Americanos* [67].

En cuanto a la formación de nuevos gobiernos en la región occidental del continente americano, el *Mercurio* del mes de agosto de 1772 nos informa del lugar exacto en que se realizarán, en el Ohio y en la cuenca del Mississippi, y de las disensiones que se originaron dentro del gobierno con motivo de dichos establecimientos. En efecto, el conde de Hillsborough, Secretario de Estado y del Despacho de América, no consideraba oportuno la creación de nuevos gobiernos en el Nuevo Mundo, dada la situación conflictiva en que se hallaban las colonias, pues, en caso de sublevarse, la Gran Bretaña no podría dominar el conflicto en tan dilatados dominios. Aducía, además, el encargado de la administra-

---

[66] *Gaceta de Madrid* del martes 16 de julio de 1771, sección de Londres, p. 233. La misma noticia aparece en el *Mercurio Histórico y Político* del mes de julio de 1771, sección de Londres, p. 204.

[67] *Mercurio Histórico y Político* del mes de septiembre de 1771, sección de Londres, pp. 43-44.

ción americana, que la formación de las mencionadas provincias en tan remotos y salvajes parajes, requeriría un esfuerzo que no se podía permitir la nación británica en la presente coyuntura económico-laboral. Los consejos del conde de Hillsborough no fueron atendidos por el Gobierno, que juzgaba peligroso el retardar la expansión hacia el Oeste de los colonos, máxime cuando las principales dificultades con los indios habían sido superadas al sofocar la sublevación de Pontiac y al haber accedido los mismos indígenas a proporcionar a los ingleses terrenos en las fronteras occidentales. Se temía, en suma, que, si se difería el *Far West*, los americanos tuviesen otro motivo para enfrentarse a la metrópoli. Los diferentes puntos de vista sobre la materia indujeron a Hillsborough a presentar la dimisión de su cargo para el que fue nombrado el lord Dartmouth. El *Mercurio* del mes de diciembre de 1773 publicaba en sus páginas de la sección de Londres la noticia de que

> se ha mandado extender el Decreto de cesion de un terreno considerable del *Ohio*, en la *América Septentrional*, en conseqüencia de una resolucion de la Junta del Consejo Privado, en que se declaró que sería ventajoso para la Nacion formar establecimientos en aquel parage. Los sugetos que obtengan esta concesion pagarán 10460 libras *Esterlinas*, y pasados 20 un censo de dos *Esquelines* por cada 100 fanegas de tierra cultivada [68].

Mientras la metrópoli intentaba introducir reformas administrativas encaminadas a ejercer un mayor control sobre las colonias, los *Hijos de la Libertad* no cesaban de buscar motivos con los que reactivar la lucha contra el despotismo británico. Aparte del enfrentamiento con los Reguladores [69], dos acontecimientos pertur-

---

[68] *Mercurio Histórico y Político* del mes de diciembre de 1773, sección de Londres, pp. 303-304. El *Mercurio* del mes de agosto de 1772, sección de Londres, pp. 443-444, y el *Mercurio* de octubre del mismo año, pp. 159-160, nos informan de los debates gubernamentales sobre la formación de nuevos gobiernos en el Ohio y en el Mississippi, incluyendo comentarios sobre la postura del Conde de Hillsborough, cuyo cese y el correspondiente nombramiento del lord Dartmouth aparece también en la *Gaceta de Madrid* del martes 8 de septiembre de 1772, sección de Londres, p. 295.

[69] Sobre este respecto nos informan el *Mercurio Histórico y Político* del mes de agosto de 1771, sección de Londres, pp. 282-283, y el del mes de septiembre de dicho año, p. 44. Las mismas noticias son comunicadas, respectivamente, por la *Gaceta de Madrid* del martes 27 de agosto de 1771, sección de

ban la relativa paz imperante en los dominios americanos desde 1771 hasta *The Boston tea party:* los enfrentamientos de la asamblea de New England con el nuevo gobernador y el incidente del navío *Gaspee.*

En cuanto a las diferencias existentes entre la Junta de New England y el Gobernador sobre el lugar en el que se debían celebrar las deliberaciones, antes de transcribir la noticia del acuerdo al que llegaron, informaremos sobre el último punto de fricción, que ocasionó un nuevo aplazamiento de las sesiones: la oposición del Gobernador a un acto aprobado por la Junta por el que se gravaban a toda persona que poseyera un empleo. La razón aducida fue la de que en dicha contribución se incluían a los funcionarios reales, por lo que se transgredían las instrucciones personales que se habían otorgado al Gobernador [70]. En 1772 se reanudaron las reuniones y esta vez sí que accedió Hutchinson al deseo de la Asamblea de llevar a cabo sus deliberaciones en Boston. Sin embargo, surgió un nuevo incidente al enterarse los diputados de que la corona pagaba a los funcionarios reales. La *Gaceta* del 8 de septiembre nos informa:

> La disputa que había entre el Gobernador y los habitantes de la *Nueva Inglaterra,* sobre el lugar donde se debía tener la Asambléa de aquella Provincia, se ha terminado á satisfaccion de éstos, habiendo consentido el Gobernador en que se tenga en *Boston.* Vencida esta dificultad, se ha suscitado otra, que ocupa á la Cámara de los Representantes. Se ha preguntado al Gobernador por qué motivo se había escusado á admitir el año ultimo lo que se le habia señalado por parte de la Provincia; añadiendo que deseaba saber si cobraba su sueldo por alguna otra via. El Gobernador ha respondido, que con arreglo á un acto del Parlamento, de que había dado ya parte á la Cámara, le hacía el Rey una asignacion suficiente, y que por conseqüencia nada podía admitir de parte de la Provincia sin licencia de S. M. [71].

Londres, p. 286, y por la *Gaceta de Madrid* del martes 24 de septiembre de 1771, sección de Londres, p. 321.

[70] *Mercurio Histórico y Político* del mes de septiembre de 1771, sección de Londres, p. 44.

[71] *Gaceta de Madrid* del martes 8 de septiembre de 1772, sección de Londres, p. 295.

La declaración de Hutchinson confirmaba los propósitos del gobierno de Londres: estatalizar a los funcionarios —gobernadores, jueces y comisarios de aduanas, principalmente— para asegurar su fidelidad a la corona. Los norteamericanos se sentían *vendidos* hasta cierto punto, aparte de que se infringía, una vez más, uno de sus principios constitucionales. Ello, junto a la decisión de enviar a Inglaterra a los culpables del incidente del *Gaspee* para rendir cuenta de sus delitos, con lo que se violaba el derecho que poseía todo acusado de ser juzgado por un tribunal de su propia comunidad, alentó a los *Hijos de la Libertad,* que habían formado *Comités de correspondencia* intercoloniales a través de los cuales se informaba al resto de las provincias de las decisiones adoptadas en una de ellas para combatir los dictámenes del Parlamento de Londres, a reanudar la lucha y promover disturbios populares. El gobernador de New England, Thomas Hutchinson, optó por reunir las tropas para sofocar los tumultos. Ante tal medida, adoptada sin el consentimiento de la Asamblea Provincial, por lo que fue declarada anticonstitucional, los diputados amenazaron con reclutar las milicias para hacer frente a las tropas reales, al menos que fueran disueltas y acuarteladas en sus lugares respectivos. Veamos cómo nos informa el *Mercurio* del mes de febrero de 1773 de este nuevo incidente, que circuló primeramente bajo la forma de rumor, y de la reacción y del paralelismo establecido por la opinión pública inglesa ante las noticias recibidas de Boston:

> Los clamores del Pueblo contra el Ministerio, y no menos contra el Parlamento, á quien acusa de ser Parlamento del Rei y no de la Nacion, se han renovado, contribuyendo á ello las noticias recibidas de *Boston*, sin embargo de que pueden mui bien no ser ciertas. Aseguran estas noticias que el Gobernador de la *Nueva Inglaterra,* fatigado ya de los sofismas continuos del partido de la Oposicion, ha tomado el de juntar las Tropas que se hallan dispersas en la Provincia: partido verdaderamente violento y mui difícil de justificar. El Parlamento de la Colonia no ha podido mirarlo sino como una providencia intolerable y contraria á la constitucion; y en conseqüencia de esto ha declarado formalmente que si no se despiden al instante aquellas Tropas convocará la Milicia del País, la hará tomar las armas, y opondrá la fuerza á la fuerza. Si es cierta esta providencia del Sr. *Hutchinson* no hai duda en que

el Parlamento de la Nacion tiene derecho de emplear contra él las mismas armas de que se ha valido; pero es mui estraña esta noticia y necesita confirmacion. Entretanto los genios inquietos no la dudan, y sacan de ella motivo para insultar a este Parlamento, proponiendole que imite el exemplo que le dá el de una de nuestras *Colonias*. El texto es vasto, y no falta quien lo glose con la posible estension y acrimonía [72].

No cabe, pues, la menor duda de que la nación británica se hallaba dividida en cuanto a la política realizada por el tándem Jorge III-Lord North y que la causa norteamericana había alcanzado niveles imperiales. Ya no era la rebelión de unas colonias contra los actos promulgados por el Parlamento de Londres lo que se dilucidaba, sino la supervivencia de los derechos y de las libertades inglesas en pugna con los propósitos absolutistas del monarca.

Antes de referir el último y más grave enfrentamiento acaecido entre el gobernador de New England y la asamblea de la provincia y de adentrarnos en *The Boston tea party*, expondremos los pormenores del incidente del navío *Gaspee*. El *Mercurio* del mes de agosto de 1772 nos informa:

El Navío del Rei, intitulado la *Bonetta*, despachado por Almirante *Montague*, llegó aquí en 16 del pasado con la fatal noticia de que los freqüentes contrabandos que se descubrían en el Puerto de la *Providencia* en *Rhode-Island*, una de las quatro Provincias de que se compone la *Nueva Inglaterra*, le habían precisado á apostar en aquella Bahía la Corbeta llamada la *Gaspée*, mandada por el Teniente *Guillermo Dudigton;* que este Oficial había desempeñado su encargo con tanto zelo que evitó por muchos dias el contrabando: que el Pueblo había resuelto librarse á toda costa de la sujecion en que le tenía la Corbeta: que con este fin la habían acometido en la noche del 9 de Junio por la punta de *Nanquit* al mediodía de *Pawtuxet*, ocho chalupas con 200 hombres armados; y que habían herido de peligro al Teniente, llevándole después á tierra con toda la tripulacion, y pegando fuego á la Corbeta hasta des-

---

[72] *Mercurio Histórico y Político* del mes de febrero de 1773, sección de Londres, pp. 157-158.

truirla enteramente. El Sr. *Joseph Wanton*, Gobernador de *Rhode-Island*, publicó un bando en 15 del propio mes, prometiendo una recompensa de cien libras esterlinas á quien descubriese los autores, ó cómplices de tal atentado. Este lance no puede ménos de tener graves conseqüencias; y la Corte enviará quanto ántes sus órdenes sobre el particular al Almirante *Montague*, y al General *Gage*, que manda las Tropas del Rei en aquella parte de *América* [73].

Las medidas adoptadas por la corte fueron taxativas: se ordenó que se arrestaran a los culpables para ser juzgados en Inglaterra. Al no poder detener a ninguno de los encartados por ser obra de una comunidad —*Fuenteovejuna* norteamericana—, se amenazó con llevar a los tribunales de la metrópoli a los acusados de traición. La decisión enardeció al pueblo que veía la posibilidad de ver quebrantado el derecho de ser juzgados por las autoridades de la comunidad. Por su parte, los *Hijos de la libertad* no desaprovecharon la oportunidad de fomentar las diferencias con la Gran Bretaña. Fruto del descontento imperante en Rhode Island fueron los disturbios y las amenazas a las embarcaciones oficiales. De nuevo es el *Mercurio* el que nos informa:

> La Chalupa del Rei llamada la *Sultana*, que llegó á *Plimouth*, ha dado cuenta de que los habitantes de la Isla de *Ródas* en la *América Septentrional*, estaban ya tan irritados con ocasion de las rigurosas providencias tomadas allí para evitar el contrabando, que no querían permitir á Oficial alguno de los Navíos de guerra desembarcar en sus Costas, protestando que incendiarían qualquier Vaxel que se acercase á ellas con intento de registrar á los Contrabandistas [74].

Sin embargo, nada parecía poder detener los propósitos de la corte de dar un castigo ejemplar y definitivo a los instigadores de los disturbios. El *Mercurio* del mes de agosto de 1773 nos transmite la noticia, entresacada de las cartas recibidas de Charlestown, de que los comisarios encargados de realizar las indagaciones co-

---

[73] *Mercurio Histórico y Político* del mes de agosto de 1772, sección de Londres, pp. 444-445.

[74] *Mercurio Histórico y Político* del mes de diciembre de 1772, sección de Londres, p. 340.

rrespondientes al incidente del *Gaspee*, habían mandado preparar alojamientos en la ciudad de Newport para continuar las pesquisas en dicha ciudad [75]. Pero *un hachazo invisible*, una burda mascarada iba a desencadenar la ruptura de las colonias con la metrópoli. Unas cuantas libras de té arrojadas al mar hicieron perder la serenidad al gobierno que promulgó unas estrictas leyes que unieron a los establecimientos septentrionales en su lucha por la independencia.

El *Mercurio* del mes de agosto de 1773 también nos informa de la formal petición de la asamblea provincial de New England por la que suplicaba al rey «se digne deponer á los Señores Thomas Hutchinson y Andrés Olivér, de sus empleos de Gobernador y Teniente de Rei». El motivo de dicha solicitud, que nos recuerda otra similar dirigida en contra del gobernador Bernard, fue el siguiente: Un miembro de la Cámara de los Comunes de la mencionada asamblea descubrió seis cartas originales de Hutchinson y Oliver, fechadas entre 1767 y 1769, cuando desempeñaban, respectivamente, los cargos de Teniente del Rey y de Secretario de la provincia. Las cartas iban dirigidas a George Grenville y, según el representante de la Cámara Baja, el contenido de la misma iba dirigido «á trastornar las constituciones de la Colonia, y á introducir en ella el poder arbitrario». La Asamblea confirmó la sentencia y nombró una Junta especial para que se encargara de realizar las oportunas indagaciones. Informado el gobernador Hutchinson del proceso. escribió una nota a la Cámara de los Representantes negando que hubiera escrito carta alguna con tales intenciones. Al mismo tiempo, les rogaba que le remitiesen una copia de sus deliberaciones y que le informasen de qué epístolas se trataban. La Cámara accedió a sus peticiones y le requería para que entregase «copia de las cartas, que con las mencionadas fechas ha escrito, relativas á los negocios públicos de la Provincia, y de las demás que V. E. tenga por conveniente». La Junta examinó detenidamente la documentación y promulgó el siguiente decreto:

> Habiendose dado cuenta á la Cámara de seis cartas del Gobernador *Hutchinson*, con fechas de 18 de Junio, ... Agosto, 4 de Octubre, y 10 de Diciembre de 1768, 20 de enero, y 20 de Octubre de 1769, escritas al difunto *Jorge Gren-*

---

[75] *Mercurio Histórico y Político* del mes de agosto de 1773, sección de Londres, p. 353.

ville, en tiempo que el Sr. *Hutchinson* era Teniente de Rei de esta Provincia, y de quatro cartas que escribió el Sr. *Oliver*, con fechas de 7 de Mayo de 1767, 11 de Mayo de 1768, 17 de Febrero, y 11 de Agosto de 1769, quando era Secretario de la Provincia: FALLA, que las exageraciones y falsos supuestos contenidos en las expresadas cartas, considerados en su total, se han dirigido á excitar la indignacion del Rei contra esta Provincia, á hacer que vengan á ella los armamentos, que son la señal de esta indignacion, á impedir que se atienda á las representaciones que tiene hechas la misma Provincia, no menos que á enagenar el mutuo amor, y á romper la union que debe siempre subsistir entre la *Gran Bretaña* y sus Colonias. En cuya conseqüencia, no pudiendo la sumision y fidelidad debidas al Rei, el afecto á la Metropoli, y las atenciones que merece esta Provincia, dexar de obligar á los Ciudadanos á que deseen vér destruidas las causas que pueden producir semejantes efectos; y hallandose á mas de esto totalmente extinguido en esta Provincia el recíproco amor que debe subsistir entre un Pueblo, y sus principales Magistrados, por la conducta del Gobernador y del Teniente de Rei, los quales han perdido enteramente la confianza y benevolencia del público, haciendose por este medio incapaces de trabajar en esta Provincia, al fin de conciliar los intereses comunes é inseparables del Rei y de sus fieles Vasallos: HA RESUELTO, *que se suplique humildemente á S. M. se digne deponer á los Señores Thomás Hutchinson y Andrés Olivér, de sus empleos de Gobernador y Teniente de Rei.* La Cámara creé obtener esta gracia, que igualmente será mui ventajosa para el servicio del Rei, y para la prosperidad de sus fieles y afectos Vasallos de esta Colonia [76].

Los referidos acontecimientos, de indudable gravedad, pero que podían haber sido dominados, máxime al hallarse localizados en la provincia de New England y no haberse extendido al resto de las colonias, quedaron relegados a un segundo plano por los incidentes de *The Boston tea party* y las leyes que se promulgaron para castigarlos. Veamos qué sucedió.

---

[76] *Ibíd.*, pp. 354-357.

Como recordamos, en marzo de 1770 el gabinete North derogó las *Townshend Acts*, excepto un simbólico impuesto de tres peniques sobre el té. Con esta medida se consiguió que el pueblo norteamericano levantara el boicot a las mercancías británicas. En mayo de 1773 el Parlamento decide revocar el último gravamen, a cambio de otorgar carta abierta a la Compañía Inglesa de las Indias Orientales, en difícil situación económica, para que exportase directamente el té a las colonias de la América Septentrional. De esta forma, a la vez que se daba una oportunidad a dicha casa comercial de enjugar el déficit en la balanza de pagos, se abarataba el precio del té al suprimir los intermediarios. Ninguna dificultad se presentaba a la vista puesto que ambas partes resultaban beneficiadas. Sin embargo, los colonos consideraron la nueva disposición como un monopolio ilegal al supeditar las libertades económicas a una sociedad en quiebra. Por otra parte, se perjudicaba a una comunidad de comerciantes que trataban con idéntica mercancía al proveer tan sólo a aquellos mercaderes que eran juzgados fijos y seguros —por ejemplo, los hijos del gobernador Thomas Hutchinson— ya que no entremezclaban sus intereses financieros con los sediciosos de los *Hijos de la Libertad*. Más aún: la rebaja en el precio del té atentaba contra los contrabandistas que traficaban con las compañías holandesas, cuyo monopolio se había propuesto quebrantar el gobierno de Londres para reconquistar las divisas que se fugaban hacia otras naciones europeas... Las dificultades que se avecinaban eran muchas e importantes, pues la nueva medida iba a predisponer a un sector de los comerciantes americanos en favor de los principios de los *Hijos de la Libertad*. En suma: los hombres de negocio se iban a asociar una vez más con los teóricos de la libertad colonial y los alborotadores profesionales para no ver alterados sus intereses por las últimas disposiciones gubernamentales. Mientras los *políticos* buscaban los puntos en los que las constituciones británica y coloniales eran infringidas para apoyar sus reivindicaciones y un grupo enardecía al pueblo, los comerciantes financiaban su labor con tal de no perder sus beneficios en pro de las sociedades inglesas. Por tanto, el té de la Compañía de las Indias Orientales no podía ser acogido como una manifestación de la magnanimidad y buena voluntad de Jorge III.

El recibimiento que se proporcionó a las embarcaciones de la Compañía de Indias fue hostil: en New York y Filadelfia se *con-*

venció a los patrones para que regresaran a Inglaterra. En Charlestown fueron diplomáticos y prácticos: el cargamento de té fue almacenado en depósitos acondicionados. La actuación de la ciudad de Boston fue más *retorcida* y violenta. Se permitió que los navíos atracasen en el puerto Entonces se reunieron los *Comités de correspondencia* de los *Hijos de la Libertad* que decidieron pedir al gobernador que se remitieran de nuevo a la Gran Bretaña los barcos de la Compañía con su bagaje. Hutchinson les hizo ver que su requerimiento era ilegal, pues las embarcaciones se hallaban dentro de la jurisdicción de los comisarios de aduanas. La reacción no se hizo esperar: un tropel enmascarado arrojó el té al mar. Veamos cómo refiere la prensa española estos incidentes.

La *Gaceta de Madrid* del 22 de febrero de 1774 informa de que

> Las noticias que se reciben de nuestras Colonias acerca del Té, que se ha remitido á ellas, continúan en dar mucha inquietud á la Compañía de las *Indias* y al Gobierno. A pesar de los bandos publicados por el Gobernador de la *Nueva Inglaterra*, no pudo estorbar las asambléas del Pueblo en la Ciudad de *Boston*, donde se ha establecido una guardia, que estaba continuamente sobre las armas. Habiendo entrado la plebe en las Embarcaciones que han conducido el Té, arrojó al mar mas de 342 caxones de dicho genero, sin causar otro daño; y poco despues se distribuyó en la Ciudad el aviso siguiente: «Hallandose informada nuestra Nacion de que las cadénas preparadas contra nosotros por la Gran Bretaña deben llegar prontamente en un Navío propio de la Compañía de las *Indias*, ó fletado por ella, declaramos la resolucion que hemos tomado de no dexárnos reducir á esclavitud por ninguna Potencia de la tierra, y que qualquiera que contribuyese á un proceso tan infame, ó franquease sus almacenes para depositar estas cadénas infernales, experimentará sin duda alguna nuestro justo resentimiento, pues á los que las hayan conducido ó encubierto no dexarémos de hacerles una visita que no les sea agradable, tratándolos como merecen. Firmado los *Mohawks*, (nombre de una Nacion de *Salbages*) [77].

---

[77] *Gaceta de Madrid* del martes 22 de febrero de 1774, sección de **Londres**, p. 105. El *Mercurio* del mes de febrero de 1774, p. 154, transcribe el aviso de los *Mohawks*.

El *Mercurio* del mes de febrero de dicho año se hace eco de los nuevos disturbios habidos en las colonias con motivo de haberse empezado a recibir los cargamentos del té importado por la Compañía de Indias. Después de informarnos de las pretensiones de los americanos y del contingente humano del que podrían disponer cinco provincias en caso de guerra con Inglaterra, nos refiere la disposición del Ministerio de Artillería por la que se prohibía el envío de armas al Nuevo Mundo y los actos realizados en Filadelfia y en Lexington contra la sociedad británica:

> Parece que el Ministerio trabaja en tomar las providencias convenientes para obligar á los *Americanos* á sujetarse á la legislacion *Britanica;* pero se cree que encontrará muchos obstáculos en la execucion de su proyecto. Las Colonias de la *Nueva Inglaterra, Nueva Yorck, Pensilvania, Carolina* y *Rhode Island,* las quales se hallan en estado de armar mas de cien mil hombres, están resueltos á oponerse á mano armada á quanto se emprenda para someterlos. El Gobierno está con bastante inquietud. El Ministerio de Artillería dió el dia 22 del pasado órdenes mui precisas para que no se permita embarcar armas de ninguna especie para las Islas y Continente de *America.* No pretenden los *Americanos* exîmirse del peso de las cargas públicas; pero quieren imponerse á sí mismos la quota que les corresponde, sin que el Parlamento *Británico* pueda directa, ni indirectamente imponerles derecho alguno. Se asegura que, para probar á la Compañía de las *Indias Orientales,* que su ánimo no es otro, que el de conservar su libertad y privilegios, la concederán la cantidad de 16[000] libras *Esterlinas,* para indemnizarla de la pérdida que ha tenido en el Té embiado á dichas Colonias.
>
> Segun las últimas noticias que tenemos de aquellos Países, los habitantes de *Philadelphia* han solicitado que los Pilotos de las Costas nieguen su auxîlio á las Embarcaciones fletadas por la Compañía para introducir Té en aquellas Colonias; y que habiendo dado fondo en el *Cabo de Lawarre* un Navio cargado de 600 caxones de Té, los Diputados de la Colonia pasaron inmediatamente á prevenirle que se exponia á un grave riesgo, si se atrevia á anclar delante de la Ciudad, con cuyo aviso tomó el partido de restituirse á *Inglaterra.* Los habitantes de las demás

Ciudades, y generalmente todas las Colonias están de acuerdo en este particular. Los de *Lexington* han resuelto unanimemente dexar el uso del Té, y el que tenian lo han llevado á la plaza pública, y lo han quemado... [78].

No falta la información de la cantidad de dinero perdida como consecuencia de la nueva actitud violenta de los colonos. La *Gaceta* del 1 de marzo calcula en 18.000 libras esterlinas el té arrojado al mar en Boston y evalúa en 300.000 el total de las remesas destinadas a América Septentrional [79]. Entretanto, las noticias recibidas aumentan en gravedad. La *Gaceta* del 8 de marzo nos comunica las intenciones de los habitantes de Boston y de Filadelfia, y las precauciones adoptadas por los gobernadores mientras llegan los refuerzos enviados desde la metrópoli:

Continúan en asustar al Gobierno los ultimos avisos recibidos de *América*. Dícese que han tomado las armas todas las Colonias, resueltas á mantener sus derechos y el privilegio que ellas mismas se atribúyen de no admitir otra contribucion que aquella que les señale su propia Asambléa. Los vecinos de *Boston* y de *Filadelfia* se exhortan mutuamente á cortar toda comunicacion con el Gobierno *Británico*, por lo que esperámos se haga la proposicion de enviar Tropas y Navíos de guerra á las Colonias para reducirlas á su deber. Mientras llega este socorro toman los Gobernadores las precauciones necesarias para su propia seguridad y para el mantenimiento del buen orden, distribuyendo las pocas Tropas con que se hallan, de forma que puedan impedir los tumultos del Pueblo: tambien han colocado artillería delante de sus casas, repartiendo algunos Navíos de guerra en los Puertos para precaver los excesos que pudieran cometerse en la costa. Este

---

[78] *Mercurio Histórico y Político* del mes de febrero de 1774, sección de Londres, pp. 152-154. La *Gaceta de Madrid* del martes 1 de marzo de 1774, p. 77, informa, extractadamente, de las medidas adoptadas en Filadelfia y de las pretensiones de los norteamericanos.

[79] *Gaceta de Madrid* del martes 1 de marzo de 1774, sección de Londres, p. 77.

es el estado en que quedaban las Colonias á fines del año pasado [80].

Lo que más alarmaba al gobierno de la presente campaña antibritánica era la unidad de las colonias en sus decisiones y la adhesión a las acciones efectuadas en Boston. Veamos cómo expresa la *Gaceta* del 15 de marzo cuanto decimos:

> Las cartas de *Boston*, con fecha de 3 de Enero proxîmo pasado, refieren que la conducta de los que arrojaron el Te al mar ha sido aprobada por todas las Colonias vecinas, y que estas han resuelto igualmente no permitir el desembarco de dicho fruto, obligando á salir de los Puertos las Embarcaciones que lo conducen despues de surtirse sus Comandantes de los víveres que necesiten. Desde entonces todo quedaba tranquilo en *Boston*, bien que el pueblo estaba vigilante por todas partes, y los Gobernadores esperaban nuevas instrucciones de la Corte. Las mugeres han dexado el uso del Te, y se lisongéan de que se seguirá su exemplo en todo el continente. En tales circunstancias se regula que solo la Provincia de la *Nueva Inglaterra* podría poner 80[000] hombres en campaña [81].

La tranquilidad debía ser relativa, la calma que, según reza en el adagio popular, precede a las grandes tempestades. La *Gaceta* del 22 de marzo nos informa de la acción de trescientos vecinos disfrazados de indios. Un nuevo cargamento de té había sido arrojado al mar: se repitió la mascarada del navío *Darmouth*. Los *Mohawks* no amenazaban en vano. La misma *Gaceta* transcribe el extracto de una carta escrita en New York que nos refiere lo que sucedió a cuatro representantes de Filadelfia que se habían embarcado en un barco de la Compañía de Indias para comprobar que regresaba a Inglaterra:

> Se sabe que habiendo llegado tres Navíos cargados de Te al Puerto de *Boston*, se congregaron los vecinos de di-

---

[80] *Gaceta de Madrid* del martes 8 de marzo de 1774, sección de Londres, p. 88.

[81] *Gaceta de Madrid* del martes 15 de marzo de 1774, sección de Londres, p. 95.

cha Ciudad, en número de 10[000], mientras que un Cuerpo mas considerable se mantenía á cierta distancia pronto á marchar házia *Boston,* en caso necesario. No solamente se han opuesto aquellos naturales al desembarco de la carga, sino que habiendo reusado los Comisionados despacharlas prontamente á Europa, se vistieron de *Indios* 300 vecinos de los mas esforzados, pasaron á bordo de las Embarcaciones, y arrojaron al mar todo el Te que encontraron en ellas como lo habia executado anteriormente con el Navío el *Darmouth.* Con iguales disposiciones se hallan las demas Colonias de dicho Continente. Várias cartas particulares aseguran que es general la conmocion, y que negandose los *Americanos* á pagar las contribuciones impuestas por el Parlamento, no piensan mas que en rechazar la fuerza con la fuerza. No parece que el Gobierno ha tomado aún en este asunto una determinacion fixa para castigar á los sediciosos, y para hacer executar las leyes establecidas.

Extracto de carta escrita en la *Nueva-Yorck* á primero de Enero de 1774.

Habiendo reusado el Pueblo de *Filadelfia* admitir en el Puerto un Navío de la Compañía de las *Indias,* cargado de Te, cedió a su oposicion el Sr. *Ayres* que lo mandaba, y se disponía para restituirse á *Inglaterra;* pero desconfiando los vecinos de la sinceridad de su promesa, enviaron á su bordo quatro Diputados para que fuesen testigos de su partida, viendole salir de la Ria. Luego que llegaron á cierta distancia pidieron se les desmebarcase; pero les declaró el Capitan que su intencion era conducirlos á *Londres* para que fuesen fiadores de la violencia que se le habia hecho [82].

No se detuvieron en este punto los incidentes. El *Mercurio* del mes de abril nos informa de las quemas públicas de las subsistencias de té realizadas en las ciudades de Boston y de New York:

---

[82] *Gaceta de Madrid* del martes 22 de marzo de 1774, sección de Londres, p. 105.

Avisan de *Boston* que el dia 19 de Enero se quemaron delante de la Aduana, y en presencia de todo el Pueblo muchas cajas de Thé. Luego que los habitantes de la *Nueva Yorck* tubieron esta noticia. repicaron las Campanas, y pocos dias despues llevó cada uno á la Plaza pública todo el Thé que tenia, y allí fue quemado. 57 Señoras de *Bedfort* se juntaron el dia 5 del mismo mes, y acordaron no volver á tomar Thé; y sabiendo que un particular habia comprado cierta porcion de esta yerva, le suplicaron que la quemase, lo que inmediatamente executó [83].

Ante tales acontecimientos y mientras se aguardaba a que el Parlamento se reuniera y adoptara las oportunas medidas, se procuraba intimidar a los habitantes de Boston. No obstante, la principal preocupación del Gobierno de Londres era la de calcular, aproximadamente, el número de hombres que podía reclutar la provincia de Nueva Inglaterra en el caso de que no quedase más solución que la de reducir por las armas a los colonos. En este sentido nos informa la *Gaceta* del 19 de abril:

Dicese que acaban de llegar cartas de *Boston* con aviso de haberse suscitado nuevos desórdenes, así en aquella Ciudad como en otros parages de la Colonia, y aseguran se publicará una Ordenanza para que todos sus naturales hagan juramento de fidelidad al Rei, so pena que de lo contrario serán tratados como rebeldes y traidores. Esta providencia podrá ocasionar funestas resultas, si es verdad lo que se dice de que aquella Provincia podrá poner dentro de ocho dias 140[000] hombres sobre las armas. Lo cierto es que quando la amenazaron los *Franceses* con una invasion se juntaron 70[000] combatientes en las cercanías de *Boston*, llevando cada uno á expensas propias 60 cartuchos y víveres para 15 dias [84].

El odio que inspiraba a los *Hijos de la Libertad* la presencia de funcionarios gubernamentales, se manifiesta en el siguiente ex-

---

[83] *Mercurio Histórico y Político* del mes de abril de 1774, sección de Londres, pp. 342-343.

[84] *Gaceta de Madrid* del martes 19 de abril de 1774, sección de Londres, p. 145.

tracto de la *Gaceta de Boston* del 20 de enero, transcrito por el *Mercurio* del mes de mayo de 1774:

> El 12 de este mes se fixó en las Plazas públicas de esta Ciudad el aviso siguiente: «HERMANOS Y CONCIUDADA-NOS: *Estad seguros de que aquellos pérfidos, odiosos y detestables instrumentos del Ministerio y del Gobierno, los Comisarios del thé, aquellos traidores á la Patria, que han hecho y hacen actualmente quanto pueden por destruir todo lo que se opone á sus intereses particulares, han resuelto venir á residir nuevamente en esta Ciudad de Boston. Yo os lo aviso, á fin que podais estár prevenidos para recibir á aquellos ingratos como merecen.* (Firmado) *Jorge Junior. Si alguno se atreviere á quitar este Papel, prevengase á experimentar los efectos de mi indignacion. J. Jun.* El dia 17 por la noche llegó el Sr. *Eliséo Hutchinson,* uno de los Comisarios de thé, á la casa del Coronel *Watson,* su suegro. Apenas lo supo el Pueblo, quando empezó á tocar á rebato, y corrió precipitadamente á la casa del mencionado Coronél, pidiendo a gritos que el Sr. *Hutchinson* saliese inmediatamente de la Ciudad; bien que por interposicion de los individuos de la Junta de Correspondencia se le permitió permaneciese en ella hasta la mañana siguiente. El Sr. *Hutchinson,* yá fuese por haberse despertado demasiado tarde, ó porque quisiese sondear las disposiciones del Pueblo, no pensó en salir á la hora que se habia fixado; pero en breve conoció que no le quedaba mas recurso que el de una pronta fuga, y partió para ir á *Checsemetuck* á contar su triste aventura al Juez *Hazlerod.* El Pueblo le conduxo un buen trecho, tirandole pellas de nieve [85].

Nada parecía poder detener a los norteamericanos. Los *Comités de correspondencia* consiguieron unificar los esfuerzos de los grupos que luchaban en cada colonia por desasirse de la autoridad británica. O se obtenía la libertad en la presente coyuntura o los establecimientos de la América Septentrional se verían subyugados a la tiranía metropolitana por tiempo indefinido. No es, pues, de extrañar que, aun cuando el Parlamento hubiera aprobado las *Cin-*

---

[85] *Mercurio Histórico y Político* del mes de mayo de 1774, sección de Londres, pp. 26-27.

co leyes intolerables, los *Hijos de la libertad* prosiguieran la lucha y realizasen nuevos atentados contra los navíos de la Compañía de Indias. La *Gaceta de Madrid* del 7 de junio de 1774 nos informa de los siguientes incidentes:

> Varias cartas particulares de *Boston* aseguran que los *Americanos* insisten en oponerse á las resoluciones del poder legislativo de la *Gran Bretaña.* El dia 7 de Marzo próxîmo pasado entraron algunos vecinos de aquella Ciudad en el Bergantin nombrado la *Fortuna,* que acababa de llegar de *Londres,* y habiendose apoderado de 28 caxones de té, se los llevaron sin tocar á las demás mercaderías. Quisieron algunos que se devolviese dicho género á *Inglaterra* conforme á la resolucion tomada en el mes de Diciembre del año anterior; pero habiendo representado los dependientes de la Aduana vários inconvenientes, no se halló medio mas oportuno para impedir la introduccion que el de quemarlo, y así se executó [86].

Sin embargo, los intereses de los colonos no eran los mismos para todos. Mientras unos eran afectados por el monopolio de la compañía metropolitana, otros se beneficiaban. Surgía, de esta forma, un punto de fricción entre sectores contrapuestos de la población de Boston que podía originar un enfrentamiento civil. Las noticias de la *Gaceta* del 21 de junio dedica la sección de Londres a informarnos de las últimas recibidas de América:

> Las cartas de *Boston,* de fecha de 7 de Marzo próxîmo pasado, refieren que la Plebe ha cometido nuevos excesos contra algunos vecinos que habian tenido la imprudencia de vender Té; y que el mismo espiritu de sublevacion se observaba en toda la Colonia, á donde pasarán, segun dicen, otros dos Regimientos de Irlanda [87].

Extraña la parquedad de noticias, pero es que lo que interesaba al gobierno de Londres y a la opinión pública no era la relación de nuevos agravios, sino conocer la reacción de las colonias ante

---

[86] *Gaceta de Madrid* del martes 7 de junio de 1774, sección de Londres, pp. 207-208.

[87] *Gaceta de Madrid* del martes 21 de junio de 1774, sección de Londres, p. 223.

las disposiciones promulgadas por el Parlamento para castigar a la ciudad de Boston. Veamos, a continuación, los pasos dados por las Cámaras de Inglaterra hasta que las *Leyes intolerables* fueron aprobadas.

La indignación real y del gobierno por los últimos acontecimientos acaecidos en América se manifiesta en el mensaje de Jorge III dirigido a la Cámara de los Comunes:

> El Lord *North* presentó á la Cámara de los Comunes un mensage, firmado por S. M. y concebido en estos términos: = «Informado el Rei de los estraños procedimientos concertados y puestos en execucion en la *América Septentrional*, y señaladamente de los excesos, violencias y ultrages cometidos en la Ciudad y Puerto de *Boston*, con la mira de impedir y restringir el comercio de este Reino, alegando fundamentos y pretensiones capaces de trastornar su Constitucion, ha tenido por conveniente remitir el exâmen de este asunto á sus dos Cámaras del Parlamento. En vista del zelo que éstas han manifestado siempre en conservar la autoridad Real y defender el interés comun de sus Reinos, se persuade S. M. que no solamente le auxîliarán para que pueda tomar las providencias mas eficaces que basten á cortar inmediatamente los desordenes actuales, sinó que tambien examinaran atentamente con qué reglamentos ulteriores y con qué disposiciones sólidas se podrá afianzar la execucion de las leyes, y la justa dependencia en que deben mantenerse las Colonias, respecto de la Corona y del Parlamento de la *Gran Bretaña* [88].

Es decir: se encomendaba al Parlamento la misión de decidir y promulgar sobre los disturbios de las colonias. Los debates no se retrasaron en la Cámara de los Comunes. La misma *Gaceta* del 12 de abril de 1774 nos informa de las primeras resoluciones adoptadas en la Cámara baja a propuesta de lord North:

> Habiendose congregado ayer la Cámara de los Comunes para deliberar sobre los negocios de la *América Sep-*

---

[88] *Gaceta de Madrid* del martes 12 de abril de 1774, sección de Londres, pp. 136-137. El *Mercurio Histórico y Político* del mes de abril de 1774, sección de Londres, pp. 341-342, transcribe el mensaje del rey, presentado por el conde de Dartmouth, a la Cámara de los Pares. Salvo pequeñas variantes estilísticas, el contenido es el mismo que el dirigido a la Cámara de los Comunes.

tentrional, se leyeron algunos papeles relativos á su situacion, acreditandose en ellos que la conducta de la Ciudad de *Boston* debe mirarse como rebelion; que los habitantes y su Provincia han levantado allí el estandarte, armandose contra la autoridad legítima de S. M., la qual no se deriva de la costumbre ni de la prescripcion, pues se funda sobre el tenor absoluto y explícito de diferentes Actos del Parlamento. Se hizo patente que no podía haberse fomentado semejante rebelion sinó con principios de resistencia firmemente adoptados, por una falsa idéa de superioridad y de independencia. El dictámen de los Gobernadores y de otros sugetos que han escrito estas cartas es, que si dexan allí subsistir las cosas sobre el pie en que actualmente se hallan, bien presto se trastornará el legítimo Gobierno, y se establecerá la independencia de los Colonos. El Lord *North* propuso despues un Acto para que se retirasen los Comisarios nombrados para el cobro y administracion de los Reales derechos de Aduana en la Ciudad de *Boston* y su Provincia, y para prohibir á todos los Navíos el introducir ó exportar ninguna especie de provisiones, efectos y mercaderías á *Boston* ó á su Puerto. Aunque esta proposicion excitó al principio algunos debates, se adoptó luego, y se mandó formar el Acto. La Cámara continuará sus investigaciones sobre este importante negocio; y entretanto se han hecho las advertencias convenientes á los Gobernadores *Hutchinson* y *Tryron*, al Mayor General *Haldiman*, Comandante en Gefe de las Tropas del Rei en *América*, y al Contra-Almirante *Montagu*, que manda los Navíos de S. M.

Se asegura que el Consejo ha resuelto tomar rigurosas providencias contra las Colonias inobedientes, y que se enviarán á *Boston* quatro Regimientos de Infantería y seis Navíos de linea, que bloquearán el Puerto. Dícese tambien, que se piensa en quitar los privilegios á los vecinos de aquella Ciudad, y en erigir el País en Gobierno Real [89].

---

[89] *Gaceta de Madrid* del martes 12 de abril de 1774, sección de Londres, p. 137. El *Mercurio Histórico y Político* del mes de julio de 1774, sección de Londres, pp. 214-220, refiere con mayor detenimiento las sesiones parlamentarias que decretaron las leyes referentes a la ciudad de Boston.

El Parlamento, pues, estaba dispuesto a dominar la situación en América. Para conseguirlo, se decretó el bloqueo del puerto de Boston y la retirada de los comisarios de aduana. La medida iba encaminada a hacer experimentar en la propia carne de los habitantes los perjuicios ocasionados a la Compañía de Indias y a la Corona. La resolución del Parlamento resultaba excesiva y, al mismo tiempo, peligrosa para los intereses de la metrópoli. En efecto, se condenaba a una ciudad, que vivía de la actividad comercial de su puerto, a resarcir la suma de los cargamentos de té arrojados al mar sin poder realizar mientras tanto transacción alguna. Si se difería el pago, Boston se sumiría en un colapso económico que, de ninguna forma, interesaba a los principales hombres de negocios. Cuando se obtuviera la satisfacción de los bostonienses, el mercado de New England estaría a disposición de la Gran Bretaña. Pero no se contó con el firme propósito de resistir de los habitantes ni con la favorable acogida con la que las restantes colonias aceptaron la postura adoptada por Boston. Los *Comités de correspondencia* se movilizaron como no lo habían hecho hasta ahora e hicieron ver la causa de Massachusetts como una violación constitucional que podía extenderse a todas las provincias. Las *Actas Coercitivas* aceleraron la unión de los establecimientos septentrionales en su lucha con la Gran Bretaña.

Apuntábamos más arriba, que la ley que decretaba el bloqueo del puerto de Boston, corría el peligro de revolverse contra las intenciones gubernamentales en el caso de que los ciudadanos no reaccionasen de la forma esperada. Al cerrar el puerto a toda clase de transacción, no sólo afectaba a los americanos sino también a los comerciantes británicos. Este peligro es señalado por la *Gaceta* del 19 de abril en los siguientes términos:

> Parece que el Ministerio y el Parlamento han resuelto tomar las mas vigorosas providencias contra la inobediencia de las Colonias. No puede ocultarse el embarazo que debe resultar de este rigor, así á los Negociantes *Ingleses*, (cuyo haber en *América* puede ascender á mas de quatro millones de libras *Esterlinas)* como á las Manufacturas *Británicas*, pues deben su subsistencia diaria mas de 100[000] personas al comercio que se hace con las Colonias. La *América*, de donde se dice que han sacado los *Españoles* mas de 50[000] millones de *Francia*, País inmenso de que no se conoce la vigésima parte, pues los

Colonos estrangeros solo ocupan las costas y las Islas, podrá contener, segun se cree, noventa millones de habitantes, los quales toman de la variedad de climas sus caracteres mas ó menos dificiles de gobernar. Nuestros navegantes, que han observado bien la mitad del continente septentrional, suponen que una propension innata por la libertad es inseparable del terreno, del cielo, de los bosques y de los lagos, que impiden que aquella tierra vista y aun nueva se semeje á las demás partes del Universo. Tambien están persuadidos á que todo *Europeo*, trasferido á dichos climas, contraerá el caracter particular á ellos[90].

La *Gaceta* del 26 de abril reincide sobre el perjuicio que ocasionaría a la economía británica el acto del puerto de Boston. Nos informa del memorial de los comerciantes de Londres en el que se suplicaba fuesen atendidos antes de otorgar fuerza de ley al decreto en cuestión. Los financieros de la City proponían que se convocase la Asamblea de Boston para que deliberase sobre la posibilidad de reembolsar la cantidad arrojada al mar y que, sólo en última instancia, en el caso de que no llegaran a un acuerdo, se aplicaran con todo rigor las disposiciones que habían acordado. La ley del puerto de Boston no encontró solamente oposición entre los comerciantes. También algunos diputados del Parlamento manifestaron su disconformidad. Tal fue el caso de Mr. Fuller, quien propuso imponer dos multas (la primera se haría efectiva a la Compañía de Indias y la segunda al rey) a la ciudad de Boston. Sin embargo, ninguna propuesta tuvo éxito. Tanto el gobierno como el Parlamento estaban dispuestos a reducir el espíritu sedicioso de las colonias y a fortalecer la autoridad de Saint James aun a costa de que la economía británica resultara perjudicada momentáneamente. Veamos, pues, las noticias de la *Gaceta*, en donde se nos informa, además, de las condiciones de la duración de la Ley del puerto de Boston:

Los Mercaderes de esta Ciudad, que comercian con la de *Boston*, entregaron el 18 del pasado una memoria al Lord *North*, pidiendo que se les oyese antes de dar fuerza de lei al Acto contra aquellos Naturales. No es su intento

---

90 *Gaceta de Madrid* del martes 19 de abril de 1774, sección de Londres, pp. 144-145.

justificar al Pueblo de *Boston*, pues han sabido con sentimiento los excesos cometidos en dicha Ciudad, y son de parecer de que la *Inglaterra* debe en esta ocasion manifestar y mantener su superioridad; pero solicitan que antes de emplear el rigor se permita al Pueblo de *Boston* convocar su Asambléa para ver si tiene por conveniente aprontar una suma equivalente al Té que fue destruido. El 22 del mismo mes se leyó segunda vez el Acto que dispone la pronta retirada de los dependientes encargados de la administracion y recaudacion de los derechos de Aduana de la Ciudad de *Boston*, y prohibe conducir ó exportar mercaderías de dicha Ciudad y su Puerto. El Sr. *Fuller*, que se opuso á este Acto, alegando que acarrearía la ruina total de la *Inglaterra*, propuso un medio menos riguroso de corregir á los vecinos de *Boston*, qual era imponerles 20[000] libras *Esterlinas* de multa, á beneficio de la Compañía de las *Indias*, para indemnizarla de la pérdida de su Té, además de otra multa aplicada para el Rei. Con este motivo recordó el exemplo de la conducta que ha tenido el Gobierno con las Ciudades de *Edimburgo, Glasgow* y otras, quando sus habitantes cometieron ultrages y violencias contra diferentes Comisarios de la Corona, cuyos excesos se castigaron con penas pecuniarias. «Impóngaseles, dixo el, una multa, y si reusásen pagarla, entonces se podrá usar del rigor». Aunque otros miembros apoyaron con vigor este dictamen, no por eso dexó de citarse la Cámara para deliberar sobre el Acto en Junta extraordinaria.

El referido Acto, que contiene la suspension de todo comercio con la Ciudad de *Boston*, subsistirá hasta que el Rei se halle asegurado de que los vecinos de Boston no impedirán en adelante el comercio de la *Inglaterra*, ni la recaudacion de los derechos de S. M. De esta manera puede el Rei minorar el castigo, cediendo sobre el pago de algun derecho, y la suerte de los vecinos de *Boston* dependerá en cierto modo de ellos mismos. Sin embargo, segun otra clausula de dicho Acto, no podrá S. M. restablecer el Comercio de *Boston* hasta que se haya indemnizado la Compañía de *Indias* de los perjuicios que se la han seguido de la destruccion de su Té. En lo demás parece que el Gobierno tendrá la posible moderacion en el golpe que se va á dar á los *Americanos*, y la noticia que ha pedido de la ruína de las Manufacturas, de los funestos efectos que han producido en el comercio y crédito público las ultimas diferencias con la *América,* y sobre todo de la confederacion formada por aquellos Colonos para no consumir mercaderías *Inglesas:* todo esto ha contribuído á inspirar á los Ministros la idéa de causarles mas temor que daño.

Se supone que hai actualmente en el continente de la *América Septentrional* seis millones y medio de habitantes, sin comprender los Esclavos y los *Salbages.* La partida de los Navíos de guerra y de las Tropas, destinadas para la Ciudad de *Boston,* se ha suspendido hasta saber la conducta de aquellos naturales, en vista de las vigorosas providencias tomadas contra ellos, y hasta que hayan admitido el acto del Parlamento que acaba de tener fuerza de lei [91].

El día 31 de marzo Jorge III, tras cumplir los requisitos del protocolo, dio su real consentimiento al *Bill* de la Ciudad de Boston [92], cuya *suerte* dependía del cabal cumplimiento de la ley recientemente promulgada. Las llamadas *Actas coercitivas* comprendían otras cuatro resoluciones de las que apenas se proporciona información en la prensa española. El rumor recogido por la *Gaceta* del 12 de abril

(Dícese tambien, que se piensa en quitar los privilegios á los vecinos de aquella Ciudad, y en erigir el País en Gobierno Real),

anticipaba las denominadas actas de gobierno y administración por las que se decretaba

que los miembros del Consejo no serán elegidos por la Cámara de Representantes, segun disponía el antiguo pri-

---

[91] *Gaceta de Madrid* del martes 26 de abril de 1774, sección de Londres, pp. 156-157.

[92] *Gaceta de Madrid* del martes 3 de mayo de 1774, sección de Londres, p. 165. La misma noticia aparece en el *Mercurio Histórico y Político* del mes de julio de 1774, sección de Londres, p. 217. Insistimos en que la sección de Londres del *Mercurio* de dicho mes y año transcribe las deliberaciones del Parlamento sobre las leyes promulgadas contra la ciudad de Boston.

vilegio, sino por el Rei en su Consejo privado, debiendo subsistir todo el tiempo que fuere del agrado de S. M. El Gobernador y el Consejo nombrarán los Jueces, Sherifes y Magistrados [93].

De esta forma, se derogaban los derechos constitucionales de la provincia de Massachusetts Bay que pasaba a depender directamente de la corona. Dentro de las atribuciones reales y de los funcionarios dependientes del Gobierno, se promulgó la llamada Ley del acuartelamiento, por la que los gobernadores podían disponer de cualquier habitáculo para alojar las tropas.

El *Bill* del Gobierno de Quebec es considerado la quinta *Acta Coercitiva* por los norteamericanos. Por él se permitía el ejercicio de las leyes francesas y de la Iglesia Católica en la provincia de Quebec. Aunque ello supusiera una grave afrenta a la legislación británica y una manifiesta tendencia hacia el *papismo* por parte de Jorge III, quien persistía, como estamos comprobando, en sus propósitos de afianzar la persona del monarca frente al Parlamento y la Constitución de Gran Bretaña. Lo que más enardeció los ánimos de los colonos fue la cláusula por la que se trasladaba al río Ohio la frontera de la provincia de Quebec. Con la presente medida, las aspiraciones de los estados sobre la región del Ohio se veían disipadas, al mismo tiempo que, en caso de conflicto armado, los ingleses lograban un frente por el que *atenazar* a los *yankees*. No cabe la menor duda de que el Decreto sobre el gobierno de Quebec se promulgó para contentar y asegurar la lealtad de la población francesa del área del Canadá ante la posibilidad de que estallara un enfrentamiento entre los norteamericanos y los británicos. A partir de este momento se inician las presiones por ambas partes para obtener la inclinación de la provincia de Quebec por los principios ingleses o por la causa de las trece colonias: Quebec se convertía, de esta forma, en un frente estratégico que convenía dominar bien pacíficamente, bien por las armas (de ahí las ulteriores y fracasadas campañas de Montgomery y de Arnold), para que la independencia de los Estados Unidos llegase a buen puerto y para que los *casacas rojas* no lograran infiltrarse a través del Champlain y del Hudson y dividir la provincia de New England. Veamos a continuación la cumplida información que nos propor-

---

[93] *Gaceta de Madrid* del martes 31 de mayo de 1774, sección de Londres, p. 201.

ciona el *Mercurio* del mes de agosto sobre el Decreto de Quebec y la adversa reacción que suscitó en el Parlamento:

El *Bill* relativo al Gobierno de *Quebec* excita en esta Capital una notable fermentación. Intitulase éste: *Decreto ó Bill para establecer el Gobierno de la Provincia de Quebec*, en la América Septentrional. Segun este *Bill* queda abolido el uso de las leyes *Inglesas* en todos los casos civiles, señaladamente en aquella parte tan sagrada de ellas, que establecia el conocimiento y sentencia por medio de Jueces jurados, substituyéndose en su lugar las leyes *Francesas* del *Canadá*, con lo qual quedan expuestas la libertad personal y la seguridad de propiedad de los habitantes. El dia 22 del ultimo el Lord *Maire*, acompañado de quatro Aldermanes y de mas de 150 miembros de la Comunidad, pasó á *Saint-James* para presentar a S. M. una peticion de la Ciudad contra el expresado *Bill*. El Camarero mayor tuvo orden de declarar al Lord Maire de parte del Rei, que teniendo por objeto aquella peticion un *Bill* aprobado por las dos Cámaras del Parlamento, no podía S. M. tomar conocimiento alguno de él hasta que se le presentase para dár su Real consentimiento; por lo que el Magistrado no debía esperar respuesta alguna: pero habiendo insistido el Lord *Maire*, fue admitido á presentar la peticion de la Ciudad, la qual se leyó y quedó sin respuesta, como se le había prevenido. El contenido de la peticion era el siguiente.

BENIGNISIMO SOBERANO.

«Nosotros los mui obedientes y fieles Vasallos de V. M., el Corregidor, Regidores y Ayuntamiento de la Ciudad de *Londres*, miramos con mucho sobresalto que las dos Cámaras del Parlamento hayan aprobado el *Bill* intitulado: *Acto para establecer el Gobierno de la Provincia de Quebec*, en la *América Septentrional*, temiendo que este *Bill* pueda trastornar enteramente los grandes y sólidos principios de la Monarquía *Británica*, y destruir la autoridad de diversos actos solemnes de legislacion.

Permitasenos observar, que segun el expresado *Bill* no se admiten en las causas civiles las leyes *Inglesas*, ni aquel

admirable esfuerzo de la prudencia humana la sentencia
por jurados, y que á todos los habitantes de aquella basta
Provincia se les imponen las leyes *Francesas* del *Canadá;*
por cuyo medio las personas y bienes de muchos Vasallos
de V. M. quedan en un estado precario é incierto.

Vemos que si este *Bill* adquiere fuerza de ley, será contrario, no solamente á los empeños contrahidos con un
gran número de Vasallos de la Religion *Reformada,* que
se han establecido en aquella Provincia baxo la promesa
de gozar del beneficio de las leyes de vuestro Reino de
Inglaterra, sino tambien á vuestra Real proclamacion de
7 de Octubre de 1763, dirigida á reglar provisionalmente
este nuevo Gobierno; y creemos que segun la promesa
hecha en la referida proclamacion, no puede V. M. establecer Tribunales para formar y sentenciar las causas civiles
y criminales en la Provincia de *Quebec,* sino en quanto
lo permitan las leyes de *Inglaterra,* las quales deben tambien servir de vasa siempre que se quiera formar Leyes,
Ordenanzas ó Reglamentos para la tranquilidad pública
y la prosperidad y buena administracion de dicha Provincia.

Tampoco podemos mirar sin dolor lo mucho que el
mencionado *Bill* favorece la Religion *Católica Romana,*
siendo un culto tan contrario á nuestras máxîmas y á las
constituciones del Estado, y que no se dá en él providencia alguna para mantener el libre exercicio de la Religion
Reformada, ni para la seguridad de nuestros Conciudadanos *Protestantes* de la Iglesia *Anglicana,* que sirven al
Dios Omnipotente, segun su conciencia, con un culto que
autorizan las leyes.

La Ilustre Familia de V. M. obtuvo la Corona de estos
Reynos, con exclusion de la antigua rama *Católica Romana*
de la Casa de *Stuart,* mediante la expresa condicion de que
profesaría la Religion *Protestante,* y conforme al juramento establecido en la Sancion del Parlamento el primer año
del Reinado de nuestro Gran Libertador *Guillermo III;* y
V. M., al tiempo de su coronación, juró solemnemente que
emplearía todo su poder en mantener las Leyes Divinas, la
verdadera profesion del Evangelio y la Religion *Reformada Protestante* establecida por la Ley.

Es verdad que el tiempo que puede estár preso un Vasallo queda limitado al término de tres meses por el *Bill* expresado; pero quedando indefinida y sin restriccion la facultad de imponer multas, puede el abuso de estas causar la ruina total de la Pátria.

El poder legislativo de la Provincia queda confiado á sugetos que V. M. solo deberá nombrar, y podrá remover á su arbitrio; y esto nos parece absolutamente incompatible con los primeros principios de nuestra constitucion libre, en cuya virtud V. M. posee actualmente, y puede poseer legalmente la Corona de estos Reinos.

Finalmente, observamos que este *Bill* se ha llebado al Parlamento á fines de la Sesion actual, y quando la mayor parte de los miembros de las dos Cámaras se hallan retirados á sus casas de Campo; de modo, que no se puede suponer que su contenido sea conforme al dictamen de estos miembros del Cuerpo Legislativo.

Por lo que, con el mayor rendimiento suplicamos á V. M., que como Defensor de las Leyes, Garante de las libertades del Pueblo y Protector de la Fé *Protestante*, no dé su Real consentimiento al expresado *Bill* [94].

La valiente denuncia de lord Maire, centrada en la abolición de las leyes civiles inglesas, en el favoritismo a la religión Católica Romana y en la violación de la constitución británica en cuanto que el monarca se atribuía el derecho de nombrar las personalidades encargadas del poder legislativo de la provincia de Quebec, recibió por toda respuesta el silencio del rey y del resto del Parlamento. Aprobado el *Bill* del gobierno de Quebec, Jorge III dio por finalizadas las sesiones de ambas Cámaras con un discurso del que transcribimos los párrafos que interesan a la situación americana y que transparentan la opinión del monarca sobre los disturbios de las colonias:

... Las circunstancias particulares en que se hallaba la Provincia de *Quebec* presentaban grandes dificultades en orden á los medios de reglar su Gobierno. El *Bill* que á este efecto habeis formado, y á que he dado mi consen-

---

[94] *Mercurio Histórico y Político* del mes de agosto de 1774, sección de Londres, pp. 287-291.

timiento, está fundado en los mas evidentes principios de humanidad y justicia, y producirá sin duda los mas saludables efectos, tranquilizando los ánimos de mis Vasallos de *Canadá*, y contribuyendo á su felicidad.

Mucho dolor me ha causado la resistencia á mi Gobierno y á la execucion de las leyes, que de mucho tiempo á esta parte se ha difundido en la Provincia de *Massachussett-Baye*, cuya inobediencia ha llegado á tal exceso, que ha sido indispensable vuestra inmediata interposicion, y que hayais trabajado, asi para desarraygar el desorden subsistente, como para precavér otros semejantes en lo venidero. La prudencia y firmeza que habeis manifestado en este importante asunto, y el concurso general que ha merecido la resolucion de mantener la autoridad de las leyes en todos los territorios de mi Dominio, deben ser de mucho peso para las medidas que habeis tomado de resulta de vuestras deliberaciones, y que yo apoyaré por mi parte en quanto pueda para hacerlas mas eficaces. Mi mayor deseo es que mis Vasallos de aquella parte del Mundo, que actualmente están alucinados, buelvan en sí, y se sometan á la autoridad legitima, sin perder de vista los intereses del comercio de aquel País, que inseparablemente están unidos á su misma prosperidad [95].

La reacción de los *alucinados* vasallos de América Septentrional no se hizo esperar. La *Gaceta* del 28 de junio nos informa de la decisión del pueblo de Boston de tomar las armas para conservar sus derechos y privilegios [96]. Mayor inquietud proporcionaron al gobierno de Londres las noticias de que las provincias de New York, Pennsylvania, Maryland y Virginia habían decidido adherirse a Massachusetts. La adhesión se materializó en la resolución de cerrar sus puertos a toda clase de comercio con la Gran Bretaña hasta que se hiciera justicia a la ciudad de Boston, que, por otra parte, recibía continuas ayudas para sobrellevar el bloqueo. La reanudación del antiguo boicot comercial, presidido por la misma finalidad que le había animado años atrás —conseguir la derogación de los acuerdos del Parlamento—, indujo a las colonias

---

[95] *Ibíd.*, pp. 292-293.
[96] *Gaceta de Madrid* del martes 28 de junio de 1774, sección de Londres, p. 233.

a suspender la producción de aquellos productos que constituían las principales rentas de la Gran Bretaña y a reactivar las industrias —sobre todo, las fábricas textiles— que les permitieran independizarse económicamente de la metrópoli a la vez que se perjudicaba el equilibrio de las finanzas británicas [97]. De esta forma, se procuraba presionar sobre los ya alertados comerciantes de Inglaterra para que apoyaran las reivindicaciones constitucionales norteamericanas en el Parlamento, al mismo tiempo que la economía colonial se iba afianzando. La adhesión a Massachusetts fue patrocinada por los *Comités de correspondencia* de cada provincia, que se mantenían informados de las resoluciones adoptadas en las colonias y que cristalizaron la convocatoria del Primer Congreso Continental de Filadelfia. Veamos a continuación, las primeras reacciones de los establecimientos americanos, confirmadas las resoluciones del Parlamento sobre Boston y Quebec, a través del *Mercurio* del mes de agosto:

> Nuestras Colonias de *América* recibieron el dia 15 de Mayo ultimo una copia del *Bill* relativo al puerto de *Boston*, é inmediatamente las Asambléas de las Provincias pusieron embargo en todos los Navíos pertenecientes á la *Inglaterra* y á las Islas, mandando que se cerrasen los Puertos para toda especie de comercio con la *Gran Bretaña*. Este *Bill* se imprimió luego en *Boston*, en la *Nueva Yorck*, en las *Gazetas* con una especie de marco negro, y se pregonó por las calles y plazas públicas, con el nombre de *Acto inhumano, cruel, sangriento, bárbaro y homicida*. Distribuyeronse 10[000] exemplares de él con muchas cartas escritas de *Londres*, y se remitieron muchos á todas las demás Colonias. La turbacion fue general: en todas partes se hacian juntas; y sobre todo, el pueblo manifestó una inobediencia formal; pero las personas mas moderadas y prudentes calmaron los ímpetus de la multitud, é impidieron que esta procediese á mayores violencias. Esperanse ordenes ulteriores del Parlamento, y se presume que todas las Colonias se pondrán de acuerdo en no recibir cosa alguna de la *Gran Bretaña*. Por otra parte parece que la Cámara de *Boston* no querrá deliberar con el nuevo Consejo. Al punto que se supo el contenido del *Bill* en *Pen-*

---

[97] *Gaceta de Madrid* del martes 23 de agosto de 1774, sección de Londres, p. 301.

sylvania-Maryland y la *Virginia,* acordaron sus habitantes que se juntasen en la *Nueva Yorck* todos los Magistrados, Nobles, Diputados y demás empleados de dichas Provincias para cerrar todos sus Puertos, y no dexar extraer, para la *Inglaterra,* ni para las Islas, ninguna de sus producciones, hasta que se hiciese justicia á la Provincia de *Massachussett-Baye.*

Los habitantes de *Hartford* han ofrecido á los de *Boston* proveerles de viveres desde que hayan cerrado su Puerto. Sin embargo, sea el que fuere el partido que tomen las Colonias, el Gobierno parece que está resuelto á hacer executar á la letra el Acto de la ultima Sesion del Parlamento. Entretanto se advierte aquí un odio general al Ministerio, hasta haber determinado negar los votos á los que en la próxîma eleccion del nuevo Parlamento no juren que procurarán la revocacion del Acto concerniente al Puerto de *Boston,* y el que se expidió para la reforma del Gobierno de *Quebec.* La estension de esta Provincia, y los privilegios concedidos á los *Canadienses* se miran aquí como medios oportunos para estrechar las demás Colonias del continente, y reducirlas á la dependencia á que se las quiere sujetar. Sin embargo este *Bill* se reduce á confirmar la capitulacion del año de 1759.

Informados los habitantes de la Ciudad de *Boston* de que el Gobernador y la Asambléa Provincial querian trasladar su residencia á Salem, y que los quatro Regimientos que se esperan de *Irlanda* se repartirian en los Quarteles de aquella Ciudad, se juntaron el dia 7 de Mayo ultimo, y formaron el Acuerdo siguiente: «Siendo el comercio de la Ciudad de *Boston* el eslavon principal de la gran cadena del comercio que de algunos siglos á esta parte ha puesto á la *Nueva Inglaterra* y á las Provincias *Meridionales,* como tambien á las Indias *Occidentales,* en el alto grado de opulencia, poder y esplendor en que se hallan, y excediendo á toda expresion la falsa política, la injusticia, inhumanidad y crueldad del Acto en que se manda cerrar el Puerto de *Boston,* nos sometemos á la justa censura de las demás Naciones, y apelamos de él á Dios, y al Universo entero [98].

[98] *Mercurio Histórico y Político* del mes de agosto de 1774, sección de Londres, pp. 295-298. La primera parte de la noticia aparece también en la

A pesar del espíritu de adhesión con la ciudad de Boston manifestado por las provincias de Massachusetts, Maryland, New York,
Pennsylvania y Virginia, que, inclusive, llegaron a designar Juntas
especiales para aunar sus esfuerzos y resoluciones con los que
hacer frente a las últimas disposiciones de Londres, los colonos se
percataron de que la decisión adoptada de suspender el comercio
con la Gran Bretaña no era universal, es decir: no había sido acep-
tada por todas las provincias. Resulta fácil de comprender que
esta falta de unidad intercolonial podía resultar peligrosa para los
establecimientos *rebeldes*, sobre los que la metrópoli haría ejecu-
tar el rigor de su particular justicia. Urgía, pues, convocar un
Congreso continental, al que cada provincia debía de enviar sus
representantes, para adoptar una postura común. Los avisos recibidos de América y extractados por la *Gaceta* del 16 de agosto,
apuntan cuáles serían las directrices a seguir en el proyectado Congreso Continental:

> ... despues de haver determinado claramente los Diputa-
> dos de las diferentes Colonias en qué consisten los dere-
> chos de la *América*, formasen un reverente y obsequioso
> memorial, pidiendo al Rei la conservacion de sus privile-
> gios, pues debia reservarse la suspension de comercio para
> el ultimo extremo [99].

El Primer Congreso Continental, que se celebraría en la ciudad de
Filadelfia, aparece ya esbozado en el párrafo transcrito. Faltaba tan-
tear la opinión de las colonias y saber si éstas se encontraban dispuestas a su celebración. Como señala la misma *Gaceta*, las propuestas que se debatirían en el mencionado Congreso, «No parecen
conformes estas disposiciones con la actividad y vehemencia de las
primeras resoluciones de la Ciudad de Boston». En efecto: frente
a la tajante y desesperada postura independentista de Boston, el
Congreso representaba la tendencia conservadora, el espíritu conciliador, el miedo y lo increíble que resultaba que las *Trece colo-*

Gaceta de Madrid del martes 26 de julio de 1774, sección de Londres, p. 269.
Información similar sobre la suspensión del comercio con la Gran Bretaña
y las Indias Occidentales nos la proporciona la *Gaceta de Madrid* del martes
2 de agosto de 1774, sección de Londres, p. 277.

[99] *Gaceta de Madrid* del martes 16 de agosto de 1774, sección de Londres,
p. 292.

nias pudieran desarrollar su propia vida, sin ser guiadas por la Gran Bretaña. Mientras tanto, las trojas y los navíos encargados de hacer cumplir el bloqueo, habían llegado a Boston. La *Gaceta* del 23 de agosto nos informa de las medidas adoptadas y de la angustiosa espera de las resoluciones debatidas en Salem, a donde se había trasladado la nueva Asamblea provincial, que podían ser definitivas para la suerte de la provincia:

> Las Fragatas y Chalupas de guerra despachadas á *Boston* quedaban ya distribuídas de manera, que pudiesen impedir la entrada y salida de Embarcaciones en aquel Puerto, en conseqüencia del acto del Parlamento, que empezó á tener su debido efecto desde principios de Junio. Los dependientes de la Aduana se retiraron á *Salem* y á otras Ciudades, á donde se ha transferido el comercio hasta que se ventilen las disputas actuales. Se han distribuído en la Ciudad de *Boston* vários Cuerpos de guardia, y las demas Tropas campaban en una llanura que domina la Plaza, en cuya forma quedaba ésta sitiada por mar y tierra. Estamos impacientes sobre el efecto que producirán tan vigorosas providencias en las deliberaciones de la Asambléa Provincial de *Salem*, las quales determinarán la suerte de la Ciudad de Boston [100].

Los debates de la Asamblea provincial se presentaban tumultuosos, máxime si tenemos en cuenta las últimas disposiciones del Parlamento sobre el gobierno de la colonia y las reformas constitucionales introducidas. Los diputados de ambas Cámaras se vieron en la obligación de reivindicar los antiguos derechos, por lo que el nuevo Gobernador, apreciando la falta de cooperación de los representantes, hubo de disolver la Asamblea. La *Gaceta* del 6 de septiembre nos informa:

> Son mui sensibles las noticias que se reciben de *Boston* y *Salem*, en la *América Septentrional*. Desunidos entre sí los hacendados con los negociantes y los armadores, basta que los de un partido hagan qualquiera proposicion

---

[100] *Gaceta de Madrid* del martes 23 de agosto de 1774, sección de Londres, p. 301.

para que los otros protesten contra ella. No es menos turbulenta la Asambléa general, pues en vez de defender los intereses de la Colonia y de solicitar la abertura del Puerto de *Boston*, solo se empléa en reclamar sus derechos violados por haberse transferido sus Sesiones á *Salem*, de forma que viendo el Gobernador tan discordes, inciertos é inconstantes los votos, ha tenido por conveniente disolver la Asambléa. La Cámara de Representantes de la Bahía de *Masachuset* envió el 6 de Junio ultimo al General *Gage*, nuevo Gobernador de *Boston*, su respuesta al discurso que hizo para abrir dicha Asambléa, manifestando su admiracion y sentimiento con motivo de la orden del Rei para convocar la Asambléa en la Ciudad de *Salem*, por el grave perjuicio que se sigue á *Boston* y sus vecinos: pero observando el referido General que se infamaba la conducta de los dos Gobernadores sus predecesores, se explicó con los Diputados en los términos siguientes: «No puedo admitir una representacion que contiene reflexîones y censuras indecorosas á mis antecesores, cuya conducta ha merecido no solo la aprobacion de los Sres. del Consejo privado, sinó aun la del mismo Soberano, y asi miro este ultrage como hecho á la Magestad, á los Lordes [sic] y á mí mismo». El 29 del propio mes expidió el Gobernador una ordenanza, dirigida á frustrar el proyecto de unirse las Colonias solemnemente para suspender su comercio con la *Gran Bretaña;* y declaraba en ella este pacto ó convenio por escandaloso y sedicioso, como tambien la carta circular que le acompaña: previniendo á los Ministros de Justicia hagan las mas rigurosas pesquisas contra los que publiquen ó firmen dicho pacto, y imponiendo para los delinqüentes las mas severas penas [101].

A pesar de las medidas adoptadas por los funcionarios y los ejércitos de Su Majestad Británica, las manifestaciones en contra de las últimas disposiciones del Parlamento y de adhesión a la ciudad de Boston se suceden una detrás de otra. Veamos, a través de la *Gaceta* del 13 de septiembre, las declaraciones aprobadas en

---

[101] *Gaceta de Madrid* del martes 6 de septiembre de 1774, sección de Londres, pp. 317-318.

diferentes regiones de New England y en las que se afirman los antiguos derechos de las colonias:

La Colonia de *Connecticut*, una de las cinco Provincias que componen la *Nueva Inglaterra*, se vale del acto de *Boston* y de los subseqüentes del Parlamento *Británico*, que alteran los privilegios de *Masachuset* y arreglan la administracion de justicia, para renovar sus antiguas pretensiones, defendiendo que no debe ser tasada la Colonia sinó por su propia Asamblea general: que el establecimiento de nuevos Tribunales de Justicia se opone á las esenciones y preeminencias de los Jurados, igualmente que la avocacion de las causas á otro Tribunal que los de la Colonia y especialmente á los de *Inglaterra;* y que el acto de *Boston* trastorna toda la constitución y los derechos de la *América.* Protesta finalmente, que los Representantes de la Colonia reconocen á *Jorge III* por legítimo Soberano de la *Gran Bretaña* y de todas sus posesiones y dependencias, y que están prontos á concederle los socorros que se les pidan, asi en Tropas como en dinero. El condado de *Baltimore,* la Ciudad de *Annapolis,* en la Provincia de *Rhode-Island,* y otras diferentes Comarcas y Ciudades de la *Nueva Inglaterra,* han formado iguales actos sobre la conservacion de los derechos y privilegios de la *América,* solicitando el concurso de las demás Colonias, y insistiendo sobre interrumpir todo comercio con la Metrópoli.

Todos los avisos que se reciben de la *América Septentrional* confirman la emulacion de las Colonias para sostener á los vecinos de *Boston;* pero el nuevo Gobernador, que tomaba las mas rigurosas providencias contra los malcontentos, iba á congregar el Consejo que está encargado de formar, y despues se empleará en impedir las Asambléas de los Diputados, debiendo entenderse para este efecto con los Gobernadores de las demás Provincias. La resolucion de no admitir géneros de la *Gran Bretaña* experimenta tantos obstáculos y oposiciones por los intereses particulares y por la autoridad pública, que nada debe rezelar la Metrópoli sobre este asunto. Quando el proyecto de congregar los Diputados de las Colonias no hallásse contradiccion alguna, bastará la guerra de los *Indios para* desvanecerlo, ó á lo menos para retardar sus efectos;

pues estrechados los Colonos por sus enemigos, no tendrán tiempo para disputar con la Metrópoli. Parece que se ha dado orden de armar con toda diligencia la Milicia del *Canadá*, con el fin de tener un Cuerpo de Tropas pronto á favorecer las operaciones del General *Gage*, y sujetar á los malcontentos de la *América Septentrional*. No se han congregado todavía aquellos naturales para firmar la convencion de no admitir mercaderías de la *Gran Bretaña*, desde que el referido General publicó su Ordenanza con fecha de 29 de Junio, en que declara que mirará como acto de desobediencia qualquiera asociacion, y hará arrestar á los primeros que se presenten con designio de formar la Asamblea [102].

El *Mercurio* del mes de septiembre ve la situación de los norteamericanos desde un punto de vista menos alarmista: nada parece detener a los colonos en su propósito de adherirse a la decisión de Boston de suspender todo comercio con la Gran Bretaña y los dominios del Caribe. Las manifestaciones de adhesión se realizan no sólo a un nivel particular, sino también provincial. Prueba evidente son las resoluciones adoptadas en una asamblea celebrada en New York en la que, al tiempo que se condenaba el *Bill* de Boston, se aprobaba la designación de representantes plenipotenciarios para el Congreso que se habría de celebrar próximamente en Filadelfia:

> Ni las medidas rigurosas que la Corte ha tomado para reducir á los habitantes de *Boston*, ni las incomodidades de un bloquéo, ni las amenazas de arrestar y conducir á *Inglaterra* á los principales motores para castigarlos, han podido aun alterar la firmeza de los habitantes, ni turbar la unaminidad que reina entre ellos: siendo lo mas particular el que no solamente toda la Provincia, sino tambien todo el continente, respiran el mismo espiritu de independencia. De todas partes se envian víveres á los de *Boston* desde que se les cerró el Puerto. Veinte habitantes de la *Carolina Meridional* les han enviado 68 cahices de arroz, que se embarcaron en *Salem* el dia 11 de Julio; y quatro

---

[102] *Gaceta de Madrid* del martes 13 de septiembre de 1774, sección de Londres, pp. 326-327.

dias despues una Compañía de habitantes de *Marblead* abrió una subscripcion para enviar á los mas pobres 107 quintales de merluza, 500 cantaros de aceyte, y 40 libras *Esterlinas* (3600 rs. vell.) en dinero. Algunos de los que habian protestado contra la liga, ó convencion solemne, se han retratado y entre ellos el Sr. *Schwhulright*, y el Sr. *Tomás Kidder*, declarando públicamente por escrito, *que les habian engañado quando les hicieron firmar su representacion al Sr. Hutchinson, nuestro ultimo Governador, de lo qual se arrepienten, recomendandose á la benevolencia de sus Conciudadanos, uniendose á ellos y solicitando su amistad.* Todos los *Americanos*, hombres y mugeres, desde la edad de 18 años en adelante, concurren, á excepcion de un cortisimo numero, á firmar la liga formada para suspender toda especie de comercio con la *Inglaterra*, y las Islas de su dependencia. La resolucion de no admitir género alguno que venga de *Inglaterra*, se ha adoptado generalmente. Las Islas de *Sotavento* empiezan ya á sentir la falta de los víveres que sacaban de las Colonias de la *América Septentrional*, y no las queda mas recurso para evitar las funestas conseqüencias que las atrahería esta resolucion, por poco que durase, que el de destruir parte de sus plantíos de café, azucar, añil, &c. y substituir el de maiz, patacas, casave, &c. para alimentar sus esclavos, en particular los habitantes de *Antigoa*. Apenas supieron la convencion de los Colonos de las siete Provincias de *América*, quando formaron una representacion, solicitando que se dexe abierto el Puerto de *Boston*, ó que se dé providencia para que se les envie la considerable porcion de viveres que necesitan para consumo de la Isla.

En una numerosa Asambléa que se tuvo el dia 6 de Julio, en la *Nueva Yorck*, pronunció el Presidente un discurso, en que expuso con vehemencia los justos temores que debe inspirar á todas las Colonias la execucion del *Bill*, que priva de su comercio al Puerto de *Boston*, y despues á pluralidad de votos se resolvieron los puntos siguientes:

1.º El Reglamento comunmente llamado la *Acta del Puerto de Boston*, es opresivo para los habitantes de esta Ciudad, contrario á los principios de la Constitucion, y pone en peligro las libertades de la *América Inglesa:* por consiguiente consideramos, que nuestros hermanos de *Bos-*

ton padecen actualmente por la causa comun de las Colonias. 2.º Toda disposicion dirigida á suprimir las libertades, ó la Constitucion de qualquiera de las Colonias, es directamente opuesta á las libertades y constitucion de todas las Colonias *Británicas.* 3.º El haber cerrado todos los Puertos de la *América,* con designio de obligar á los *Americanos* á que sufran las contribuciones impuestas por el Parlamento, ó de precisarlos á reparar algunos agravios privados, es contra todas las leyes de la Constitucion, y aniquila los derechos de comercio de que gozan los habitantes de este Continente. 4.º Si las principales Colonias de *América* resuelven unanimemente todo acto de introduccion y extraccion respecto de la *Gran Bretaña,* hasta que se revoque el acto del Parlamento, en cuya virtud se halla bloqueado el Puerto de *Boston,* deberá la *América Septentrional,* en dictamen de esta Asambléa, á semejante resolucion, su libertad y todo su bien; pero si por el contrario las Colonias continúan la introduccion y extraccion, es de temer que el fraude, el artificio, la fuerza y la opresion mas odiosa hagan inutil la justicia, y destruyan la felicidad social, los derechos y la libertad. 5.º En conseqüencia de esto, á los Diputados que deberán representar esta Colonia en el Congreso que se ha de tener en *Philadelfia* el dia primero de Septiembre próxîmo, se darán las instrucciones y poderes necesarios para que yendo de acuerdo con el mayor número de las principales Colonias, acuerden y se convengan en nombre de esta en las medidas que se deban tomar para que no se permita introducir generos procedentes de la *Gran Bretaña,* mientras subsista el acto que tiene bloqueado el Puerto de *Boston,* y no se hayan reparado los agravios que sufren las Colonias, y en los demás medios que el Congreso juzgue oportunos para este gran designio, y para asegurar los derechos y privilegios de la *América.* 6.º Aprobarémos todas las medidas, resoluciones y determinaciones que el Congreso tome relativamente á este importante objeto, á cuyo fin harémos inmediatamente una obligacion que se remitirá al Congreso, para convencerle de nuestro ardiente deseo de cooperar con las demás Colonias al alivio de nuestros infelices hermanos de *Boston,* y á la seguridad de nuestros derechos y privilegios comunes. 7.º Tenemos por conveniente que cada Provincia de la Colonia envie sin dilacion dos Diputados, los quales con los de la Ciudad y Provincia de Boston convengan en la eleccion y numero de los Diputados que deben representar toda la Colonia en el Congreso general; y que en caso de que este medio se tenga por impracticable ó poco util las Provincias aprueben los Diputados que elijan esta Ciudad y su Provincia, para representar la Colonia en el Congreso. 8.º Se abrirá inmediatamente una subscripcion para socorro de los pobres habitantes de la Ciudad de Boston, á quienes el acto del Parlamento ha pribado de los medios de subsistir y el dinero que resulte de ella se empleará con la mayor equidad en el fin propuesto. 9.º Se encarga que con la brevedad posible se pongan en práctica las presentes resoluciones, las quales se imprimirán en los papeles públicos de esta Ciudad, y se enviarán á las diferentes Provincias de la Colonia [103].

Las resoluciones adoptadas por New York fueron secundadas por el resto de las provincias. La *Gaceta* del 4 de octubre nos informa de que

se hallaban de acuerdo todas las Colonias sobre celebrar un Congreso general en *Filadelfia* el dia primero de Setiembre, con cuya mira habían nombrado ya sus Diputados; bien que esperamos haya tomado el General *Gage* las providencias correspondientes para impedir dicha Asamblea [104].

Las medidas adoptadas por el General Gage, según la *Gaceta* del 11 de octubre, se limitaban a «transferirse á *Filadelfia* quando se convoque el Congreso» [105]. Es decir: procurar intimidar a los representantes coloniales con la presencia de las tropas. No obstante, los *Hijos de la Libertad* no se retraían en sus propósitos de cele-

---

[103] *Mercurio Histórico y Político* del mes de septiembre de 1774, sección de Londres, pp. 41-45.

[104] *Gaceta de Madrid* del martes 4 de octubre de 1774, sección de Londres, p. 354.

[105] *Gaceta de Madrid* del martes 11 de octubre de 1774, sección de Londres, p. 361.

brar un Congreso Continental en el que fijaran los derechos de los americanos, se denunciaran los agravios experimentados y se procurara hallar la reconciliación entre las provincias y la metrópoli. Tales eran las directrices señaladas por la Cámara de Filadelfia en la que se resolvió:

> Que se hace indispensable convocar quanto antes sea posible un Congreso, compuesto de Diputados de las diferentes Colonias, para deliberar sobre la critica situacion en que actualmente se hallan: formar y adoptar un plan para obtener el reparo de sus agrávios: fixar los derechos de la *América* sobre principios mas sólidos y mas arreglados á su Constitucion; y establecer finalmente entre la *Gran Bretaña* y las Colonias aquella buena correspondencia tan necesaria á su felicidad recíproca [106].

Los principios sobre los que debía deliberar el Congreso de Filadelfia estaban definidos. En primer lugar, había que establecer los derechos que correspondían a los americanos y los puntos en los que habían sido infringidos por el Parlamento de Londres. En segundo lugar, se le encomendaba la búsqueda de una *reconciliación* en la que los intereses de las colonias y de la metrópoli quedasen equiparados y establecidos para el futuro. A pesar de los indudables buenos propósitos que inspiraban a cada provincia, no resultaría tan fácil el encontrar una solución que satisfaciera, por una parte, a las tendencias progresistas y conservadoras, en las que se hallaban divididos los *rebeldes*, y, por otra, a la Gran Bretaña. De ahí el que las resoluciones del Primer Congreso Continental de Filadelfia estuvieran imbuidas de aparentes contradicciones, de contrasentidos originados por el afán de complacer a todas las presiones.

Mientras tanto, el aparato propagandístico de los *Hijos de la libertad* proseguía su labor de mentalizar al pueblo. Lo que se ventilaba en la lucha con el Parlamento de la Gran Bretaña era la libertad o la esclavitud de las colonias de América. Tal es la tesis que se desprende del discurso transcrito por el *Mercurio* del mes de octubre:

> Los actos del Parlamento, relativos á la Ciudad de *Boston*, deben hacer entablar igualmente á todas las Colonias

---

106   *Ibíd.*, p. 354.

Americanas sino inmediatamente, á lo menos, por las conseqüencias que resultan de los principios en que se fundan
dichos actos, los quales son el monumento mas bien carac-
terizado de la odiosa plenitud del poder ministerial, y de
los excesos á que puede entregarse el despotismo, sostenido por el luxo y la venalidad. Publiquemos, pues, aunque
sea á costa del rubor de la *Gran Bretaña,* que en muchas
ocasiones, y de mucho tiempo á esta parte ha procurado
fixar su temible despotismo sobre sus fieles hijos de la
América; y digamos tambien, para gloria de la América,
que hasta aqui jamás ha hecho traicion á la causa de la
libertad, y que siempre se ha opuesto invenciblemente á
los manejos y ardides de ciertos Ministros arbitrarios, que
violando sin ningun disimulo las leyes de la razon y la
justicia, han tenido la osadía de intentar, con desprecio
de los derechos de nuestra Constitucion, despojarnos de
nuestros mas estimables privilegios, y privarnos de nuestros bienes. Yá han enviado Navíos y Tropas á *América:*
el fuego, el hierro y quanto tiene de mas espantoso la
guerra, hasta los mismos horrores de la muerte amena-
zan á los habitantes de *Boston,* y les intimidan con su total destruccion para hacerles doblar la cervíz baxo el yugo
de una obediencia servil ... pero estas amenazas, que por
tan dilatado tiempo atormentan á la *América,* ocasionarán
al fin una resolucion, cuyo exîto funesto ó glorioso fixará
para siempre, en orden á nuestra resistencia, la compasion
ó la admiracion de la posteridad.

Todo se reduce á saber si los *Americanos* son libres ó
esclavos. De la solucion de esta qüestion importante va á
depender por ahora la suerte propicia ó adversa de mas
de tres millones de habitantes libres, y para lo sucesivo
la miseria ó la felicidad de una posteridad inumerable.
Para asegurarnos en el estado de libertad y de reposo que
nuestros Mayores nos compraron á costa de su sangre, y
que nos dexaron por herencia, solo necesitamos obrar con
prudencia y firmeza á un mismo tiempo. Vemos que se
nos trata de *rebeldes,* porque no querémos tolerar los impuestos de que arbitrariamente nos carga la Metrópoli.
Despertemos, pues, amados compatriotas, y defendamos
nuestras libertades. Quizá no se ha visto jamás la *América*
cubierta de nubes tan densas; pero bastará una resistencia

varonil para conjurar la tempestad que va á descargar sobre nosotros. ¿Y qué tenemos que temer mientras haya una gota de sangre *Británica* en las venas de los *Americanos?* Procurémos socorrer á nuestros vecinos: conservar la libertad é independencia que hasta ahora ha sido el distintivo de los *Americanos:* traspasar á nuestra posteridad todos nuestros derechos, ó sellar con nuestra sangre su pérdida [107].

En efecto: las colonias norteamericanas eran el reducto en el que se procuraban salvaguardar las libertades inglesas del despotismo gubernamental, y por esas libertades se debía de combatir hasta que fueran reducidas o salieran airosas. La lucha que se iba a entablar, nacía como una manifestación de adhesión a las violaciones constitucionales experimentadas por una provincia y que podían hacerse extensibles al resto de las colonias. Pero, ¿qué sucedería, mientras tanto, en la bloqueada Boston, por cuya causa se había desencadenado la definitiva crisis entre los americanos y el gobierno de Londres? La *Gaceta* del 18 de octubre nos informa de algunos detalles de la intrahistoria de los habitantes de Boston: la celebración de un ayuno, el chantaje que se realizaba a los *casacas rojas* para que desertasen y la comunicación del acto que prohibía la celebración de asambleas que no contaran con el permiso del Gobernador:

El dia 21 de Julio próximo pasado se observó en *Boston* y en toda la Provincia un riguroso ayuno para implorar del Omnipotente el fin de las calamidades de aquella Colonia. Procurando los *Bostonienses* por todos los medios posibles excitar á la desercion á los diferentes Cuerpos de Tropas que forman el bloquéo de su Ciudad, ofrecen á cada Soldado cinco guinéas, várias franquicias y veinte fanegas de tierra; en cuya conseqüencia han dexado ya sus vanderas mas de 500 hombres. El General *Gage* convocó el 13 del mismo mes á los vecinos principales de *Boston*, para notificarles la claúsula del ultimo acto del Parlamento, que prohibe las Asambléas, sin preceder permiso del Gobernador; y luego declaró que les permitiría con-

[107] *Mercurio Histórico y Político* del mes de octubre de 1774, sección de Londres, pp. 138-140.

gregarse quando lo tubiese por conveniente. Respondieron los vecinos que en esta parte se habían arreglado siempre á las leyes de la Provincia; pero replicó el Gobernador que se hallaba resuelto á poner en execucion el acto del Parlamento, y que serían responsables los vecinos de las funestas conseqüencias que pudiesen resultar [108].

Pero ni las súplicas al Todopoderoso, ni los sobornos a las tropas de Su Majestad Británica podían resolver la enmarañada situación en la que se hallaban enfrentados los norteamericanos y los ingleses. Mientras se aguardaba la celebración del Congreso Continental y las resoluciones que en él se adoptasen, resultaba conveniente, por si la diplomacia fracasaba, ir formando una milicia que fuera capaz de oponerse a los instruidos ejércitos metropolitanos y de obtener la victoria total para la Libertad. La *Gaceta* del 1 de noviembre de 1774 nos informa de la tensión existente entre las tropas británicas y las milicias de Massachusetts y de la demostración de fuerza realizada por las últimas:

> Confirmando todos los avisos de *América* el disgusto del Pueblo con motivo de los actos rigorosos contra la Ciudad de *Boston*, la resolucion tomada generalmente de celebrar un Congreso en *Filadelfia* y el proyecto de suprimir el comercio con la Metrópoli, añaden que habiendose congregado las Milicias de la Provincia de *Masachuset* en número de 119600 hombres, y hallandose acampadas las de *Boston* en oposicion de las Tropas regladas, las hizo saber el Comandante de éstas que de no separarse voluntariamente las obligaría á executarlo; pero respondió el otro Gefe, que aun quando tubiese doble gente, le haría frente con la suya, decidiendose en breve por este medio la suerte de *América*. Se ajustó al fin amigablemente la disputa, y despues se exercitó la Milicia en presencia de las Tropas, las quales observaron con admiración que disparaba aquella once tiros por minuto. Es lastimoso que habiendo sobresalido hasta ahora el valor de los *Americanos* contra los enemigos de la Gran Bretaña, haya de medir en adelante sus fuerzas con sus mismos compatriotas.

---

[108] *Gaceta de Madrid* del martes 18 de octubre de 1774, sección de Londres, p. 368.

El General *Gage* ha recuperado la mayor parte de las Tropas que se habían pasado á los *Bostonienses*, porque se unieron á ellos con la esperanza de vivir en ociosidad; y habiendo encontrado un Pueblo laborioso que no permite gente vaga, han tomado el partido de restituirse prontamente á sus vanderas [109].

Mientras la ciudad de Boston seguía recibiendo ayuda financiera del resto de las colonias para sobrellevar las múltiples dificultades socio-económicas originadas por el bloqueo del puerto, no cesaban los habitantes de manifestar su oposición a los dictámenes del Parlamento. El Gobierno de Londres, deseoso de ver reducida la sedición en New England, no encontraba otra posible solución que la de someterla por la fuerza. Pero la fuerza llamaba a la fuerza. Un falso incidente demostró a los británicos el ingente humano —los *hombres minuto*— que podía movilizar la colonia en el caso de que acaeciese un enfrentamiento armado:

Avisan de *América* que se hallan en la mayor confusion los negocios de aquellas Colonias. Los Oficiales civiles firmaron una Declaracion, negandose á obedecer los actos del Parlamento relativos á las mismas Colonias, en las quales está casi suspensa la administracion de Justicia, porque los *Americanos* se exhortan públicamente unos á otros á no sujetarse á los referidos actos. Los vecinos de *Boston* y tambien las Tropas quedaban observandose mutuamente, y puede temerse que uno de los dos partidos empiece las hostilidades para decidir con las armas el destino de la *América*. Por la conducta de los habitantes de otras Ciudades se debe colegir lo que harán, si llega el caso de un rompimiento formal, pues habiendo divulgado los malcontentos que en el dia 2 de Setiembre empezaron á disparar los Navíos de guerra y las Tropas contra la Ciudad y vecindario de *Boston*, se pusieron prontamente en marcha 2[000] hombres de los Pueblos inmediatos para ir á su socorro; pero sabiendo en el camino que era falsa dicha noticia se retiraron á sus casas. En tan criticas circunstancias, lejos de que piense la Corte en usar de mo-

---

[109] *Gaceta de Madrid* del martes 1 de noviembre de 1774, sección de Londres, p. 385.

deracion con los Gefes de los malcontentos, se preparan en nuestros Puertos vários Navíos de guerra con destino a *Boston*, donde se hallan actualmente siete Regimientos de Infantería con la artillería correspondiente. Es sin embargo penoso el servicio en aquella Ciudad, así para impedir la desercion como para precaver alguna sorpresa, con cuyo motivo se enviarán de aquí mil hombres sacados de diferentes Regimientos, y repartidos en los Navíos de guerra para ahorrar el gasto de Embarcaciones de transporte. Se compondrá la Esquadra de tres Navíos de linea y de dos Fragatas, cuyas fuerzas se agregarán á las demás Embarcaciones que bloquéan ya aquel Puerto. Los *Bostonienses* han recibido mas de 20[000] libras *Esterlinas* de contribuciones de las demás Colonias, y han dispuesto várias obras públicas para ocupar á los vecinos mas pobres. Las Tropas del General *Gage* campeaban en una llanura que separa la Ciudad de *Boston* de una lengua de tierra, en que termina la Península por aquella parte [110].

El envío de nuevas tropas a la ciudad de Boston dividía al Consejo de Londres. Mientras una parte de sus miembros se esforzaba en evidenciar que la adopción de tales medidas, facilitaría la sublevación de todo el continente, como muestra de adhesión a Boston, la camarilla de Lord North se ofuscaba pretextando que resultaban imprescindibles para mantener la autoridad de la Corona y del Parlamento. Por otra parte, los refuerzos militares provenientes de la Gran Bretaña, Quebec y Halifax provocaban al general Gage nuevos quebraderos de cabeza al intentar hallarles acuartelamiento. Según las últimas resoluciones de la Cámara de Londres, los gobernadores podían disponer de cualquier habitáculo para alojar los ejércitos sin necesidad de consultar a la asamblea. Pero una cosa era el contenido de la Ley del acuartelamiento y otra muy distinta la actitud del pueblo. A la orden de que se acogiesen las tropas en las casas particulares, los vecinos de Boston replicaron que para ese fin existía el Fuerte Guillermo. Después de dos días de altercados y de haber considerado oportuno el Gobernador no castigar el nuevo acto de rebelión, el general Gage dispuso que

---

[110] *Gaceta de Madrid* del martes 15 de noviembre de 1774, sección de Londres, pp. 403-404.

se construyeran cuarteles. Tampoco colaboró en esta ocasión la ciudad de Boston aprestando los materiales necesarios, por lo que se optó por conseguir los navíos de guerra anclados en el puerto. Las obras se iniciaron mientras las milicias provinciales hacían demostraciones de fuerza, hasta que, por fin, el pueblo, juzgando la medida opresiva y contraria a sus violados derechos, destruyó los armazones de los cuarteles ante la pasividad del ejército que había recibido orden de no disparar. Se detuvieron a algunos de los culpables, pero la enfebrecida multitud obtuvo su libertad [111].

Una de las cuestiones que más enardecía a los rebeldes era la amenaza, que sobre ellos pendía, de ser juzgados por juntas especiales o por jueces nombrados por el Gobernador. Ello suponía un grave quebranto de los derechos jurídicos británicos que, como ya hemos apuntado en otro lugar, disponían que los acusados sólo podían ser sentenciados por los tribunales de la comunidad a la que pertenecían. No resulta, pues, extraño que en estos instantes proliferasen las amenazas de muerte dirigidas contra los funcionarios encargados de la administración de la justicia, y que los *Hijos de la Libertad*, deseosos de propagar el fuego de la sedición y de revolver al pueblo aún indeciso contra el despótico Gobierno, escribiera libelos en los que informaban de la existencia de listas oficiales en las que se encontraban registrados los principales dirigentes de la oposición, a los que «las Tropas de S. M. pasarán á cuchillo» desde el momento en que hubiera un enfrentamiento armado entre el ejército y los *rebeldes*. De esta forma, se quería divulgar la imagen de unas colonias sometidas a una tiranía injusta y vengativa.

Ante semejante situación, la metrópoli decretaba nuevas órdenes encaminadas a evitar el suministro de armamentos a la ciudad de Boston. Este era el fin del edicto promulgado por Jorge III por el que «se prohibe sacar pólvora y armas de el Reino sin permiso de S. M. y de su Consejo». Se encarecía, además, el registro de toda clase de embarcaciones con la intención de impedir el contrabando de estas mercancías. El general Gage debió de recibir órdenes similares, pues el *Mercurio* del mes de noviembre, al que nos venimos remitiendo, nos informa, a continuación de la noticia del edicto real, de que

---

[111]   Tales incidentes se refieren en la *Gaceta de Madrid* del martes 29 de noviembre de 1774, sección de Londres, p. 425.

el General *Gage* se ha apoderado de todos los almacenes de pólvora que había en las Villas y Lugares de las inmediaciones de *Boston;* por lo que será difícil á los rebeldes el proveerse de esta munición, en caso que se determinen á llegar a las manos con nuestras Tropas.

Para evitar que el armamento requerido por los *Hijos de la Libertad* fuera suministrado a través de los socorros recibidos de otras colonias, se dispuso una batería de cuatro cañones en el camino que conducía a Boston y se fletó una fragata que patrullaba continuamente entre Boston y Charlestown.

El dinero invertido por el Gobierno de Londres para dominar la situación en la conflictiva Boston, ascendía en estas fechas a la suma de cien mil libras esterlinas, nueve millones de reales de vellón en moneda española, según especifica el redactor del *Mercurio*. La economía británica empezaba a desangrarse «sin que todavía se pueda preveer el fruto de esta empresa» [112].

En la presente coyuntura, las posturas constitucionales de ambas partes distaban mucho de intentar hallar la solución conveniente. Mientras Saint James decidía no derogar ninguna de las leyes promulgadas últimamente para no poner en entredicho la autoridad de la Corona y del Parlamento respecto a las colonias, los norteamericanos persistían en la resolución de no admitir ningún impuesto que no fuera aprobado previamente por las asambleas provinciales. La opinión pública británica era consciente de que en tales circunstancias «parece hallarnos ahora mas distantes que nunca de una composición amistosa» [113]. Claro exponente de lo imposible que resultaba reconciliar ambas tendencias, fueron las instrucciones dadas a los representantes de la ciudad de Boston en la asamblea de Salem. Se reducían éstas a que se mantuvieran fieles a la Carta constitucional de la provincia de Massachusetts, a que no reconocieran ninguna de las leyes decretadas por el Parlamento que pudieran atentar contra el Gobierno de la colonia y, finalmente, les aconsejaban que no aceptasen otro tribunal que el nombrado por la Asamblea General. Es evi-

---

[112] Para lo expuesto últimamente, consúltese el *Mercurio Histórico y Político* del mes de noviembre de 1774, sección de Londres, pp. 238-239.

[113] Tal es la frase con la que la *Gaceta de Madrid* del martes 6 de diciembre de 1774, sección de Londres, p. 432, comenta las enfrentadas posturas constitucionales del gobierno y de las colonias.

dente que dichas instrucciones se enfrentaban de forma abierta con los últimos *bills* aprobados en la Cámara de Londres. Suponían, pues, un acto de rebeldía que indujo al general Gage, pretextando, además, el desorden imperante en la provincia y las resoluciones adoptadas en otros parajes, a promulgar un edicto por el que se aplazaba *sine die* la celebración de la Asamblea que había de tener lugar en Salem el 5 de octubre. Veamos a través del *Mercurio* del mes de diciembre de 1774 cuáles fueron las exactas instrucciones que recibieron los diputados de Boston y los términos precisos del edicto del general Gage:

> Los Diputados elegidos por los habitantes de *Boston* para concurrir á la Asambléa que debía abrirse en *Salem* el dia 5 de Octubre ultimo, pero que se prorrogó sin limitacion de tiempo por el General *Gage* por una proclamacion publicada en 29 de Setiembre, habian recibido las instrucciones siguientes.

«SEÑORES

Habiendoos elegido para representarnos en la Asambléa General que ha se ha de tener en *Salem* el Miercoles 5 de Octubre próxîmo, teneis aquí las instrucciones que os damos. En todas vuestras resoluciones, como miembros de la Camara de los Representantes, de ningun modo os separeis un punto de la carta acordada á esta Provincia por S. M. el Rei *Guillermo*, y la Reina *Maria*, y no haréis cosa alguna que pueda parecer confesion de que sea válido el acto del Parlamento *Británico*, que perjudica al Gobierno de *Masachusets Bay*. Os recomendamos igualmente que no reconozcais otro Tribunal que el elegido por la Asambléa general en su Sesion del mes de Mayo ultimo, como el único Tribunal legal y constitucional de esta Provincia.

Como tenemos motivo de esperar que cumpliendo fielmente vuestra obligacion obtendréis la disolucion de la Camara de los Representantes, os autorizamos y encargamos por la presente que os unais á los miembros que esta Ciudad y las demás Plazas de la Provincia diputarán [*sic*] al Congreso Provincial para deliberar sobre los asuntos que se presentarán en él, á fin de tomar las resoluciones que convengan á los intereses de esta Ciudad y de la *América Septentrional.*

Informado el General Gage de estas instrucciones, y previendo el efecto que las resoluciones de esta Asamblea podían causar en el ánimo del pueblo, cuya disposición conoce muy bien, expidió el edicto siguiente:

En primero de Setiembre juzgué aproposito [*sic*] convocar en *Salem* un Congreso, ó Asambléa general, pero los tumultos y desordenes acaecidos despues, las extraordinarias resoluciones tomadas en diferentes Condados, las instrucciones dadas por la Ciudad de *Boston,* y algunas otras Plazas á sus Representantes, y el estado actual de la Provincia me hacen creer que sería inutil tener esta Asambléa en el tiempo que antes se había señalado, y que el servicio del Rei, y el interés de la Provincia exîgen que se difiera esta Sesion.

Por estas causas declaro que mi intención es el de no hacer concurrir a la Asamblea general á *Salem* en 5 de Octubre próxîmo, y por la presente exîmo de la obligacion de hallarse allí á todos los que han sido nombrados por Representantes de las Ciudades y Villas, ó que puedan serlo, no obstante lo que mi orden de primero de Setiembre pueda contener contrario á la presente, de la que deberán tomar conocimiento todos aquellos á quienes toca, para conducirse conforme á mis disposiciones. (Firmado) *Tomás Gage* [114].

Mientras tanto, las provincias habían elegido sus representantes para el Primer Congreso Continental de Filadelfia, del que se aguardaban las directrices que determinara, al tiempo que se manifestaban los derechos de los norteamericanos, las bases de la reconciliación entre la metrópoli y los establecimientos septentrionales. El espíritu que alentaba a los congresistas, y que podemos sintetizar en un deseo exacerbado de defender la libertad y la Constitución, lo podemos apreciar en los brindis que nos transcribe el *Mercurio* del mes de diciembre:

---

[114] *Mercurio Histórico y Político* del mes de diciembre de 1774, sección de Londres, pp. 313-315.

Escriben de *Philadelphia* que los Diputados al Congreso brindaron en un festin á la salud del Rei y de la Reina, &c. y despues á la prosperidad de las Colonias con las expresiones siguientes.

«A la union perpetua de las Colonias ... A que puedan las Colonias executar fielmente las resoluciones del Congreso ... A que la *Gran Bretaña* sea justa, y la *América* libre ... A que no haya exercito contra las Constituciones ... A que el mar que se eleva entre la *Gran Bretaña* y la *América* no caiga sino sobre las cabezas de los que hacen traicion á sus intereses ... A que todo *Americano* pueda entregar á sus descendientes la libertad pura y sin mancha, como la recibió de sus padres ... A que pierda la libertad qualquiera que no tenga valor para defenderla ... A que el genio de la libertad encuentre en *América* su ultimo refugio ... A que las espadas *Británicas* nunca se desembainen sinó contra la tiranía ... A que los Autores de los *Bills*, que violan los derechos de la *América*, no logren otro premio que la vergüenza y la confusion ... A la feliz reconciliacion de la *Gran Bretaña*, y las Colonias por medio del restablecimiento de las leyes y de la Constitucion ... Al corto número de miembros virtuosos de las dos Cámaras del Parlamento ... A la Ciudad de *Londres* ... A los Lords *Chatam, Camdem:* al Obispo de S. *Aleph:* al Duque de *Ruchmond* [*sic*]: al Sr. *Jorge Saville:* á los Sres *Burké, Dudnning, Sanbridge, Franklin Kancok,* &c [115].

Efectuados los brindis, los congresistas se dispusieron a iniciar sus deliberaciones. Se designó una comisión para que redactara un escrito dirigido al Rey, en el que se harían constar los agravios experimentados por los norteamericanos y en el que se propondrían posibles soluciones a la crisis que enfrentaba a la metrópoli con las colonias [116]. Sin embargo, la redacción de la representación real tropezaría con numerosas dificultades de índole interna al querer conciliar las opuestas tendencias que dividían a los miembros del Congreso.

---

[115] *Ibíd.*, pp. 312-313.
[116] *Gaceta de Madrid* del martes 6 de diciembre de 1774, sección de Londres, p. 432.

La *Gaceta de Madrid* del 14 de febrero de 1775 nos informa brevemente del contenido de la representación que el Congreso de Filadelfia dirigió al Rey:

> La representacion que ha hecho á S. M. el Congreso general comprehende vários puntos, pues al paso que las Colonias protestan con las expresiones mas reverentes la fidelidad y amor que profesan á su Soberano, solicitan la libertad de ser árbitras en su gobierno interior; de establecer las leyes que tengan por convenientes, y de nombrar sus Magistrados, ofreciendo en cambio aprontar á S. M. en tiempo de guerra tropas, dinero y quantas provisiones se pidan por el Parlamento *Británico* para la defensa general de los dominios de la Corona [117].

Tales eran las condiciones del Congreso para conseguir la paz en las colonias. Estas condiciones venían a solicitar el reconocimiento de la independencia interna de las colonias a cambio de remitir a la metrópoli, a la que se admitía el poder de regular las relaciones internacionales y el comercio de las provincias, cuantas provisiones necesitase en caso de guerra. Por lo demás, se apuntaba la posibilidad de crear un Parlamento americano con derecho a vetar las resoluciones de la Cámara de Londres.

Como hemos venido diciendo reiterativamente, junto a la proposición reconciliatoria, el Congreso redactó una relación en la que se exponían cuáles eran los derechos de los colonos, de qué forma habían sido violados por el Gobierno y en la que manifestaban su lealtad a la persona del monarca al tiempo que señalaban como culpables de la disensión existente a «aquellos hombres malignos y peligrosos que tienen la osadía de interponerse entre V. M. y sus fieles vasallos». La *Gaceta de Madrid* del 28 de febrero de 1775 extracta los agravios sufridos por los americanos:

> La representacion que ha hecho al Rei el Congreso general de *Filadelfia* es demasiado larga para ponerse aquí á la letra; pero dirémos en resumen que ofrece á la consideración de S. M. los agravios de las Colonias en estos

---

117 *Gaceta de Madrid* del martes 14 de febrero de 1775, sección de Londres, p. 60.

términos: Un Exército mantenido seguidamente desde la última guerra en los limites de su jurisdicion y sin el beneplácito de sus Asambléas y este Exército, empleado ahora juntamente con una fuerte Esquadra en sostener con la fuerza de la exâccion de los impuestos: la autoridad de los Comandantes hecha ya absoluta en todos los Gobiernos civiles de *América:* nombrado en tiempo de paz por Gobernador de una Colonia el Comandante general de las tropas del Rei: creados nuevos empléos mui gravosos, y aumentadas considerablemente las asignaciones de otros: autorizados los Jueces de Almirantazgo para hacerse pagar sus sueldos de los efectos que confiscan ellos mismos; y los dependientes de la Aduana con facultad de violentar las casas sin intervencion de Magistrado alguno: los Jueces ordinarios independientes de las leyes del país, y confiada la autoridad legislativa á Juntas arbitrarias: desechadas las representaciones de los Diputados del pueblo, aunque sean sumisas y razonables; perseguidos y privados de los sueldos sus Agentes: desbaratadas ignominosamente sus Asambléas: oprimido su comercio con multitud de restricciones inutiles y perjudiciales: contribuciones impuestas en virtud de actos del Parlamento pasados en el 4.º, 5.º, 6.º, 7.º y 8.º años del reinado de S. M., y por consiguiente aniquilada ó comprimida la propiedad, abolida la sentencia de los Jurados en infinitos casos, impuestas gruesas multas por los delitos mas leves, delatores crueles tolerados impunemente, y exigidas las fianzas sin dar tiempo para la defensa de sus derechos: por otros actos sucesivos, establecida una lei para castigar en *Inglaterra* crímenes cometidos en *América;* y despues de todo esto, cerrado el Puerto de *Boston,* mudada la constitucion de la Provincia de *Masachuset,* ensanchados los limites de la de *Quebec* y trastornado su Gobierno. «Ante un Soberano (añade la representacion) *que se gloria de llamarse Inglés,* debe servir de justificacion la narrativa de todos estos hechos expuestos por unos fieles vasallos, que se postran al pie del Trono implorando clemencia.

Despues recuerda al Rei el Congreso que su título á la Corona se funda como el de sus pueblos en la libertad, *y como V. M.* (continúa) *goza la particular distincion de rei-*

nar sobre vasallos libres, no creémos le desagrade nuestro lenguage.

Si debe manifestarse la indignacion de V. M. solo puede ser contra aquellos hombres malignos y peligrosos que tienen la osadía de interponerse entre V. M. y sus fieles vasallos, los quales ocupados de muchos años á esta parte en romper los vínculos que nos únen, abusando indignamente de la autoridad que les confia, pintandole con los mas odiosos colores á sus vasallos *Américanos,* y llevando adelante los mas funestos y tiranos proyectos de opresion con sus injustas acumuladas violencias, nos han puesto finalmente en la precision de molestar á V. M. con nuestros clamores.

Concluye el Congreso su representacion, ofreciendo quantos socorros de dinero y tropas se necesiten en tiempo de guerra, y ratificando su veneracion y amor al Rei, á su Real Familia y á su Gobierno &c [118].

La *Carta del Congreso general de las Colonias á los habitantes de la Gran Bretaña. Filadelfia 5 de Octubre de 1774* reproducida por el *Mercurio* del mes de marzo de 1775, contiene, en esencia, los mismos puntos que el extracto de la *Gaceta* del 28 de febrero. Tras declarar que los americanos también son súbditos británicos que deben gozar de los mismos derechos y deberes, pasa a detallar los *agravios* experimentados desde la finalización de la pasada guerra: impuestos injustos, arbitrariedad en la administración de la justicia, bloqueo del puerto de Boston, suspensión de las cartas fundacionales, etc. Concluye advirtiendo al pueblo británico de la ruina económica en la que puede verse inmerso si atiende a los propósitos gubernamentales de someter por la fuerza a las colonias. Por otra parte, intenta hacer ver que los fines de la Corona es independizarse del Parlamento y del pueblo, a través de la Cámara de los Comunes, en la aprobación de los subsidios. La Carta del Congreso persigue, en última instancia, atraerse a la opinión pública británica a su causa como única forma de salvaguardar la Constitución frente a los propósitos del rey y del consejo privado, que, dominada la situación en América, se extenderán a la Gran Bretaña. La lucha de los rebeldes americanos se encamina

---

[118] *Gaceta de Madrid* del martes 28 de febrero de 1775, sección de Londres, pp. 86-87.

a defender las libertades de la comunidad británica. Se amenaza, finalmente, con suspender la introducción de las mercancías de la metrópoli y de las Indias Occidentales y de no secundarles cuando, en un futuro próximo, se encuentren en las mismas circunstancias en las que se hallan las colonias, si se adhieren a su causa [119].

Las representaciones realizadas por el Congreso de Filadelfia poseían un carácter conservador. Se limitaban a denunciar unos hechos y a proponer una forma de reconciliación entre las provincias americanas y el gobierno de Londres, para lo que el Congreso serviría de intermediario. Se satisfacía así a un sector de los diputados para los que un rompimiento formal con la metrópoli era poco más que inimaginable. No obstante, los *radicales* exigían la declaración de independencia o, al menos, negar al Parlamento de la Gran Bretaña autoridad alguna sobre las colonias, ya que éstas no se encontraban representadas en él. Y debieron presionar lo suficiente para que se aprobasen las resoluciones adoptadas en Suffolk y las medidas de no exportación, no importación y no consumo de las mercancías británicas. Con ello se volvía a la ya vieja táctica de intimidar a través de los perjuicios ocasionados a los comerciantes de la Gran Bretaña, a la Cámara para que derogasen las leyes promulgadas contra New England. Las resoluciones acordadas en Suffolk, en la castigada Nueva Inglaterra, se reducían a decretar que no debían de ser obedecidos los *bills* que afectaban a la ciudad de Boston y su provincia y a abogar por el establecimiento de un gobierno colonial independiente que votara impuestos y convocase las milicias. En el condado de Essex, Massachusetts, se acordó mantenerse fieles al rey mientras las libertades constitucionales fuesen respetadas, pero no se vaciló en afirmar que se lanzarían a la guerra civil en el momento en que fueran quebrantadas de alguna forma [120]. Análogas resoluciones fueron adoptadas en distintos lugares. Todas ellas transpiraban un claro deseo de independencia y debieron de influir en la hora en que el Congreso decidió aprobar las disposiciones de Suffolk y las medidas económicas. Con estas aprobaciones el espíritu reconciliador de la representación perdía autenticidad, pero es que el Congreso debía de tender una mano hacia la paz y amenazar con la

---

[119] *Mercurio Histórico y Político* del mes de marzo de 1775, sección de Londres, pp. 256-275.

[120] *Mercurio Histórico y Político* del mes de febrero de 1775, sección de Londres, pp. 133-135.

otra para que los ingleses le tomaran en consideración y los *radicales* se sintieran satisfechos.

La *Gaceta de Madrid* del 17 de enero nos informa de los acuerdos del Congreso referentes a la provincia de Massachusetts, a la que se adhería plenamente aun a riesgo de que la convención fuera declarada rebelde e ilegal:

> El 8 de Octubre aprobó el Congreso la oposición que los habitantes de la Provincia de *Masachuset* habían hecho al cumplimiento y observancia de los ultimos actos del Parlamento, previniendo que en caso de emplearse la fuerza para obligarlos á ello, lo resistiese la *América* con todo su poder.
>
> El 10 declaró la Asambléa que la transmigracion del vecindario de *Boston* á lo interior de la Provincia, no solo sería mui dificil sinó que estaba expuesta á gravísimos inconvenientes; pero que no obstante si lo juzgaba el Consejo Provincial de aquella Colonia por absolutamente necesario, debía en tal caso contribuir toda la *América* á indemnizar á los *Bostonenses* de las pérdidas que se les originasen; cuyo asunto convendrá mirarse con la mayor reflexîon: Que los que admitiesen algun encargo o procediesen por autoridad derivada en qualquiera forma de los actos aprobados en la ultima Sesion del Parlamento, dirigidos á trastornar la constitucion y á violar los privilegios de la Provincia de *Masachuset*, queden por el mismo hecho cubiertos del horror y exêcracion pública, y sean mirados como instrumentos abominables del despotismo que se preparaba con el fin de destruir los derechos que Dios, la naturaleza y el contrato sociable han dado á la *América*.
>
> Se acordó el 11 que, habiendo asegurado el Congreso al General *Gage* las pacíficas disposiciones de los vecinos de *Boston*, debian estos portarse moderadamente con el Gobernador y la Tropa que ha enviado el Rei á dicha Ciudad, en quanto fuese compatible esta conducta con su propia seguridad, evitando ó impidiendo todo quanto se dirigiese á violar los derechos de S. M. ó á insultar á sus Tropas: bien que por otra parte deberán perseverar firmemente en el partido de la defensiva que han abrazado. Por ultimo recomendó el Congreso el mismo dia se sujetasen los habitantes de la Colonia de *Masachuset* á la sus-

pension del curso de la Justicia en quantos casos no pudiese administrarse legal y pacificamente segun los fueros y leyes establecidas en la misma Colonia, hasta ver el efecto del recurso entablado sobre la revocacion de los Actos que trastornan sus derechos afianzados por los mas solemnes privilegios.

Al separarse el referido Congreso general el 26 de Octubre recomendó á los habitantes de la *América Septentrional* una asociacion universal, remitida circularmente á las Colonias, con la observancia de otros muchos reglamentos no menos importantes [121].

El Congreso también decidió reunirse de nuevo el 10 de mayo de 1775, si las circunstancias de las colonias no habían evolucionado hacia una reconciliación con la Gran Bretaña.

Las *Gacetas de Madrid* del 14 y del 21 de febrero de 1775 nos informan de algunas de las resoluciones adoptadas por la asamblea de Massachusetts, que, ante la disolución ordenada por el general Gage, hubo de reunirse de forma clandestina e ilegal:

> Han llegado ya á *Boston* los dos Regimientos que salieron de *Quebec;* y los Navíos el *Boyn,* de 70 cañones, y el *Asia* de 64, desembarcaron igualmente las tropas de marina que llevaban á bordo, esperandose aún el *Sommerset,* tambien de 64 cañones. Léjos de intimidar á los *Bostoneses* este nuevo refuerzo, parece haber al contrario avivado el espiritu de resistencia que reina entre ellos, como se infiere de la siguiente Declaracion publicada por el Congreso Provincial en 10 del mes último, y dirigida á los hacendados y demás vecinos de las Ciudades y distritos de la Provincia de *Masachuset.*

Amigos y Hermanos:

> «Quando los pueblos honrados de esta Colonia se ven desposeídos de sus leyes; quando una cruel opresion dirigida inmediatamente sobre esta Capital ha detenido el curso de casi todo el comercio; quando se ha introducido

---

[121] *Gaceta de Madrid* del martes 17 de enero de 1775, sección de Londres, pp. 19-20.

dentro de su misma jurisdicion un Exército con el deliberado objeto de violentarla á adoptar un sistema tiránico, y quando en conseqüencia de dichos principios se han prohibido las sesiones de la Asambléa general de la Nacion, nos habeís elegido y autorizado para deliberar sobre las medidas que convenga tomar por la pública seguridad.

Hemos cumplido ya esta obligacion con el zelo que exîge el bien comun, y despues de la mas madura deliberacion, adoptamos los medios que se nos han recomendado.

Todavía nos resta una confianza íntima en la prudencia, justicia y bondad de nuestro Soberano, y en la integridad, humanidad y discernimiento del cuerpo de la Nacion; debiendo razonablemente esperar que quando lléguen á saberse en *Inglaterra* los verdaderos hechos con las providencias concertadas, asi en particular como en general, conseguirémos finalmente la satisfaccion total de nuestros agravios. Pero atendiendo á lo que debemos á vosotros que nos habeis elegido, á nosotros mismos y á la posteridad, estamos obligados á manifestar que la constante iniquidad y obstinado furor de nuestros enemigos han conseguido infamárnos en la Corte y en todo el Reino de la *Gran Bretaña* con falsedades y calumnias que supo inventar contra nosotros la mas injusta y perjudicial preocupacion. La inopinada separacion del Parlamento y la orden precipitada para elegir otro, nos hace recelar que estando sujeta dicha eleccion á la influencia de un Ministerio, que no tiene mas guia que su capricho, lográrá, aun con la pluralidad de votos en la Cámara de los Comunes, poner en execucion sus arbitrarias siniestras intenciones.

Tampoco debémos ocultaros que los avisos que nos vienen de la *Gran Bretaña* y los freqüentes refuerzos que reciben el Exército y la Esquadra existentes aqui hacen rezelar se empleará la fuerza y el rigor para establecer en las Colonias el sistéma ya proyectado de administracion: sistéma que debe acarrear la ruína total de la Religion *Protestante* y de la libertad *Americana*.

La Providencia os ha colocado en el puesto del honor: sabéd pues que este es el que se halla en peligro. Pensád que combatiendo por unos objetos tan nobles como son la libertad de la Patria, la felicidad de vuestros descendientes y los derechos inviolables de la humanidad, os llevaréis las atenciones no solo de la *América Septentrional* y de todo el Imperio *Británico,* sinó de la *Europa* entera. Velád pues todos igualmente y haced que por medio de una conducta arreglada y correspondiente á vuestro carácter de *Americanos,* de patriotas y de *Christianos,* se evite hasta el mas remoto pretexto de formar contra vosotros qualquiera acusacion que sea justa.

Quien reflexîone sériamente sobre el comercio reciproco de la *Gran Bretaña* con la *América,* comprenderá que la suspension total de éste es de tan peligrosas conseqüencias para nuestros opresores, que no podrá menos de hacer conocer al Ministerio, al Parlamento y á la Nacion quánto les importa hacernos justicia. Si se vuelven los ojos ácia el crecido número de gentes valerosas que habitan la *América Septentrional,* será facil persuadirse que aplicandonos á la disciplina militar debémos conseguir, con la proteccion del Cielo, el establecimiento de nuestros derechos y libertades en unos términos que no puedan ser destruidos por qualquier Gobierno arbitrario que oprima á la *Gran Bretaña.* Estos son hechos, cuya evidencia conocen nuestros propios enemigos; y si no alcanzan los principios de la justicia para suspender sus proyectos crueles contra la *América,* á lo menos los podrán detener. En vano intentan en el dia procurar con artificios lo que no han podido conseguir por la fuerza. En vano emplean escritores mercenarios y otras estratagemas igualmente viles para sembrar la discordia y la desconfianza en las Colonias. El medio mas seguro de frustrar sus designios iniquos es que cada Ciudad execute puntualmente los planes formados por el Congreso de la Provincia y por el del Continente; y que atenta á reprimir por sí misma á qualquiera individuo que los quebrantase, extinga en su orígen los rumores capaces de seducirla y separarla de su obligacion con perjuicio de las demás Comunidades.

Estamos convencidos de que si en las presentes circunstancias tubiesen algunas Ciudades la temeridad de separarse de su obligación, sabrán contenerlas vuestros Congresos Provinciales. Tampoco dudámos que los del Continente desengáñen de sus errores á aquellas Colonias, que pudieran dexarse seducir por la astucia de nuestros enemigos. No necesitamos dilatarnos en mas largos discursos

para empeñaros á la puntual observancia de la asociacion
Americana. Baste representaros que la mas leve indiferencia ó desvio de qualquiera Colonia, y de ésta con par-
ticularidad, se pintará a los ojos de las demás con colores
capaces de extinguir su zelo y de producir el desaliento,
lo que no esperámos suceda. ¿Habrá alguna parte del Continente que mientras se permite al Ministerio *Británico*
oprimir á la *América* con la mano de la tiranía, sufra este
hecho con paciencia, y no se ponga á cubierto de los estragos que nos amenaza un Exército establecido en *Boston?* No hai duda en que se emplearán sus tropas en ver
cómo pueden romper la asociacion íntima en que consiste nuestra fuerza, y que produce en nuestros enemigos el
temor de verse algun dia dispersos y derrotados. Ellos son
tan crueles y se manifiestan tan sedientos de la sangre de
este Pueblo inocente, el qual solo combate por sus derechos, que sería en nosotros negligencia mui criminal no
prevér el riesgo inminente en que nos hallamos. Por todas
estas consideraciones ha recomendado expresamente el
Congreso se exerciten y instruyan nuestras Milicias, y ex-
horta á cada Ciudad y distrito de la Colonia á proveer á
los Soldados de quanto necesiten con este objeto. Es pues
de suma importancia que los que no se halláren aún armados se provéan prontamente de fusil, bayoneta, cartuchera,
mochila y 30 cartuchos, y que se exerciten tres veces cada
semana, ó mas si fuere necesario. Y para estimular á estos
honrados patricios á adquirir la instruccion y agilidad que
debe tener un buen Soldado, cuidará cada Ciudad y distrito de asignarles una suma razonable para su subsistencia, ó quando hubiese revista general se recompensarán
por la Provincia sus servicios ulteriores.

Podémos aseguraros con las mayores veras que estamos en el ánimo resuelto de vivir ó morir por la libertad
Americana. Ponémos toda nuestra confianza en que el Soberano Dueño del mundo no mirará con indiferencia la conservacion de los derechos de sus criaturas; y le pedimos
humildemente se digne desvanecer los errores y frustrar
las providencias de un Ministerio inflexíble. Oirá sin duda
nuestros clamores, y nos sostendrá en qualquier lance ó
apuro en que nos hallémos. Permita pues su Divina Magestad que tengan felíz éxîto quantas providencias ha to-

mado el Congreso general de América por nuestra seguridad! Que se executen con valor y perseverancia las resoluciones de las Colonias; y, finalmente, que este Pueblo ultrajado se vea restablecido en todos sus derechos, sin experimentar los males y desolacion de una guerra civil! Firmado de orden del Consejo Provincial, *John Hancock*, Presidente, *Benjamin Lincoln*, Secretario [122].

Se concluye fácilmente de la lectura de la Declaración de la Asamblea Provincial de Massachusetts el espíritu de solidaridad americana y con las resoluciones del Congreso Continental que alentaba a los diputados de la castigada colonia. Por otra parte, las decisiones de suspender el comercio con la Gran Bretaña y de instruir las milicias manifiestan el deseo de los colonos de resolver belicosamente la crítica situación de los establecimientos americanos en el caso de que las proposiciones del Congreso Continental no fueran aceptadas. Las restantes provincias no tardaron en dejar constancia de su adhesión a los dictámenes de Filadelfia. La *Gaceta de Madrid* del martes 2 de mayo de 1775 nos informa de las decisiones adoptadas en distintos parajes del continente:

> Por carta de *Boston* de fecha de 16 de Febrero se sabe, que los vecinos de *Marilandia* se juntan por Condados para conformarse con las resoluciones tomadas en el Congreso del 15. El Condado de *Anne-Arundel*, cuya capital es la Ciudad de *Annapolis*, ha declarado que qualquiera que reusáre contribuir á la compra de armas y municiones será reputado por enemigo de la *América*, y su nombre anotado en los papeles y registros publicos del pais. La Asambléa general de la *Nueva Jersey* aprobó las resoluciones del Congreso del Continente, y nombró Diputados para el Congreso general, que se tendrá en Filadelfia por el mes de Mayo [123].

---

[122] *Gaceta de Madrid* del martes 14 de febrero de 1775, sección de Londres, pp. 61-63. *Gaceta de Madrid* del martes 21 de febrero de 1775, sección de Londres, pp. 71-72. En el *Mercurio Histórico y Político* del mes de junio de 1775, sección de Londres, pp. 163-170, se reproduce también la Declaración del Congreso Provincial de Massachusetts.

[123] *Gaceta de Madrid* del martes 2 de mayo de 1775, sección de Londres, p. 180. El *Mercurio Histórico y Político* del mes de mayo de 1775, sección de Londres, p. 60, informa, aunque de forma más general, de la decisión de las colonias de acatar las resoluciones del Congreso de Filadelfia.

El Gobierno de Londres se manifestó dispuesto a admitir las condiciones propuestas por el Congreso [124], aunque no por ello se retractó de las leyes decretadas en la última sesión del Parlamento, ni dejó de ordenar el continuo envío de tropas al continente americano. Sin embargo, esta ambigua postura quedó dilucidada al decidir el Consejo, algún tiempo después,

> que los *Americanos* que han firmado la liga resuelta en el Congreso de *Filadelfia*, son reos de alta traicion, y deben ser castigados como tales [125].

No obstante, los intentos de reconciliar a la metrópoli con los establecimientos septentrionales provinieron no solamente de los *yankees*. Los comerciantes de Londres acudieron reiterativamente ante la Cámara Legislativa para hacerla comprender los perjuicios que ocasionaba a la economía británica la suspensión del comercio con las colonias, y para solicitar la derogación de los *bills* que habían inducido a los americanos a decidir el *boicot* a los productos ingleses. La vieja táctica no tuvo éxito en la presente coyuntura, como tampoco lo tuvieron los programas de Chatham y del lord North. Las circunstancias parecían conjurarse para que ninguna de las propuestas reconciliadoras siguiera adelante. Cuando no era una de las dos facciones en que se encontraba dividido el Parlamento, eran los *congresistas* los que no admitían las condiciones de paz.

El *Mercurio* del mes de mayo nos informa brevemente del proyecto presentado por el conde de Chatham:

> El Lord Conde de *Chatan* presentó en la Cámara alta el proyecto de un decreto, intitulado: *Acto provisional para terminar las turbaciones de América, y asegurar la Soberanía de la Gran Bretaña sobre las Colonias.* Este proyecto se reduce á establecer en las Colonias una Junta de Delegados, subordinada al Parlamento *Británico.* En el discurso que hizo el Lord *Chathan* desaprobó la resistencia de las Colonias á las Leyes *Británicas;* pero aplaudió la conducta de las mismas Colonias que no ha tenido mas

---

[124] *Gaceta de Madrid* del martes 31 de enero de 1775, sección de Londres, p. 43.

[125] *Mercurio Histórico y Político* del mes de mayo de 1775, sección de Londres, p. 61.

objeto que la conservacion de sus derechos y privilegios legítimos. Su dictamen fue aprobado por muchos Miembros de la Cámara; pero combatido tambien por otros, y señaladamente por el Canciller, el qual sostubo que en la actual situacion de los negocios era indispensable mantener con actos de vigor la superioridad de la *Gran Bretaña* sobre las Colonias [126].

La idea de mantener a toda costa la autoridad de la metrópoli sobre los establecimientos americanos prevaleció por encima de cualquier intento pacífico. Lord North consiguió imponer sus designios al lograr que ambas Cámaras aprobasen una representación dirigida al rey en la que se decretaban rebeldes a los habitantes de Massachusetts contra los que pedían se aplicaran las últimas leyes con todo rigor. La oposición se esforzó inútilmente por hacer comprender que el contenido del memorial equivalía a una declaración de guerra [127]. Los acontecimientos y las desdichadas decisiones presagiaban el comienzo del enfrentamiento armado de forma inminente. La *Gaceta de Madrid* y el *Mercurio Histórico y Político* de los años 1775 y 1776 informan reiterativamente en sus ediciones semanales y mensuales de las continuas levas y envíos de tropas, amén de los subsidios otorgados al ejército, efectuados por los ingleses y de los reclutamientos y de las manifestaciones realizadas por las milicias provinciales a la vista de los *casacas rojas*. El gobierno, por otra parte, no acertaba, o no quería acertar, a promulgar una medida reconciliadora. Antes al contrario: el 8 de marzo se aprobó el *bill* que restringía el comercio de New England a la que se la privaba, además, de los bancos de Terranova:

> La resolucion de restringir el comercio de la *Nueva Inglaterra* y privarla de la pesca en los bancos de *Terranova* y en las costas de la *América Septentrional* se apro-

---

126 *Mercurio Histórico y Político* del mes de mayo de 1775, sección de Londres, pp. 61-62. La *Gaceta de Madrid* del martes 21 de febrero de 1775, sección de Londres, pp. 72-73, informa de los debates suscitados en el Parlamento ante la petición de Chatham de retirar las tropas de América como condición previa para iniciar las negociaciones de paz con los colonos.

127 Las *Gacetas de Madrid* del martes 7 de marzo de 1775, sección de Londres, pp. 99-100; del 14, pp. 107-108, y del 21 del mismo mes, pp. 118-121, nos informan de los debates del Parlamento además de transcribir la representación dirigida al rey y la protesta realizada por los miembros de la oposición.

bó el dia 8 del corriente en la Cámara de los Comunes á pluralidad de 188 votos contra 58; y en su conseqüencia se ha fixado para el 20 de Julio próxîmo la época de apresar qualquiera embarcacion de la *Nueva Inglaterra* que se hallàse pescando en dichos bancos, en la costa de *Labrador,* en las del *Golfo* y rio de *S. Lorenzo,* en las del *Cabo Breton, Nueva Escocia* y qualquiera otro parage de las costas de la *América Septentrional* [128].

Semejante resolución no conducía a ninguna parte. Lo único que podía conseguir era exaltar más aún los ánimos de los colonos y afirmarles en su voluntad de independizarse de la despótica metrópoli. Los intentos de *ajuste* proliferaron en el período previo al conflicto armado, durante las campañas e, inclusive, hasta poco antes de firmarse la paz que reconocería a los Estados Unidos de Norteamérica, pero ninguno de ellos prosperó. Puesto que la diplomacia fracasaba, atañía a los ejércitos dilucidar la suerte de las colonias británicas de América, suerte en la que intervendrían las restantes potencias europeas, que, al colaborar con los *rebeldes,* forjarían la caída del *Antiguo Régimen.* La batalla de Lexington estaba a punto de tener lugar. Con ella se iniciaba el enfrentamiento bélico y se abismaban las posibilidades de una reconciliación.

---

[128] *Gaceta de Madrid* del martes 18 de abril de 1775, sección de Londres, p. 165.

IV

LA DECLARACION DE INDEPENDENCIA

¿La revolución norteamericana fue obra de una minoría? ¿Qué fines perseguían los *Hijos de la Libertad*? ¿Estaban en juego los derechos constitucionales del pueblo británico o se luchó únicamente para defender los intereses de un determinado sector de la sociedad colonial? No es nuestro propósito afirmar tesis alguna. Ya expusimos en el prólogo que sólo deseábamos dar a conocer una documentación que facilitara, desde la perspectiva española, la investigación de la independencia de los Estados Unidos de Norteamérica. Relego a otros estudiosos la misión de interpretar y especular sobre el material por mí recopilado. Mientras tanto, continuaré transcribiendo literalmente las noticias de la *Gaceta de Madrid* y del *Mercurio Histórico y Político*. Noticias que reflejan acontecimientos concretos y que se encadenan merced a los comentarios.

Un acontecimiento, un importante acontecimiento, que inicia el choque armado entre las provincias americanas y la Gran Bretaña, fue la batalla librada en Lexington. Las vidas truncadas en aquel paraje determinaron a ambas partes a combatir hasta el final. Una expedición británica destinada a confiscar el armamento que poseían los rebeldes en Concord, fue sorprendida por las milicias provinciales... El *Mercurio* del mes de agosto de 1775 nos refiere los pormenores del encuentro:

> No en vano nuestras Colonias del continente de *América*, irritadas de los procedimientos del Parlamento, amenazaban de rechazar la fuerza con la fuerza y derramar su

sangre por defender sus privilegios. Ya tenemos encendida la guerra entre ellas y nuestras tropas, habiendo salido de estas últimas la primera centella de tan funesto incendio. Un suceso de tanto interés, y cuyas conseqüencias son imposibles de adivinar, merece que se refieran individualmente todas sus circunstancias, que son las siguientes:

El dia 18 de Abril del año próxîmo pasado se embarcó en un gran número de lanchas un destacamento del Exército del mando del General *Gage*, compuesto de 800, á 900 hombres, baxo las órdenes del Teniente Coronél *Smith*, y llegó hasta cerca de una casa de campo, situada mas allá del rio *Charles*; desde donde se adelantó rapidamente dicho destacamento hasta *Concord*, distante cerca de 18 millas de *Boston*. El pueblo inquieto á vista de este movimiento, se juntó en vários parages antes del amanecer, para observar los movimientos de estas tropas. En *Lexington*, Villa situada á 6 millas de *Concord*, se pasaba revista a una compañia de 100 hombres de milicias, cerca de la casa de Ayuntamiento, á tiempo que llegaron las tropas del Rei, cuyo Oficial Comandante, adelantandose algunos pasos, gritó á los Milicianos: *Separaos rebeldes, miserables, soltad las armas y desapareced*. Las tropas del Rei aplaudieron este insulto con gritos de alegría; y habiendo disparado luego dos de los Oficiales sus pistólas, siguieron su exemplo cinco ó seis Soldados, y en breve se dió casi una descarga general, de que quedaron muertos ocho Soldados Milicianos, y nueve heridos. Pocos minutos despues de cometida esta violencia, volvió á tomar el destacamento el camino de *Concord*, donde hizo pedazos porcion de carros y carretas, y destruyó cerca de 20 barriles de flor de harina pertenecientes á la Provincia. Un cuerpo de cerca de 150 Milicianos, se abanzó etónces ácia un puente que tenían ocupado las tropas del Rei, las quales dispararon nuevamente, y mataron dos hombres. La milicia, que hasta aquel instante no había correspondido, hizo fuego, y obligó al destacamento á retirarse ácia *Lexington*, donde encontró al Lord *Percy* con un refuerzo considerable de tropas, y dos cañones de artillería. Entonces, viendose las tropas Reales en número de 1800 hombres, hicieron alto, retiraron sus muertos, y dieron socorro á los heridos. Algunos Milicianos de las Colonias acometieron en *Monotomy* á una partida de doce *Ingléses* que transportaban municiones de guerra, y de boca para las tropas: les mataron un hombre, hirieron á otros muchos, los hicieron á todos prisioneros, y les quitaron sus armas y todas las municiones, sin haber perdido de su parte ni un solo Soldado. Habiendo hecho alto las tropas del Rei por espacio de dos horas en *Lexington*, creyeron deberse poner nuevamente en marcha, llevandose muchos de sus muertos y heridos en sillas y en caballos que encontraron en el camino, y en efecto se retiraron de *Lexington* á *Charles-Town* con mucha precipitacion; pero sin embargo de sus cañones de campaña, continuaron los *Americanos* en picarles la retaguardia, haciendoles fuego, hasta que entraron en *Charles-Town*, á donde llegaron despues de puesto el sol. De *Charles-Town*, pasaron las tropas del Rei hasta la Colina de *Burker*, y desde allí continuaron su marcha hasta entrar en la Ciudad, protegidos del Navío de guerra el *Sommerset*, de 64 cañones.

Luego que las tropas Reales entraron en *Lexington* pegaron fuego á muchas casas, quedando algunas reducidas enteramente á ceniza: saquearon casi todas las que tubieron al paso, rompiendo las puertas y ventanas, y robaron todas las ropas y efectos preciosos que había en ellas. Parece que la intencion de estas tropas era de quemar y destruír quanto se les presentase; y que hubieran executado este proyecto, si no se las hubiese perseguido con vigor. Las cartas de *Salem* refieren que no contentos los Soldados de las tropas Reales con haber muerto á balazos á muchos hombres desarmados, ancianos ó enfermos, sordos á los clamores de los heridos, los mataban sin misericordia, y despedazaban sus Cadáveres con la mayor ferocidad: añadiendo que no obstante el Cruel exemplo de aquellas tropas, no cometió ningun acto de crueldad la milicia *Americana*, antes bien siguiendo los preceptos misericordiosos de la Religion *Christiana*, parecia que no respiraba sinó clemencia y humanidad. Los *Americanos* han tenido 30 hombres muertos, 19 heridos, y 2 perdidos ó extraviados; las tropas Reales han tenido 63 muertos de las tropas de tierra, y 49 de las de la marina, y el número de sus heridos asciende á 103, sin contar dos Tenientes y doce Soldados que quedaron prisioneros. Los Milicianos muertos en defensa de su país han sido enterrados con mucha solemnidad, y se les mira como los primeros martires de la libertad y derechos de las Colonias.

Estas noticias que se supieron aquí por cartas particulares, habían hecho baxar uno por ciento en los fondos públicos, quando se recibió la confirmacion por la carta siguiente que el Congreso Provincial, congregado el dia 26 de Abril en *Watterstown*, dirigió á los habitantes de la *Gran Bretaña.*

«AMIGOS Y CONCIUDADANOS:

Al fin las tropas del mando del General *Gage* han empezado á cometer hostilidades en esta Colonia; y siendo de la mayor importancia haceros una fiel y autentica narracion de este procedimiento inhumano, ha resuelto el Congreso de esta Colonia informaros de todo. El Congreso general no se halla actualmente congregado, por lo que confiamos nuestros males y nuestras quexas á nuestros hermanos de la *Gran Bretaña.*

De las declaraciones mas unanimes consta, que la noche de 18 al 19 de Abril desembarcó secretamente en *Cambridge* un cuerpo de tropas del Rei, á las órdenes del Coronél *Smith*, con manifiesto designio de tomar ó destruir los víveres y municiones que habiamos juntado en *Concord*. Muchos habitantes de la Colonia, que viajaban tranquilamente por el camino que vá desde *Boston* á esta última Ciudad, fueron arrestados por gentes armadas, que parecian Oficiales del Exército del General *Gage*. Llegaron estas nuevas á *Lexington*, y con este motivo se juntó allí una Compañía de solos cien habitantes para oponerse á 900 hombres, por lo menos, de tropas regladas.

Estas últimas tropas, que se dirigian á *Concord*, entraron en la Ciudad de *Lexington*, y la Compañia de los 100 hombres se disipó á su llegada; pero las tropas del General *Gage* persiguieron alguno pelotones de ella, haciendo fuego y matandoles 8 hombres, á mas de algunos heridos.

El Coronél *Smith*, triunfante de aquel corto número de fugitivos, marchó entónces á *Concord* con su destacamento, que hizo tambien fuego contra la Milicia provincial antes que esta hubiese hecho movimiento alguno. Estas hostilidades de parte de las tropas del Rei, lexos de inspirar terror al cuerpo de la Milicia, motivaron un convate, que duró todo el dia, y en que fueron muertos y heridos muchos Milicianos provinciales, bien que con mas considerable pérdida de parte de las tropas regladas. Las crueldades que estas cometieron en su retirada de *Concord* á *Charles-Town* serían largas y dificiles de referir, y ni aun parecerían verisimiles [*sic*]. En el camino saquearon y dexaron inhabitables muchas casas, y quemaron otras: la Soldadesca desenfrenada obligó á muchas mugeres paridas á salir desnudas de sus lechos para buscar su seguridad en la fuga: muchos ancianos y enfermos han sido pasados á cuchillo en sus habitaciones; y en fin se han visto escenas que indignarán seguramente á los historiadores de una Nacion civilizada que hace la guerra á sus Conciudadanos».

Aquí corren algunos certificados, legalizados en la forma prescrita, que acusan claramente á las Tropas del Rei de haber cometido las primeras hostilidades. El del Sr. *Gould,* uno de los Tenientes que los Americanos hicieron prisioneros, no lo dice tan afirmativamente. Esta es su traducción:

«Yo *Eduardo Thorntton Gould,* del Regimiento de Infantería del Rei, que tengo la edad prescrita por las leyes, certifico y declaro que la noche del 18 del presente mes, me embarqué, por orden del General *Gage,* con la Infantería ligera y los Granaderos de la *Ligne,* mandado por el Coronél *Smith;* y que yo desembarqué el dia 19 cerca de *Cambridge,* desde donde marchamos á *Lexington.* A nuestra llegada á esta plaza, encontramos en ella un cuerpo de tropas provinciales, como de 70 hombres armados, los quales se separaron luego que nos vieron. Poco despues comenzó el fuego; pero no puedo decir con verdad qual de los dos partidos lo empezó, á causa de los gritos que daba la tropa en el abance. El fuego duró mientras tubimos delante algunos de dichos Milicianos.

Desde allí marchamos á *Concord,* y quando yá estabamos cerca de esta Ciudad, vimos sobre una altura un cuerpo de tropas Provinciales. Las Compañías de Infantería ligera tubieron orden de ir á echarlas de aquel puesto; y á nuestra llegada los Milicianos se retiraron ácia *Concord*, mientras los Granaderos continuaban su marcha por dicha altura ácia la Ciudad. Mandóse á 6 Compañías de Infantería ligera que se apoderasen del puente por donde los Provinciales habían hecho su retirada, y otras tres Compañías de nuestros destacamento se abanzaron dos millas mas allá del puente referido. Entretanto las tropas Provinciales vinieron ácia nosotros, en número de 300 á 400 hombres, y nosotros abanzamos por la parte del puente de *Concord*, empezandose una accion, en que fuimos los primeros á hacer fuego, que duró continuamente de una y otra parte todo el dia. Yo fuí herido en el ataque del puente, y actualmente se me está curando en *Medford* con la mayor humanidad y con todo el cuidado posible. *Medford* 25 de Abril de 1775. Firmado *Eduardo Thorntton Gould*, Teniente del Regimiento de Infantería del Rei».

Habiendo recibido la Corte várias pliegos del General *Gage*, posteriores al suceso que acabamos de referir, se han juntado los Ministros para conferir sobre las medidas que deberán tomarse para oponer á los *Americános* fuerzas capáces de reducirlos, y se ha resuelto que dos Navíos de guerra y tres de transporte se hagan á la vela para *Boston* con dos Regimientos que tienen á su bordo [1].

El enfrentamiento de Lexington predispuso definitivamente a una y otra parte a solucionar la situación colonial por las armas. Mientras la Gran Bretaña enviaba, casi de continuo, refuerzos al continente americano, los *rebeldes*, a su vez, concentraban las milicias alrededor de Boston. Las evoluciones de ambos ejércitos hacían presagiar que la próxima acción se desarrollaría en la capital de Massachusetts. El propósito de los Hijos de la Libertad era conquistar mediante el bloqueo a la sitiada ciudad. La *Gaceta* del 4 de julio de 1775, después de transcribir la relación que el Congreso Provincial de New England hizo de la batalla de Lexington, nos informa a este respecto:

---

[1] *Mercurio Histórico y Político* del mes de agosto de 1775, sección de Londres, pp. 378-389. Las *Gacetas de Madrid* del 27 de junio, pp. 243-244; del 4 de julio, pp. 251-252, y del 11 del mismo mes, pp. 260-261, informan también del enfrentamiento de Lexington.

El Oficial despachado con estas noticias, refiere tambien que la Ciudad de *Boston* quedaba cercada por 22[000] hombres de tropas Provinciales, gente toda determinada y valerosa, á las órdenes de los Sres. *Ward, Prible, Heath, Prescot* y *Tomás*, que hacen de Generales, teniendo en su campo 47 cañones: que la ala derecha, cuya mayor parte está campada, se extiende desde *Cambridge* hasta *Roxbury*: que la izquierda ocupa el terreno que hai hasta *Mystich*: que el quartel general está en *Cambridge*, con el competente número de partidas que aseguran la comunicacion: que otro cuerpo de 6[000] Milicianos, todos naturales de *Conecticut* y mandados por el Coronel *Putnam*, se halla cantonado, como de reserva, entre *Cambridge* y *Worcester*: que se había conseguido tomar quantas provisiones se conducían á *Boston*, á fin de obligar al General *Gages* echase fuera á los vecinos: que cortada en esta forma la comunicacion de la Ciudad con lo interior del país habían suplicado los vecinos al General les permitiese salir con sus mugeres y hijos, y que aunque lo había negado desde luego era regular que al fin se viese precisado á condescender con su instancia por no hallar modo de proveer lo necesario para su subsistencia. Las Milicias del país solo esperaban el momento de ver salir de la Ciudad á los infelices vecinos para atacar dentro de ella al General *Gages*, conteniendose hasta ahora por no exponer á los *Bostonenses* á una catastrofe universal. En breve sabrémos las resultas, que precisamente serán funestas para la Ciudad de *Boston*, pues contiene 24[000] habitantes [2].

La acción de Lexington tuvo, además, la virtud de decidir a las restantes colonias a ayudar a los compatriotas de Massachusetts. Las cartas de New York extractadas por la *Gaceta de Madrid* del 11 de julio de 1775 comunican

que la noticia de los últimos acaecimientos había hecho la mas viva impresion en aquella Colonia: que sublevada la Plebe se había apoderado de las fortificaciones y municiones de la Ciudadela, hecho prisionera la guarnicion, tomado las riendas del Gobierno, y declarado que se halla-

---

[2] *Gaceta de Madrid* del martes 4 de julio de 1776, sección de Londres, p. 252.

ba resuelta á asistir á sus compatriotas de *Masachuset*, y á defender sus derechos y libertad á qualquiera costa que fuese. Parece que dominaba el mismo espiritu en las Colonias vecinas; pero que algunas acababan sin embargo de nombrar nuevos mediadores para la Corte [3].

No obstante, el asedio de Boston no podía llegar a buen término si las milicias no se proveían de alimentos y, sobre todo, de armas. Éstas, principalmente las de mayor eficacia en un bloqueo, los cañones, había que buscarlas en las posiciones británicas. Por ello los americanos se aventuraron en pequeñas escaramuzas en las que el factor sorpresa contaba como un elemento estratégico más. El *Mercurio* del mes de octubre nos refiere la acción llevada a cabo en Ticonderoga por las milicias provinciales:

El Coronél *Easton* llegó el dia 18 de Mayo á *Watertown*, y participó al Congreso Provincial de *Nueva Inglaterra* que las Tropas *Americanas* se habían apoderado del Fuerte de *Ticonderoga*, sin haber perdido ni un solo hombre. La relacion que tenemos aquí de esta expedicion, dice lo siguiente.

«El dia 11 de Mayo llegaron los Coroneles *Allen* y *Easton*, que mandaban 240 hombres, así de la Provincia de *Connecticut*, como de la de *Massachusset Bay*, á el Lago, el qual pasaron, cerca de *Ticonderoga* 80 hombres, y se presentaron delante del Fuerte al amanecer. La centinela, admirada de su aparicion, les hizo fuego; sin embargo nuestros Soldados abanzaron: se apoderaron de la centinela, pasaron por el camino cubierto, y se alojaron en la Plaza de armas, sin que en todo este tiempo despertase la guarnicion. Una triple aclamación de *Hutzza* [sic], que hicieron los Privinciales, luego que estubieron formados en batallon quadrado, la despertó, y hubo una ligera escaramuza en que algunos Soldados de la guarnicion quedaron heridos. El Oficial que mandaba en el Fuerte se adelantó entonces con harta fiereza, para preguntar á los *Americanos* qué era lo que aquella significaba, y qual su intencion. El Coronél *Easton* le respondió, poniendole la mano en

---

[3] *Gaceta de Madrid* del martes 11 de julio de 1775, sección de Londres, p. 262.

el hombro, *que era su prisionero y que en nombre de la América le requería que rindiese inmediatamente el Fuerte á las tropas Americanas, con todo lo que en él había.* Quiso replicar el Comandante; pero el Coronél *Easton* le interrumpió repitiendole, *que él y su guarnicion eran prisioneros;* de suerte que no le quedó otro arbitrio que el de manifestar que esperaba se le tratase con honor; á que se le respondió, *que se le trataría con mas honor que las tropas Británicas trataban á los habitantes de Boston.* Entonces el Comandante mandó á los Soldados del Fuerte que dexasen las armas, y se rindiesen á discrecion. Se han encontrado en *Ticonderoga* 120 cañones de hierro de los calibres desde 6 hasta 24: 50 pedreros de diferentes tamaños: dos morteros de á 10 pulgadas; un obuz: diez toneles de balas de fusil: tres carros de fusiles: 30 cureñas nuevas: cantidad de bombas: un almacén lleno de materiales para construir barcas: armas cortas para 100 Soldados: 20 barriles de pólvora: dos cañones de bronce: 30 barriles de harina: 18 de cerdo salado: cantidad de habas y guisantes; y 24 prisioneros, sin contar las mugeres y niños.

Concluida esta expedicion, se envió un destacamento á tomar posesion de *Crown Point*, donde se encontró un trén mui bueno de artillería; y otro destacamento pasó á *Skenesborough*, donde hizo prisioneros al Sargento mayor *Skene*, con su familia y algunos Soldados, y en este puesto se encontraron algunos cañones pequeños.

El Coronél *Allen* quedó por Comandante del Fuerte, y el Sr. *Juan Brown* ha conducido á lo interior del país los prisioneros, que, comprehendidos los *Negros*, llegan á 100 [4].

Se deduce de la anterior relación que la noticia del enfrentamiento de Lexington no había sido recibida en todas las guarniciones británicas. Solamente de esta forma puede ser explicada la extrañeza del oficial inglés. Los norteamericanos, por su parte, continuaron valiéndose del desconcierto inicial para llevar a cabo rápidas acciones contra pequeños fuertes de los que les interesaba, sobre todo, el armamento apto para ser utilizado en el asedio de

---

[4] *Mercurio Histórico y Político* del mes de octubre de 1775, sección de Londres, pp. 173-175. La *Gaceta de Madrid* del martes 25 de julio de 1775, sección de Londres, p. 275, informa de la presente acción.

Boston o en futuras empresas de mayor envergadura que las efectuadas en estos primeros instantes. Así, la *Gaceta de Madrid* del 8 de agosto de 1775 nos informa del ataque realizado por los *yankees* contra el fuerte de S. Juan, próximo a Montreal:

> Otra embarcacion que partió de *Salem* el 5 de Junio encontró en su navegacion 15 navíos de transporte, habiendo llegado á *Boston* los demás antes de su partida. Con este motivo se sabe que algunos *Americanos* habían subido el rio hasta el Castillo de *S. Juan*, cerca de *Montreal*, en donde sorprendieron la guarnicion, compuesta de 14 hombres, quitandoles las armas, municiones y víveres, y apoderandose de una chalupa del Rei con dos cañones de bronce y de quatro barcas; y que despues de haber quemado otras cinco menos se habían retirado. Añaden que cierto Coronel, nombrado *Allen*, ocupó dicho Castillo con 100 Provinciales; pero que habiendole acometido al dia siguiente 200 hombres que salieron de *Montreal* se vió precisado á retirarse con pérdida. Todas estas noticias acreditan que se hará universal la guerra en las Colonias, á menos que el General *Gages* no consiga con alguna diestra operacion vencer al Exército Provincial que iba ya marchando ázia *Boston*, ó se convenga en el Congreso general sobre algun medio aceptable que sirva de basa para una pacificacion. Entretanto no hai duda en que la mayor parte de los *Americanos* están mas acalorados que nunca contra los *Ingleses*, á quienes tratan de opresores, manifestandose resueltos á vencer ó morir en defensa de su libertad [5].

Con la acción de S. Juan se esboza cuál era la táctica de los norteamericanos. Antes que nada, había que proteger la retaguardia de las milicias que asediaban Boston de los posibles ataques que pudieran llevar a cabo los británicos desde el Canadá. En segundo lugar, se debía intentar la adhesión de la antigua provincia francesa a la causa de los rebeldes, con lo que se conseguiría que las tropas de Su Majestad no maniobrasen en el frente norte. Los ingleses se percataron de la importancia estratégica de Montreal y de Quebec para dominar la rebelión en New England, en donde,

---

[5] *Gaceta de Madrid* del martes 8 de agosto de 1775, sección de Londres, pp. 292-293.

hasta el presente, se concentraba la situación conflictiva. Resultaba imprescindible que un ejército británico descendiera hacia Boston para atenazar a los provinciales que sitiaban la ciudad. Al mismo tiempo, la conquista de New York evitaría que los *yankees* pudieran recibir ayuda de las colonias meridionales. Se pensaba que la sublevación americana se resolvería en una gran batalla, que tendría lugar en la capital de Massachusetts, y que quien la ganara, sería dueño de la situación. La *Gaceta de Madrid* del 15 de agosto de 1775 nos informa de la estrategia británica:

> El dia 29 del pasado se recibieron aquí cartas del General *Carleton*, Gobernador de *Quebec*, y se pasaron inmediatamente al Palacio de *Kew*, donde reside S. M. Parece son relativas á las disposiciones que daba dicho General para baxar ázia los Lagos del *Canadá* con la tropa reglada de su mando, á fin de apoderarse del pais situado detrás ⸱de la *Nueva Inglaterra*, mientras que el General *Gages* estrechaba á los *Americanos* por otro lado; añadiendose que el General *Burgoyne*, con un cuerpo de 5[000] hombres, debía apoderarse de la *Nueva Yorck* para impedir la llegada de los socorros de las Provincias meridionales, y que el navío de guerra la *Asia* había salido de *Boston*, á fin de bloquear el Puerto de la *Nueva Yorck*[6].

Los planes británicos requerían tiempo y la situación de Boston era acuciante. Los norteamericanos se fortalecían en sus posiciones y las tropas y los habitantes de la ciudad sitiada comenzaban a carecer de lo preciso. Resultaba necesario romper el cerco y realizar alguna maniobra que debilitase a las milicias provinciales. La *Gaceta de Madrid* anteriormente citada transcribe una carta del general Gage en la que informa al Secretario de Estado Lord Darmouth de la acción que tuvo lugar el 17 ⸱de junio entre los *casacas rojas* y los *yankees:*

> MILORD. Paso á informaron á V. E. de una acción que las tropas de S. M. tubieron el 17 del corriente contra un considerable cuerpo de rebeldes.

---

[6] *Gaceta de Madrid* del martes 15 de agosto de 1775, sección de Londres, p. 298. La *Gaceta de Madrid* del 24 de octubre, p. 378, vuelve a proporcionarnos noticias sobre la táctica británica.

El navío de guerra el *Lively* hizo señal con un cañonazo al amenecer de dicho dia, y poco despues se tubo aviso de que los rebeldes estaban formando una batería, en la eminencia de la península de *Charles-Town*, dirigida contra esta Ciudad. Vióseles claramente trabajar, y al cabo de pocas horas descubrimos dicha batería con los cañones montados. Sin perder tiempo se mandó destinar alguna tropa para desalojarlos de allí, y en efecto desembarcaron con la mayor celeridad en la península sin oposicion, y al abrigo de algunos navíos de guerra y otras embarcaciones y botes armados (cuyo fuego contubo á los rebeldes dentro de sus reductos) diez Compañías de Granaderos, diez de Infantería ligera, y los batallones numeros, 5, 38, 43 y 52, con proporcionada cantidad de artillería de campaña, baxo las ordenes del General *Howe* y del Brigadier General *Pigot*. Formó esta tropa apenas hubo desembarcado: la Infantería ligera se colocó a la derecha, y los Granaderos á la izquierda: los batallones 5 y 38 formaron la retaguardia; y los de los numeros 43 y 52 compusieron una tercera linea. Observamos desde luego que los rebeldes ocupaban las alturas y una situacion mui ventajosa. Un reducto construído la noche del 16 y otras obras bien guarnecidas de tropas y artillería con otro cuerpo considerable, apostado en las casas de *Charles-Town*, cubria su flanco derecho: el centro y la izquierda estaban defendidos por un parapeto que les llegaba al pecho, el qual se extendía hasta el rio *Mystick ó Merford*.

Habiendose reconocido la fuerza de los rebeldes, y visto que marchaban para socorrerlos grandes columnas, enviaron á pedir nuestras tropas un refuerzo, y se las socorrió con algunas Compañias de Infantería ligera y de Granaderos, con el Batallon 47 y con el 1.º de Marina. Toda esta tropa fue abanzando formada en dos líneas, y el ataque empezó con un vivísimo fuego de nuestra artillería de campaña y de los obuses. Las lineas iban ganando terreno lentamente, haciendo mui á menudo alto para dar lugar á que jugase la artillería. Se dió orden á la Infantería ligera de atacar la izquierda del parapeto que los rebeldes habían construido para cubrirse hasta el pecho, y de tomar el rebellin en flanco; y á los Granaderos que atacasen al mismo tiempo el frente, sostenido por los Batallones 5 y 52. Executó la tropa estas órdenes con mucha constancia, sin embargo del violento fuego que hacía el gran numero de rebeldes, y de los várias obstáculos que encontró antes de poder llegar á las obras. Y aunque la izquierda, mandada por el Brigadier General *Pigot*, estaba tambien empeñada con los rebeldes en *Charles-Town*, Ciudad que en un momento oportuno fue incendiada, prosiguió el Brigadier su intento y se apoderó del reducto.

Entonces fue quando se obligó a los rebeldes á salir de sus fuertes cotaduras, y se les persiguió hasta que evacuaron la península, dexandose atrás cinco piezas de artillería.

Creemos que la pérdida de ellos sea mui considerable, segun el gran número que llevaron durante la accion á enterrar en hoyos, que despues hemos descubierto, y esto es sin contar los Soldados, que sin duda han perdido por el fuego de los navíos y botes. El dia siguiente enterramos cerca de ciento, y hallamos en el campo 30 heridos, de los que murieron tres despues.

Esta accion ha hecho ver la superioridad de las tropas del Rei, que á pesar de las desventajas que tubo atacó y deshizo un cuerpo más de tres veces superior en el número y en las circunstancias de su situacion.

La plausible conducta del General *Howe* en esta accion y su exemplo animaron á la tropa, contribuyendo á ello igualmente el mayor General *Clinton*, que siguió con el refuerzo. Para hacer justicia al Brigadier *Pigot* debo decir que el éxîto del dia se debe en gran parte á su firmeza y valor. Los Tenientes Coroneles *Nesbit*, *Abercombrie* y *Clarck*; los Mayores *Buttler*, *Williams*, *Bruce*, *Spendlove*, *Smelt*, *Mitchell*, *Pitcairne* y *Short* se portaron admirablemente. En general el valor de los Oficiales y Soldados se distinguió en esta accion mas que nunca.

Incluyo á V. Exc. la lista de los muertos y heridos que hemos tenido en esta ocasion, individualizandolos por sus cuerpos y grados, y en ella hallará V. Exc. que el total asciende á un Teniente Coronel, dos Sargentos mayores, 7 Capitanes, 9 Tenientes, 15 Sargentos, un Tambor y 191 Soldados muertos; y á 3 Mayores, 27 Capitanes, 32 Tenientes,

8 Alféreces, 40 Sargentos, 12 Tambores y 706 Soldados heridos [7].

La situación exigía por parte americana una mayor organización. No se había alcanzado ninguna solución pacífica desde que el Congreso de Filadelfia se separó. Por ello, y de acuerdo con lo estipulado, los diputados de las diferentes provincias debían reunirse de nuevo para estudiar la coyuntura en la que se encontraban las colonias. La carta circular que Lord Darmouth dirigió a los gobernadores transmitiéndoles las órdenes del Rey de oponerse al nombramiento de los delegados y de exhortar a los habitantes a desistir de tal empeño [8], no retrajo a los rebeldes: los representantes fueron elegidos y el Congreso se reunió. El programa se reducía a manifestar las causas por las que había tomado las armas, a formular una petición reconciliatoria al monarca y a promulgar una serie de medidas militares y económicas que encauzaran a las milicias mientras se aguardaba una respuesta del gobierno de Londres. La *Gaceta de Madrid* del 25 de julio nos informa de las primeras resoluciones del Congreso:

> Todas las cartas de *América* confirman la resolucion en que se hallan las Colonias de sostener sus derechos á qualquier costa. Las primeras decisiones del Congreso general de *Filadelfia* se dirigen á exhortar á los moradores de las Provincias *Meridionales*, que pues tienen Caballería en abundancia formen quanto antes 20 Regimientos de á 500 hombres; y por lo respectivo á las *Septentrionales* las intiman que apronten otros Cuerpos de Infantería: en el supuesto de que se providenciará sobre la subsistencia de unos y otros, baxo la garantía del mismo Congreso general. Ofrece tambien publicar quanto antes un Manifiesto en que se expresarán los motivos que han obligado á los *Americanos* á tomar las armas: con cuyo motivo se convidará á las Potencias marítimas de *Europa* á proteger el comercio de dichas Colonias y á participar de las ventajas que hasta ahora han sido privativas de la *Gran Bretaña* [9].

---

[7] *Gaceta de Madrid* del martes 15 de agosto de 1775, sección de Londres, pp. 299-301.

[8] *Gaceta de Madrid* del martes 20 de junio de 1775, sección de Londres, p. 237.

[9] *Gaceta de Madrid* del martes 25 de julio de 1775, sección de Londres, p. 274.

En realidad, los americanos no deseaban la independencia: Tan sólo deseaban que se restituyera el *status* en que se encontraban las colonias con anterioridad a 1763. Quizá parezca que esta afirmación se contradice con las resoluciones del Congreso transcritas, pero conviene señalar que si los diputados debían, por un lado, dejar constancia de los derechos de las provincias y formular los principios de una reconciliación. (Se propuso al Gobierno de Londres que si la Gran Bretaña renunciaba a la imposición de tasas, o si permitía a los establecimientos de la América Septentrional comerciar libremente con las potencias europeas, los norteamericanos, por su parte, se someterían a la regulación del comercio o aumentarían su contribución a las necesidades del imperio.) Por otro, debían de adoptar las medidas pertinentes en caso de guerra. Estas medidas, que desmentían ante los ojos de los ingleses las intenciones *yankees* de llegar a un arreglo pacífico, durarían hasta que la metrópoli aceptase las condiciones del Congreso u ofreciese otras razonables. No cabía otra solución. Si se aguardaba de forma impune a una reconciliación, los *casacas rojas* se encargarían de reprimir el espíritu sedicioso. Además, había que mirar hacia el futuro: si la presente coyuntura se difería indefinidamente, habría que buscar la alianza de naciones europeas, Francia y España, con objeto de que prestasen su ayuda financiera y militar a cambio de ofrecerlas las ventajas comerciales de que había gozado la Gran Bretaña, con lo que, a su vez, se reactivaría la economía de las colonias. La declaración de independencia sería la última resolución que se pensaba adoptar, y eso cuando las esperanzas de lograr un *ajuste* con el Gobierno de Londres se hubieran disipado, llegado el momento en que los comerciantes y los plantadores considerasen que las pérdidas habían alcanzado un nivel peligroso, pérdidas que había que enjugar aunque fuera pactando con los *papistas*... Entre tanto, la prensa española informa de las decisiones del revolucionario Congreso de Filadelfia. La *Gaceta de Madrid* del 1 de agosto de 1775 extracta la respuesta de aquél a la consulta formulada por la ciudad de New York sobre el modo con que se debería tratar al ejército inglés:

> Por dos navíos que acaban de llegar de *Filadelfia* se ha tenido noticia formal de lo determinado en el Congreso General para responder á cierta consulta de la Ciudad y Condado de la Nueva Yorck sobre el modo con que debería tratar á la tropa *Inglesa* que se esperaba en aquella

Colonia. La resolucion fue que se mantengan sobre la defensiva en quanto lo permita su propia seguridad: que déxen á los Soldados ocupar sus quarteles pacíficamente; pero que no se les permita levantar fortificaciones, ni interrumpir la comunicacion de la Ciudad con lo interior del país: que en caso de cometer alguna hostilidad ó causar perjuicio grave á los vecinos, sean rechazados con la fuerza: que se saquen de la Ciudad las municiones de guerra, excepto las pertenecientes al Gobierno: que se señalen lugares á donde puedan retirarse las mugeres y niños en caso necesario; y en fin que se aliste el competente número de mancebos para precaver el país de todo insulto [10].

La *Gaceta de Madrid* del 22 de agosto de 1775 comunica nuevas resoluciones del Congreso:

El Congreso general de *Filadelfia* acaba de dar el último paso, pues su resolucion de 8 de Junio próxîmo pasado, dice en sustancia: «que habiendose violado el pacto que habia entre la Corona *Británica* y el Pueblo de *Massachuset Bay*, con la alteracion del privilegio concedido por el Rei *Guillermo*, se recomendaba á los habitantes de dicha Provincia procediesen al establecimiento de nuevo Gobierno, eligiendo Gobernador, Consegeros y una Asambléa general con arreglo á las facultades contenidas en dicho privilegio». Además, ha resuelto el mismo Congreso subsistir unido hasta que tenga noticia de la prorrogacion del Parlamento *Británico*, y entonces separarse, nombrando antes un Consejo de guerra, compuesto de un Delegado de cada Colonia, el qual se juntará en *Hartford*, Provincia de *Connecticut*, y dirigirá las operaciones de los Exércitos *Americános*. Segun otros avisos parece pensaban los Colonos en formar una Esquadra para resguardo de sus costas; que el referido Congreso de *Filadelfia* habia resuelto igualmente levantar 70[000] hombres de tropas efectivas para defender los justos derechos y prerrogativas de las Colonias; que para su subsistencia se tomasen tres millones de libras á 6 por 100, cuya suma se debía reembolsar en

---

[10] *Gaceta de Madrid* del martes 1 de agosto de 1775, sección de Londres, pp. 283-284.

dos años; que no se admitiese ni pagase en *América* letra de cambio ó crédito alguno perteneciente á Oficiales del Exército ó de la Marina Real, ni menos se les aprontase ningun dinero, ni se socorriese con cosa alguna á las embarcaciones fletadas para conducir tropas y municiones de guerra contra las Colonias. Persisten en iguales disposiciones todas las demás Provincias, con el fin de hacer la mas vigorosa resistencia; y han enviado ya gruesos destacamentos ázia las fronteras para oponerse á los *Canadienses,* que á las órdenes del General *Carleton* estaban en marcha para favorecer las operaciones del General *Gages.* Parece que los *Americános* tenían formado un campo de mas de 40[000] hombres en situacion tan ventajosa, entre *Roxburgo* y *Cambridge,* que su derecha se halla defendida por un gran desfiladero, su izquierda por una laguna impracticable, y el frente tambien mui dificil de ser atacado [11].

Aún faltaba, para completar la serie de medidas militares adoptadas por el Congreso, el nombramiento de un comandante en jefe del ejército norteamericano, capaz de coordinar las acciones de las milicias y de imponerlas una disciplina. La *Gaceta de Madrid* del 29 de agosto recoge el rumor de que dicho cargo había recaído sobre la persona de «Mr. *Washington,* Coronél de la *Virginea*» y que se dirigía hacia New England para ponerse al frente de las tropas que asediaban la ciudad de Boston. Informa, además, de que dichas tropas se verían reforzadas por los provinciales de las colonias que atravesaba en su camino hacia Massachusetts [12]. El presente rumor adquiere el carácter de oficial en la *Gaceta de Madrid* del 5 de septiembre, que comunica en los siguientes términos la designación de Washington:

> El Congreso general de *Filadelfia* ha nombrado al Coronél *Washington* por Comandante en Gefe del Exército *Americáno,* y á Mr. *Lee* por Mayor General. De orden del

---

[11] *Gaceta de Madrid* del martes 22 de agosto de 1775, sección de Londres, pp. 309-310.

[12] *Gaceta de Madrid* del martes 29 de agosto de 1775, sección de Londres, p. 314.

mismo Congreso se van á levantar otros mil hombres, que mandará el Coronél *Ward*, natural de la *Nueva Inglaterra*, siendo su ayudante Mr. *Gaites*, que sirvió con mucha distincion en las ultimas guerras, y se retiró poco satisfecho á las Islas, donde se halla establecido.

El General *Washington* y el Mayor *Gaites*, al frente de mil caballos, se pusieron en marcha el 26 de Junio, y atravesando la *Nueva Yorch* se dirigían al campo que está formado delante de *Boston*. En el camino se han incorporado con ellos dos mil voluntarios de Infantería, provistos de todo lo necesario. Algunas semanas antes se habían puesto en marcha con el mismo destino otros 500 hombres de la *Virginea* por el Condado de *Cumberland*, que es el camino mas corto [13].

La misma *Gaceta*, después de transcribir la representación que la asamblea provincial de New York hizo al general Washington, a su paso por la ciudad, y la respuesta de éste a aquélla, nos informa de las acciones y de la situación de Boston desde el último enfrentamiento:

Desde el dia 17 de Junio en que las tropas del Rei consiguieron la sabida ventaja, no se ha oído de otra accion de conseqüencia. Pero los *Americános* estaban en marcha por todas partes, dirigiendose ázia *Boston;* de que se infiere haya ocurrido algun nuevo suceso, que por no sernos favorable se procure tener oculto: es verdad que observandose el mismo silencio por los partidarios de los rebeldes, resulta igual congetura contra éstos, pues yá se habrían ponderado sus ventajas si las hubiesen tenido. Las únicas noticias que nos han llegado se reducen á que diez dias despues de la accion de *Charles-Town* empezaron nuestras tropas á hacer fuego desde el Istmo de *Boston* contra la pequeña Ciudad de *Roxbury:* que batieron por espacio de doce horas dicha Plaza, logrando incendiarla por muchas partes: que despues enviaron algunos destacamentos para reconocer la altura; pero que habien-

---

13 *Gaceta de Madrid* del martes 5 de septiembre de 1775, sección de Londres, pp. 323-324.

> dola encontrado demasiado fortificada para poder desalojar de ella al enemigo, se desistió por entónces de todo nuevo proyecto ofensivo, á pesar de los preparativos de los *Americános;* y que en efecto ellos habian tomado una batería colocada en la punta de *Dorchester,* desde donde podían tambien incomodar á la Ciudad de *Boston,* entregada ya á todos los horrores de la guerra por falta de provisiones frescas y de otros auxîlios [14].

Mientras tales acontecimientos se desarrollaban en el continente americano, en la metrópoli William Penn, gobernador y descendiente de los fundadores de Pennsylvania, entregaba al rey un memorial del Congreso con diversas proposiciones de reconciliación. Al mismo tiempo, las declaraciones de la Asamblea General norteamericana informaban a la opinión pública que los *rebeldes* habían tomado las armas para defender su libertad. No les inspiraba ningún

> ambicioso proyecto de separarnos de la *Gran Bretaña,* ó de establecer Estados independientes. Tampoco peleamos por adquirir reputacion, ni por hacer conquistas; pues en el instante en que cesen las hostilidades por parte de los agresores, desvaneciendose el rezelo de que puedan volver á renovarse, dexarémos tambien las armas.

Estas pacíficas afirmaciones se contradecían con anteriores resoluciones y con la decisión de declarar «violentos y opuestos á la Constitucion» los actos que restringían la navegación y el comercio de New England y prohibían a dicha provincia establecer *pesquerías* en los bancos de Terranova [15]. El gobierno inglés no acababa de comprender cómo ni por qué los norteamericanos ofrecían una mano en señal de paz mientras que con la otra firmaban decretos manifiestamente sediciosos, subversivos.

Al mismo tiempo que informaba de la llegada de Washington y de Lee al cuartel general de Cambridge, la *Gaceta de Madrid* del 3 de octubre extracta y transcribe parcialmente la representación del Congreso al Rey en los siguientes términos:

---

[14] *Ibíd.,* p. 325.
[15] *Gaceta de Madrid* del martes 12 de septiembre de 1775, sección de Londres, pp. 333-334.

En la representación del Congreso general, entregada á S. M. por mano del Conde de *Darmouth*, se citan mui por menor los agravios y quexas de los *Americános*, y los males que podrán seguirse de la actual desavenencia, concluyendo con suplicar al Rei se digne «de emplear su autoridad para la satisfaccion de dichas quexas. Propone el Congreso humildemente á la elevada consideracion de S. M. el medio mas oportuno que halla para que las representaciones unidas de sus fieles Colonos puedan conducir á la mas pronta y permanente reconciliacion: que en el interin se tomen providencias para evitar la efusion de sangre de sus vasallos mediante la revocacion de los actos que ofenden á las Colonias, y declara finalmente que interviniendo tales reglamentos dispuestos por la gran penetracion de S. M. para saber el dictámen general de sus Pueblos *Americanos*, puede estar persuadido de que recibirá los mas gratos testimonios del respeto y buena disposicion de las Colonias; proporcionandose de esta forma la ocasion tan deseada por ellas de manifestar la sinceridad de sus intenciones, &c.» Firmaron esta representacion 49 Delegados de todas las Colonias [16].

La *Gaceta de Madrid* del 21 de noviembre, a continuación de informar de la conquista de Halifax por los provinciales, y de recoger el rumor de que los americanos atacarán el Canadá por Quebec y Montreal con las tropas, respectivamente, de los generales Putnam y Schuyler, transcribe una carta de «un individuo del Congreso Provincial de Filadelfia», fechada a 24 de agosto, en la que asegura que el

> 10 del mes proxîmo se interrumpirá enteramente el comercio con la Metrópoli y con las demás Provincias *Británicas;* y si el Ministerio no llega á reconocer que es de su justicia y equidad restituir á las Colonias al mismo pie en que se hallaban antes del año de 1763, entonces se verá que el Congreso General tomará la providencia de franquear el hibierno próxîmo nuestros Puertos á todas las

---

[16] *Gaceta de Madrid* del martes 3 de octubre de 1775, sección de Londres, p. 355.

Potencias estrangeras que quieran cambiar los géneros de sus manufacturas con nuestros frutos...[17].

La Cámara de los Lores examinó la representación del Congreso de Filadelfia y dictaminó que no añadía nada nuevo, ni indicaba proposición alguna de ajuste ni se interpelaba a los miembros del Parlamento para que intercediesen entre el Rey y los rebeldes. Ante la falta de interés por el documento del organismo norteamericano, el Duque de Richmond consiguió que William Penn fuese interrogado sobre la situación en las colonias y el carácter de la Asamblea General de Filadelfia. La *Gaceta de Madrid* del 12 de diciembre nos informa de las respuestas del Gobernador de Pennsylvania y de los debates que suscitaron. William Penn

> declaró que el Congreso de *Filadelfia* anunciaba el verdadero modo de pensar de toda la *América Septentrional:* que él miraba la reciente peticion como última tentativa, que si se admitía con indiferencia, ó no se respondía a ella, habría un obstáculo invencible para la reconciliacion, y que en caso de ser infructuosa, era regular pensasen las Colonias en algun sistéma de gobierno independiente de la *Gran Bretaña*, á pesar del sentimiento que tendrían de separarse de la Metrópoli: que sin duda reconocen todavía la suprema autoridad de la Corona y del Parlamento de la *Gran Bretaña;* pero que no verificandose prontamente el ajuste deseado, podrían tal vez implorar el socorro de alguna otra Potencia. Despues de haber respondido el Caballero *Penn* á otras várias preguntas sobre las fuerzas, el comercio y los recursos interiores de las Colonias, tubo orden de retirarse de la Cámara. Censurando y reprobando severamente el Duque de *Richmond* las providencias del Ministerio, añadió, *había motivos bastante poderosos para terminar las perniciosas diferencias con los Americános, y que era necesario proceder desde luego al lógro de un objeto tan deseado.* Pero respondieron los Pares, parciales del Ministerio, *que de ningun peso eran sus razones, habiendo ofrecido el Rei nombrar Comisarios para tratar con las Colonias: que exîgía la prudencia se nego-*

---

[17] *Gaceta de Madrid* del martes 21 de noviembre de 1775, sección de Londres, pp. 416-417.

ciase con las armas en la mano; y que no permitía el ho-
nor de la Nacion admitir el ajuste indicado en la represen-
tacion: de forma que al cabo de fuertes debates se desechó la primera proposicion por 86 votos contra 33.

El Capitan del navío nombrado el *Principe negro,* que
ha llegado estos dias de *Filadelfia,* refiere haber declarado
el Congreso que no ajustandose las diferencias con la Metrópoli antes de la primavera próxîma se creerían libres
los *Americános* de los vínculos que los unen con la misma;
que abrirían sus Puertos á todas las Potencias estrangeras que quisieren comerciar con ellos, y que llevando entónces el abandono hasta el último grado tendrían crecido
número de embarcaciones de guerra prontas á favorecer
sus navíos mercantes. Al citado navío se permitió quedar
algun tiempo á la boca del Puerto, sin embargo de haberse
ya cerrado, y de tomar á bordo algunos pasageros para
Inglaterra.

....

Entre el gran número de cartas que se han recibido de
Boston hai una escrita á los Mercaderes de esta Ciudad,
que dice haberse puesto en marcha un Destacamento del
Exército *Provincial* para atacar á *Quebec,* y que se podia
esperar un buen éxîto segun los avisos que se tenian de
lo indefensa que se hallaba dicha Ciudad. Este es sin duda
al orígen de la voz que se esparció sobre la rendicion de
aquella plaza, pero se ve no ha tenido otro fundamento [18].

Las palabras del anónimo diputado del Congreso, las declaraciones de William Penn y las noticias referidas por el capitán de
navío resultaban amenazadoras, un auténtico *ultimatum* al obstinado Gobierno británico. La malentendida prudencia del gabinete
North y la carencia de visión de la realidad, supeditada al abstrac-
to concepto de *honor,* iba a costar a la Gran Bretaña el verse envuelta en una absurda guerra civil-colonial. En efecto, el poderío
de los norteamericanos era escaso en aquellos momentos iniciales
de su lucha armada por conseguir la independencia. No podían
ofrecer a las naciones europeas nada más que el hecho concreto
de la victoria en unos combates de escasa envergadura y un futuro

---

[18] *Gaceta de Madrid* del martes 12 de diciembre de 1775, sección de Londres, pp. 439-441.

imprevisible, cimentado en una ideología hermosa y atractiva, pero contra la que las *Potencias estrangeras*, también implicadas en intereses coloniales, debían de ir preparando sus propias defensas. El único atractivo que contenía el ofrecimiento americano, era la posibilidad de debilitar definitivamente el imperio comercial de la Gran Bretaña y de gozar de los privilegios que ésta poseía. No obstante, la oferta de los rebeldes era arriesgada para los países que la aceptasen, pues la *ayuda* podía derivar, a pesar de la aparente debilidad inglesa, en un desastre, quizá decisivo, de consecuencias peores que el acaecido en 1763. Para España, en particular, la colaboración con los sediciosos norteamericanos resultaba especialmente peligrosa debido a sus extensos dominios en el Nuevo Mundo. El ejemplo que los *yankees* estaban dando e iban a dar, era susceptible de extenderse a los colonos españoles. Por ello, la Corte de Carlos III, si aceptaba la invitación de los *Hijos de la Libertad*, debía de actuar de forma sigilosa, secreta y, cuando las circunstancias requiriesen la acción directa, había que obrar como si se tratase de recobrar las posesiones perdidas en el último tratado de paz, pero nunca como si se estuviera ayudando a los norteamericanos, aunque fuera indirectamente, en su lucha por la libertad, por la independencia. Sin embargo, aún había que esperar a que los acontecimientos decidiesen si se aprobaba la oferta de los *rebeldes*.

Mientras tanto, el *Mercurio Histórico y Político* del mes de enero de 1776 transcribe la representación del Congreso a los habitantes de la Gran Bretaña. La esperada y mencionada representación, fechada en Filadelfia a 8 de julio de 1775, contiene, en síntesis, una invocación a los conciudadanos de la metrópoli, una breve exposición de los agravios experimentados hasta la anterior carta, la afirmación de que han tomado las armas para defender la libertad y Constitución británica y una relación de las medidas adoptadas ante la hostil acogida de la última representación [19].

Los intentos de reconciliar los intereses de las colonias y de la Gran Bretaña [20] fueron destruidos por la absurda política del gabi-

---

[19] *Mercurio Histórico y Político* del mes de enero de 1776, sección de Londres, pp. 59-78. El *Mercurio* del mes de diciembre de 1775, pp. 365-367, empezó a transcribir la primera parte de la representación, pero la dejó inconclusa.

[20] Se puede encontrar información sobre los diversos programas reconciliatorios en la *Gaceta de Madrid* del 8 de agosto de 1775, p. 293; del 19 de septiembre del mismo año, p. 339; *Mercurio* del mes de septiembre, p. 57; *Gaceta*

nete North. Los diversos programas presentados por el Congreso o la oposición casi siempre atentaban contra la autoridad del Parlamento y la integridad de la Nacion. Por su parte, los norteamericanos denegaban las proposiciones del Gobierno de Londres por resultar perjudiciales a la unión de las provincias. En efecto: lentamente se va imponiendo el hecho de la confederación de los establecimientos ingleses. La metrópoli debe de negociar con el Congreso general, en el que se encuentran representadas las colonias, y no con cada Asamblea provincial por separado. La conciencia de independencia va cobrando fuerza entre los británicos y los *rebeldes* y con ella disminuyen las posibilidades de llegar a un *ajuste*. Posibilidades que se vuelven remotas cuando el Parlamento, a propuesta del Lord North, aprueba un nuevo e inoportuno *bill* encaminado a prohibir el comercio con las colonias. La *Gaceta de Madrid* del 26 de diciembre, además de comunicarnos la elección de las personalidades a las que el Rey y su Consejo nombrarán Comisarios encargados de *tratar* con el Congreso, relata la situación en la que quedaba la ciudad de Boston y la evolución de la expedición *yankee* contra el Canadá, y nos informa brevemente de las deliberaciones de la Cámara de los Comunes:

> El Lord *North* propuso el dia 20 á la Cámara de los Comunes que se hiciese un *Bill* para prohibir todo comercio y correspondencia con las Colonias de *Hampsire, Masachuset, Rode-Islan, Conecticut, Nueva-Yorck, Nueva-Gersey, Pensilvania*, las tres Provincias de la *Nueva Inglaterra*, la *Carolina Septentrional*, la *Carolina Meridional*, y la *Georgia*, por todo el tiempo que dure la presente rebelion respectivamente dentro de dichas Provincias. Asimismo para revocar la claúsula 19 de un Acto del año catorce del reinado de Jorge III, y las claúsulas 10 y 18 de otros Actos del año decimoquinto del mismo reinado, y por último para autorizar á S. M. á que nombre Comisarios, ó haga reglamentos para los casos y usos ya enunciados. Esta proposicion fue aprobada sin contradicion ni mutacion alguna... El Ministerio ha elegido ya 50 personas, para que de ellas nombren el Rei y su Consejo 36, que se enviarán á *Filadelfia* en calidad de Comisarios Reales, á fin de tratar con el Congreso Americáno; y mientras se ven las resultas

---

del 31 de octubre, pp. 387-388, y del 26 de diciembre, p. 457. Hemos reseñado las noticias más importantes y hemos desechado otras de carácter reiterativo.

de esta negociacion no dexará la Corte de continuar sus disposiciones de enviar nuevas tropas á las Colonias, habiendo ya dado orden para que se hallen luego prontas todas las fragatas y chalupas de guerra, que deben ir á *América* ... Por una embarcación de la *Nueva-Yorck*, que arribó aquí el 17 [de noviembre] se sabe, que el General *Howe* había quedado con el mando del Exército en *Boston:* que los puestos abanzados de los dos Exércitos se estaban vivamente cañoneando, aunque sin hacerse grave perjuicio: que unos y otros hacían muchos preparativos para conservar su posicion actual durante el hibierno, y que en las demás Colonias no habia novedad especial. Confirman tambien la noticia de que el Destacamento que los rebeldes habian enviado ácia el *Canadá* fue batido por nuestras tropas; pero añaden que habiendo sido reforzado se adelantaría hasta *Quebeck* y *Montreal*[21].

La oposición no tardó en reaccionar contra el nuevo *bill* que equivalía a desechar toda posibilidad de reconciliación. Una vez más, la *Gaceta de Madrid* del 2 de enero de 1776 nos informa de los debates del Parlamento de Londres:

Quando se leyó segunda vez en dicha Cámara de los Comunes el *Bill* propuesto por el Lord *North* prohibitivo de todo comercio con las Colonias sublevadas de *América*, el partido de oposición se declaró contra su contenido alegando: «que respiraba mas rigor que los que intentaba revocar, respecto de que la clausula de confiscacion de todas las embarcaciones pertenecientes á los habitantes de las Colonias, ó á los que traficasen con ellas generaliza unas restricciones, que antes no pasaban de locales, y sería mirada como declaracion de guerra con los *Americános*, á quienes cerraba la puerta para la reconciliacion; que el nombramiento de Comisarios ocasionaría gastos inutiles, si se había de verificar la limitacion general de su comercio; que este Acto sería tan irritante y opresivo como los que excitaron á las Colonias á la rebelion, pues al principio se les prohibió el comercio con las demás Naciones, y

---

[21] *Gaceta de Madrid* del martes 26 de diciembre de 1775, sección de Londres, pp. 456-457.

ahora se les quitaba hasta con la Metrópoli; que esta severidad las obligaría á publicar su código de Leyes, que se sabe tienen formado, y que viendose tan perseguidas se harían un pueblo libre é independiente, y abrirían sus puertas á todas las Naciones, ocasionando quizás una guerra externa en el momento que el Reino está mas fatigado de la civil, y de las discordias intestinas». El Lord *North* y sus partidarios rechazaron la impugnacion de sus antagonistas, haciendo patente la contradiccion en que caían; pues quando se trataba de un Exército para sujetar las Colonias decían que sería mas conveniente una esquadra, y ahora que se pensaba en dar mas extension á las operaciones navales se oponían igualmente; añadiendo por último que la providencia era justa y necesaria; justa en quanto esta guerra no sería mas que una represalia en que solo saldrian castigados los delinqüentes; y necesaria, porque si no se estorvaba el comercio á las Colonias, habiendolo ya roto con la Metrópoli lo entablarían con las demás Potencias comerciantes; que sin este medio era imposible someterlas con solas hostilidades por tierra; y que aunque el *Bill* anunciaba la guerra, ofrecía al mismo tiempo la paz; por consiguiente los que reusasen aceptar las condiciones propuestas serían los unicos responsables de las consecuencias, debiendose imputar á ellos, y no á la *Gran Bretaña* qualquiera guerra que se originase. Despues de largos y vivos debates se aprobó la proposicion de examinar dicho *Bill* en una gran junta, y se señaló para esta el 5 del mes próxîmo [22].

A pesar de las razones aducidas por el Lord North, los miembros de la oposición de la Cámara de los Pares se declararon contrarios a la Ley prohibitoria a la que calificaron de *cruel, despótica* y atentadora contra las libertades del pueblo y contra la Constitución [23]. Las razones por las que los Lores Rockingham, Richmond... se oponían al *Bill* que restringía el comercio de las colonias, quedaron expuestas en la protesta dirigida a la Cámara de los Pares y que la *Gaceta de Madrid* extracta en los siguientes términos:

---

[22] *Gaceta de Madrid* del martes 2 de enero de 1776, sección de Londres, p. 4.
[23] *Gaceta de Madrid* del martes 16 de enero de 1776, sección de Londres, p. 23.

El 18 [de diciembre] los Lores *Albergavemi, Richmond, Manchester, Rockingham, Ponsomby, Fitz-William, Obington,* y *Cheeworch* entregaron á la Cámara alta una protesta contra el *Bill* prohibitivo del Comercio con *América,* firmada por todos ellos, y fundada en las siguientes causales: 1.ª, que considerar á las Colonias como Nacion distinta, y en virtud de ello declarar la guerra era encaminarse derechamente á pronunciar una ruptura total y quizás permanente entre las dos principales partes de este Imperio; siendo de admirar que la Nacion se desprenda de una porcion de sí misma por una ley al paso que parece quererse reunir con ella por medio de tratados. Hasta ahora el Gobierno había mirado la rebelion como culpa de algunos particulares y no del cuerpo, segun se explica el mismo preambulo del *Bill;* pero al mismo tiempo sus claúsulas dispositivas imponen un mismo castigo al inocente que al culpado; quedando por este nuevo Acto los *Ingleses* de *Europa* y los de *América* hechos dos pueblos distintos capaces de cometer los mayores excesos de hostilidades unos contra otros, de hacerse mutuamente la guerra, y de ajustar paces entre sí; que es lo mismo que preparar nosotros los ánimos *Americános* á aquella independencia de que les acusamos, y que nuestras reiteradas injusticias les obligan á buscar: 2.ª, que autorizada nuestra Marina para apoderarse indistintamente de los bienes de los Vasallos *Ingleses* que comercian con las Colonias, y aun de las embarcaciones que se mantienen quietas en los Puertos *Americános,* sin cuidar de si pertenecen á subditos fieles ó desobedientes, se dá lugar á una pirateria indigna de la rectitud del Gobierno, y muestra el Parlamento mas propension á destruir que voluntad ni facultades de proteger. Los habitantes de nuestras Islas Occidentales no son culpados, y sin embargo se les condena á peor castigo que á los rebeldes de la *América Septentrional.* Es notorio que la subsistencia de aquellas Islas depende de su comercio con el Continente, y de él los priva la ley, adoptando la misma odiosa resolucion, que mas se le vituperaba á su Congreso de no extraer en adelante cosa alguna de nuestras Colonias de azucar: Y aun excede la injusticia de nuestra ley á la de la prohibicion del Congreso, la qual á lo menos no tenía tan inmediato efecto, ni incluía confiscacion alguna;

quando despues de haberse permitido por nuestra parte
el Comercio con la América todo el tiempo que ha sido
necesario para proteger á las Colonias en estado de pagar
sus deudas, como lo han hecho, aprovechamos ahora el
primer instante de abundancia interior para mandar em-
bargar las embarcaciones *Americánas*, que están comerciando baxo la fé de un Acto de Parlamento: 3.ª, que el
reparto de las presas hechas á nuestros paisanos es un
manantial de corrupcion para la Marina, de donde cundirá
al Exército, que en breve pretenderá las mismas ventajas,
y será forzoso concederle el saco de las Ciudades, al modo
que se ha permitido á los Marinos el de las naves. El Estado arriesga mucho en dár poder á los que tienen las
armas en la mano; y quando son inevitables las guerras
civiles, se deben á lo menos hacer, dexando siempre un
camino abierto para la paz. Si se hubiera dispuesto del
producto de las presas á favor de la Corona, podría ésta
invertirlo en ganarse los *Americános*; pero del modo con
que se ha arreglado no puede producir en ellos sino des-
esperacion: 4.ª, que el *Bill* trastorna la lei fundamental *de
la declaracion de los derechos*, la qual *anula toda conce-
sion de multas y confiscaciones impuestas antes del con-
vencimiento:* disposicion admirable para estorbar que la
avaricia de los Soldados forme ó suscite levantamientos,
con el fin de enriquecerse á costa de la misma calamidad
pública: 5.ª, que muchos corresponsales de *Ingleses* establecidos aquí é inocentes se verán despojados del inesti-
mable derecho propio de todo Vasallo de este Reino, de
ser juzgado por Jurados; pues sus causas se decidirán en
el Almirantazgo por un solo Juez conforme á los principios de unas leyes estrangeras, y arbitrarias: 6.ª, que toda
la direccion de esta guerra piratica se confia á unos Comisarios revestidos de facultades no menos ilegales que las
concedidas al Almirantazgo, y á los Gobernadores de las
Colonias: 7.ª, que dichos Comisarios, de quienes no se sabe
mas sino que tendrán facultad de conceder perdones, deben tambien, segun la voz pública, estar autorizados para
tratar con los *Americanos* de la reparacion de los agravios,
y enmienda de las vejaciones de que se quexan; circunstan-
cia enteramente olvidada así en el discurso emanado del
Trono, como en la lei; y que verificada, habiendo dado el

Parlamento con su proceder lugar á quexas, será indispensable que produzcan alguna autorizacion del mismo Tribunal para conservarnos siquiera una sombra de dignidad: 8.ª, que merece ser rechazada con indignacion la cláusula que obliga á los prisioneros de guerra á convertir las armas contra su familia, y pátria: 9.ª, que se ha aguardado para establecer una lei tan nueva, y de tantas conseqüencias á que todos los miembros libres de ambas Cámaras estén ausentes, y ocupados en sus negocios domesticos.

A pesar de la antecedente protesta la Corte despachó ya el 23 muchos exemplares del Acto, contra que se reclama en ella [24].

La oposición no pudo contra un Parlamento abiertamente a favor de Su Majestad y del Lord North. Asombra la ofuscación en la que se hallaba sumido el gobierno de la Gran Bretaña en los momentos iniciales del conflicto armado con las colonias. Paso a paso, e implacablemente, se dirigía a la abierta declaración de guerra... La protesta de los Pares no consiguió que los artículos de la Ley Prohibitoria fuesen examinados de nuevo. Se clamaba contra la piratería que amparaba el *Bill* y la respuesta que recibieron fue el siguiente Real Decreto, transcrito por la *Gaceta de Madrid* del 30 de enero de 1776, por él consignaba

á los Oficiales y tripulaciones de su Marina las presas cogidas á los *Americános:*

Por quanto está declarado entre otras cosas por el Acto de la presente sesion de Parlamento prohibitivo del Comercio con las Colonias, como tambien por otro aprobado en el año decimoquarto del actual Reinado, con el fin de estorbar el desembarco, carga y descarga de qualesquiera naves y efectos en el Puerto de *Boston*, y por otros dos recientemente acordados para fijar el trato de las Colonias, que todas las embarcaciones de habitantes en ellas que comercien en alguno de sus Puertos ó Plazas sean confiscados con sus cargas á beneficio del Real fisco; y respecto de haberse establecido anteriormente para alentar á los Oficiales y Marineros de las naves de S. M. que gozen

---

[24] *Gaceta de Madrid* del martes 23 de enero de 1776, sección de Londres, pp. 31-33.

de la entera propiedad de los buques que apresaren, siempre que declare el Almirantazgo legitimas las presas, mandamos por esta resolución, y con dictamen de nuestro Consejo privado, que el producto de todas las presas de la mencionada naturaleza se divida en ocho parte iguales, de las quales tres sean para el Capitan que se halle personalmente abordo de la embarcacion apresadora, reservandose una porcion para el Oficial de Vandera, si está abordo; y distribuyendose las cinco restantes entre la Oficialidad y Marinería, como tambien entre las tropas de tierra, siempre que estén embarcadas; con tan equitativa proporcion que hasta á los mas ínfimos empleados, y á toda la chusma les quepa su parte [25].

La finalidad del decreto real era la de estimular a la marina británica para que ejecutara el Acta Prohibitoria, sirviendo de incentivo el reparto proporcional de las presas. Sin embargo, el Decreto representaba para la oposición y para los norteamericanos la confirmación del significado del último *Bill* del Parlamento: una tácita declaración de guerra. No extraña, pues, que el Congreso se afanase en redactar la legislación, que gobernase a la confederación de las colonias, y en delimitar sus poderes. La *Gaceta de Madrid* del 13 de febrero de 1776 nos informa a este respecto:

Ya corren aquí los artículos de confederacion de las 12 Colonias aprobados en el Congreso general, que convida á acceder á ella á las demás Provincias de *Quebec, S. Juan,* la *Nueva-Escocia,* la *Bermuda* y la *Florida;* y una de las facultades que se arrogan es la de decidir de la paz y de la guerra, contraher alianzas, trabajar en la reconciliacion con la *Gran Bretaña,* ajustar las disputas de unas Colonias con otras, y hacer nuevos establecimientos donde convenga. Cada una se ha obligado á contribuir con cierto contingente de tropa vestida y armada, además del Cuerpo de Milicias; el 1.º destinado á incorporarse en tres Exércitos que se van á aprontar; y el 2.º para la defensa interior: se convienen tambien conforme á una Ordenanza del Congreso de 15 de Noviembre próximo pasado en armar muchas

---

[25] *Gaceta de Madrid* del martes 30 de enero de 1776, sección de Londres, pp. 39-40.

embarcaciones para el resguardo de las costas, proteccion de su comercio, y combates con las naves enemigas: además de esto hacen formidables preparativos de artillería, municiones, víveres y vestuarios; y como han tenido una abundantísima cosecha de granos, y no permiten la extraccion de ellos, estarán sobradamente abastecidos. Asimismo en algunas Colonias han establecido fundiciones de cañones, y en otras molinos de pólvora trabajando sin intermision en ambos objetos; y á pesar de la vigilancia de los Navíos del Rei reciben de fuera quanto necesitan para la execucion de sus idéas [26].

Las resoluciones adoptadas tenían un eminente carácter bélico. Por su parte, Jorge III procuraba reforzar los ejércitos británicos mediante tratados con los ducados alemanes por los que se contrataban tropas de aquéllos al servicio de la Gran Bretaña [27]. El destino de las colonias de la América Septentrional dependía de la suerte de las armas. Las acciones militares se polarizan en el frente canadiense y en el sitio de Boston.

Las noticias recibidas sobre la campaña norteamericana del Canadá son en un principio ambiguas e inciertas. Se reciben en forma de rumores que, algún tiempo después, son confirmados o desmentidos. No obstante, el propósito de los *rebeldes* de atajar la posible invasión británica y de conquistar la antigua provincia francesa para la causa va cobrando visos de realidad. Los objetivos principales eran Quebec y Montreal. Para llegar a ellos, había que salvar una serie de guarniciones y de fuertes, entre los que destacaba el de Champlain, de cuya rendición a los americanos nos informa el *Mercurio* del mes de febrero de 1776:

> Varias cartas de *América* anuncian que los *Insurgentes* han logrado diversas ventajas en *Canadá* contra las Tropas del Rei; y estas noticias se tienen aquí por muy seguras, sin embargo de que el Ministerio aparenta ignorarlas. Las referidas cartas dicen, entre otras cosas, que el fuerte *Champlain* se rindió al Sargento mayor *Brown* el dia 18 de Octubre. La Guarnicion, que ha quedado prisionera

---

[26] *Gaceta de Madrid* del martes 13 de febrero de 1776, sección de Londres, p. 59.

[27] *Gaceta de Madrid* del martes 26 de marzo de 1776, sección de Londres, pp. 105-106.

de guerra, se componia de un Sargento mayor, dos Capitanes y tres Tenientes de Tropas de tierra, un Capitan de Marina, y 76 hombres entre Sargentos, Cabos y Soldados, á mas de un Comisario, un Cirujano y cinco Franceses, que habian quedado prisioneros en *Long Geel* despues de la derrota de 150 *Canadienses*. Esta conquista, por la cantidad de municiones de guerra y de boca, que los *Americanos* encontraron en el fuerte, ha facilitado la de la Fortaleza de *S. Juan*, en la qual se abrió la trinchera el dia primero de Noviembre. Desde aquella misma noche hizo el General *Montgomeri* intimar á la Guarnicion que se rindiese, y á la mañana siguiente se firmó la Capitulacion. La Guarnicion, que constaba de 600 hombres, quedó prisionera de guerra, y fue conducida provisionalmente á *Ticonderago*. El Exército provincial se puso en marcha el dia 3, dirigiendose á *Montreal*, y el mismo dia se tubo noticia en *San Juan* que un Destacamento de 700 *Americános* había derrotado á 18 millas de aquella Fortaleza al General *Carleton*, Gobernador de *Canadá*, que con 800 hombres marchaba al socorro de *S. Juan*, y que el mismo Destacamento había obligado á dicho General á refugiarse en *Montreal*. Los *Realistas* han tenido en este encuentro 25 muertos y 50 heridos, y se les han hecho muchos prisioneros, entre los quales se han hallado dos *Salbages* [28].

Las tropas del general Carleton no pudieron resistir el ímpetu de los norteamericanos y se vieron obligadas a evacuar Montreal y refugiarse en Quebec:

Se han recibido noticias de *Quebec*. Parece que un Cuerpo de rebeldes mandados por un tal *Arnold* había entrado en aquella Provincia por el rio *Chaudiere;* y que ya un Destacamento se había apoderado de la punta *Levi* situada á la parte opuesta de dicha Ciudad.

Otros avisos posteriores del General *Carleton* han dado lugar á largas conferencias entre los Ministros, pues se asegura que como la Plaza de *Montreal* no podia resistir

---

[28] *Mercurio Histórico y Político* del mes de febrero de 1776, sección de Londres, pp. 163-164. La misma información, si bien más extractada, aparece en la *Gaceta de Madrid* del martes 16 de enero de 1776, sección de Londres, p. 23.

á los rebeldes, se les había abandonado, retirandose la Guarnicion con artillería, y municiones de guerra á *Quebec* para prevenirse allí á una vigorosa defensa en caso de nuevo ataque, como debe temerse [29].

La impaciencia por informar del incierto destino de la ciudad de Quebec induce a la prensa a recoger noticias falsas como la que aseguraba

que los *Americános* se han apoderado finalmente de *Quebec* y de todo el *Canadá;* y aunque la Corte no ha recibido aun tales noticias, parece que dá por perdida dicha Plaza, pues quando ya no lo esté no tardará en rendirse [30].

Unas semanas más tarde, recibidos los avisos del Canadá, la *Gaceta de Madrid* del 12 de marzo informaba

que los *Americános* tenían ya bloqueada á *Quebec*, previniendose para sitiarla en forma; y que si se obstinaba en su defensa el General *Carleton* destinarían 5[000] hombres para tomarla por asalto; que habian interceptado embarcaciones que iban de *Montreal* á la citada Plaza con un cuerpo de tropas, artillería y provisiones de todas especies; que el enunciado General había mandado á los habitantes tomar las armas, ó salir de la Plaza, cuyo último partido habían abrazado muchos: y que es admirable el valor con que los rebeldes han atravesado en el rigor del hibierno un desierto casi impracticable para asegurar la conquista del *Canadá* importantisima para ellos tanto á fin de desbaratar el sistema de operaciones del Ministerio como para apoderarse de las fronteras y quedar libres quando se trate de resistir en el centro de sus Colonias [31].

Cuando ya parecía que la ciudad de Quebec y con ella la provincia del Canadá iban a ser conquistadas por las milicias norte-

---

[29] *Gaceta de Madrid* del martes 23 de enero de 1776, sección de Londres, p. 33.

[30] *Gaceta de Madrid* del martes 13 de febrero de 1776, sección de Londres, p. 60.

[31] *Gaceta de Madrid* del martes 12 de marzo de 1776, sección de Londres, pp. 90-91.

americanas, la *Gaceta de Madrid* del 19 de marzo informa, remitiéndose a un expreso del general Carleton, que

> habiendo la Guarnicion de *Quebec* atacado á las tropas *Provinciales* que intentaban apoderarse por asalto de la Plaza les mataron 200 hombres y tomaron 300 prisioneros, contandose entre los muertos el General *Montgomery* con su Ayudante y Secretario, y entre los heridos el Coronel *Arnold;* con lo qual se espera abandonen los rebeldes el sitio respecto de haberse ya empezado á retirar con grande precipitacion á Montreal[32].

Mientras se aguardaba la relación detallada de la victoria de Quebec, que, sin duda, tranquilizó los espíritus de los miembros del Gobierno, la prensa continúa ofreciéndonos noticias referentes a las maniobras de la derrotada milicia y a los *entendimientos* del coronel Arnold con un oficial británico:

> Lexos de renunciar los *Americános* á la toma de *Quebec* por el descalabro que allí sufrieron aguardan de *Montreal* y otras partes refuerzos para proseguir con vigor su empresa; y algunas cartas añaden han puesto sitio á *Boston* donde es factible haya habido alguna accion decisiva respecto de que inutiles en el Puerto los Navíos de guerra por los hielos que les impiden todo movimiento no pueden dár auxîlio alguno á la Guarnicion.
>
> Aseguran que el Coronel *Arnold* mantenia correspondencia secreta con un Mayor de las Tropas *Inglesas:* que éste daba parte de todo á su General *Carleton*, y que dicho General le induxo á persuadir á su correspondiente atacase un fuerte de la Ciudad baxa suponiendole estár mal guardado: que lo puso por obra empezando el mismo *Arnold* el ataque á que halló al principio mui poca oposicion; pero que apenas se internó con su gente reconoció tomadas todas las avenidas (por donde había prometido á su Gefe *Montgomeri* darle entrada á su tiempo) y solo libre un desfiladero tan estrecho que apenas podian pasarlo dos hombres de frente; en cuyo parage fue derrotado. Parece que el General *Carleton* recibio en la accion dos he-

---

[32] *Gaceta de Madrid* del martes 19 de marzo de 1776, sección de Londres, p. 99.

ridas una de ellas en la pierna que se cree perderá enteramente [33].

Por fin la prensa puede ofrecer la relación del combate de Quebec. El *Mercurio Histórico y Político* del mes de junio de 1776 traduce la versión del Congreso del enfrentamiento habido en dicha ciudad en los siguientes términos:

> Viendo el General *Mongommery* que su artillería era mui debil para hacer brecha, y que los sitiados no querian oir hablar de capitulacion, formó el proyecto de escalar la Ciudad; pero quando estuvo todo pronto para este efecto, y mientras esperaba una buena nevada para executar su plan, supo que muchos de sus Soldados se habian pasado al enemigo, el qual congeturó que estaba yá noticioso de su designio. Entonces el General mudó repentinamente de intento; y repartiendo su corto Exercito en quatro destacamentos, envió dos de ellos á las órdenes del Coronel *Levingston*, y del Capitan *Brown*, para que atacasen en la Ciudad alta el primero, con los *Canadienses*, la puerta de *S. Juan*, y el segundo el Cabo *Diamante*: reservando para sí y para el Coronel *Arnold* los dos principales ataques en la Ciudad baxa.
>
> A las cinco de la mañana, que era la hora fixada para el ataque, el General, al frente de las Tropas de *Nueva-Yorck*, se abanzó acia la Ciudad baxa. Habiase visto precisado á hacer un rodeo, y la señal del ataque estaba ya dada; de suerte que antes que llegase al parage que iba á atacar, había tomado ya las armas la guarnicion; pero habiendo forzado la marcha, pasó la primera barrera, y estaba á punto de ganar la segunda, quando las balas de los enemigos le dexaron muerto, como tambien á su Ayudante de Campo, al Capitan *John*, al Sr. *Pherson*, al Capitan *Cheesman*, y á otros dos Oficiales; cuyo suceso desalentó de tal modo á los Soldados que el Coronel *Campbel*, á quien tocaba el mando, se halló en la necesidad, mas bien de permitir que de ordenar la retirada.

---

[33] *Gaceta de Madrid* del martes 26 de marzo de 1776, sección de Londres, p. 106. Pueden encontrarse más noticias en el *Mercurio Histórico y Político* del mes de mayo de 1776, sección de Londres, p. 55.

Durante esta accion el Coronel *Arnold*, con cerca de 350 hombres de aquellas Tropas esforzadas, que con increibles fatigas le habian acompañado á *Quebec*, y con la Compañia de artilleria del Capitan *Lamb*, se acercó sin ser visto á una batería de dos cañones, la que sin embargo de haberse defendido mui bien, ganó en el espacio de una hora, aunque con perdida de muchos hombres. En este ataque tuvo el Coronel *Arnold* la desgracia de recibir un balazo en una pierna, y fue preciso llevarle al Hospital. Su destacamento continuó el abance, y se apoderó de otra batería, á tiempo que el enemigo, á quien la retirada del Coronel Campbell había dexado desembarazado de otros ataques, volvió todas sus fuerzas contra este Destacamento, y saliendo parte de ellas por la puerta del Palacio, vinieron á acometerle por la retaguardia. Los valientes Soldados del destacamento se defendieron durante tres horas contra los exfuerzos [*sic*] de la guarnicion; pero hallandose acometidos por todas partes, y sin esperanza de socorro, se vieron precisados á ceder al número, y á la situacion ventajosa de la guarnicion.

Aunque todavia no tenemos noticia individual de nuestra pérdida, sabemos que esta puede consistir en cerca de 60 hombres muertos y 300 prisioneros, que son tratados con mucha humanidad. Del número de los muertos son el Capitan *Kendricks*, y los Tenientes *Humsphries* y *Cooper*.

Despues de esta infeliz expedicion se ha retirado el Exército á distancia de tres millas, y ha tomado una posicion ventajosa, desde la qual continua el bloqueo de *Quebec*, interin llegan los refuerzos que van marchando á incorporarsele. Al General *Montgomery*, á quien se enterró en Quebec el dia 2 de Enero, se le hicieron los honores posibles [34].

Algún tiempo después se empiezan a recibir las cartas del general Carleton informando del desarrollo del combate librado en Quebec. Así, la *Gaceta de Madrid* del 2 de julio de 1776 copia una

---

[34] *Mercurio Histórico y Político* del mes de junio de 1776, sección de Londres, pp. 190-193. La *Gaceta de Madrid* del martes 9 de abril de 1776, sección de Londres, pp. 127-128, publica un extracto de la relación de la batalla de Québec editada por el Congreso.

carta de aquel oficial al general Howe fechada a 12 de enero. Por ella sabemos que

> El 5 del pasado se apostó Mr. *Montgomeri* en *Sta. Cruz* distante de aquí menos de 2 millas con alguna Artillería de campaña, pues la gruesa la desembarcó en *Caprouge:* al mismo tiempo las partidas de *Arnold* ocuparon las otras avenidas y caminos que guian á la Ciudad, para cortar toda comunicacion. Dos dias despues se introduxo en la Plaza una muger con cartas para los principales Mercaderes instigandoles con muchas ofertas á una pronta rendicion, y otra para mí en estilo muy estraño notificandome entregase la Plaza; yo me contenté por arrestar por algunos dias á la portadora, y despues arrojarla ignominiosamente. Para dar mas eficacia á dichas cartas pusieron 5 morteros pequeños en *S. Roque,* y una batería de otros tantos cañones y un pedrero en un parage dominante á 700 toesas de la muralla. A esto se siguió aparecer *Arnold* con bandera blanca y un papel para mí que rehusé admitir. Finalmente el dia último del año por la madrugada dieron un asalto general, en que haciendo diversion á varias partes atacaron realmente por dos, que fue por mas abaxo de *Cabo Diamante,* y por otro sitio llamado el *Salto del Marinero,* baxo la direccion de Mr. *Montgomeri* y *Arnold.* Para rechazar al segundo se salió á atacar su retaguardia, y se le tomaron 5 morteros y un cañon con muchos prisioneros, persiguiendole tanto que el Cuerpo de su mando fue completamente derrotado, y pocos escaparon sin heridas. El otro ataque les costó aún mayor mortandad, quedando entre otros en el campo el mismo Comandante *Montgomeri.* En toda la accion han tenido los rebeldes entre muertos, heridos y prisioneros de 600 á 700 Soldados, y de 40 á 50 Oficiales; pero nosotros solo hemos perdido un Teniente de Marina, que hacía servicio de Capitan de tierra, y 4 Soldados con 13 heridos de esta clase, de los quales han muerto ya dos [35].

El 14 de mayo de 1776, el general Carleton envió al lord Germaine una carta en la que le daba cuenta de las últimas operacio-

---

[35] *Gaceta de Madrid* del martes 2 de julio de 1776, sección de Londres, pp. 228-229.

nes realizadas en el cerco de Quebec. El *Mercurio* del mes de agosto la traduce para informar a sus lectores:

La Ciudad de *Quebec*, que de cinco meses á esta parte tenían situada [*sic*] los rebeldes, había hecho inutiles todos sus esfuerzos, quando el dia 6 del corriente entraron en su Darsena la Fragata nombrada la *Isis*, y el *Sloopel Martin*.

Apenas parte del Regimiento 21, que estaba á bordo, y los Soldados de Marina, que en todo formaban un Cuerpo de 200 hombres, desembarcaron, quando estas Tropas, acompañadas de la mayor parte de la Guarnicion, salieron por las Puertas de *San Luis* y *S. Juan*, para vér los valerosos campeones con quienes habían de lidiar; á los quales hallaron mui ocupados en los preparativos para la retirada. Despues de algunos tiros disparados de una y otra parte se abanzó sobre nuestra línea, y se vió la llanura desocupada de los rebeldes, que abandonaron su artillería, municiones de guerra, escalas, petardos, &c. La Fragata la *Sorpresa*, y el *Sloop-el-Mattin* subieron por el rio al mismo tiempo que los rebeldes abandonaban las embarcaciones, el *Gaspé* y la *Mari*. La retaguardia de los Rebeldes hizo alto en *Dechambault*, y la *Sorpresa*, con otras dos Fragatas, subsiste un poco mas acá de los *Saltos de Richelieu*.

De este modo se ha determinado el sitio de *Quebec*, durante el qual la Guarnicion, compuesta de Soldados, Marineros y Milicianos *Ingleses* y *Canadienses*, y de los trabajadores de *Halifax* y de *Terra-Nova*, ha dado las mayores pruebas de zelo y actividad en un servicio que pedia no menos exactitud que vigilancia, respecto hallarse la Plaza á cada instante expuesta al peligro del asalto, sin hablar del continuo trabajo que era preciso para hacer impracticables todas las tentativas de esta especie.

No obstante el rigor de la estacion no ha experimentado la Guarnicion novedad alguna en su salud. En la adjunta copia de carta que escribí al General *Howe* verá V. E. el diario de nuestra situacion, y operaciones hasta la derrota de los Rebeldes, lograda el dia 31 de Diciembre.

Durante los tres meses siguientes todas las operaciones de los Rebeldes se redugeron á impedirnos recibir socorros, y procurar quemar nuestros Arrabales y Navíos. Estos se han libertado casi todos del incendio; pero la mayor parte de las casas de los Arrabales de *S. Roque* y *S. Juan* han sido quemadas.

A principios de Febrero intentaron los Rebeldes conferenciar con nosotros, enarbolando una vandera blanca, persuadidos á que lo consentiriamos por haberles permitido que introdugesen en la Ciudad los Bagages de sus prisioneros; pero luego que les hicimos decir que si no venian á implorar la clemencia del Rei se retirasen al momento, lo executaron asi, y desde entonces no han vuelto á presentarse.

El dia 25 de Marzo fue derrotada y dispersa la vanguardia de un Cuerpo de Tropas que había levantado el Sr. *Beaujeu* para socorrer la Ciudad.

El dia 31 descubrimos que los Rebeldes prisioneros habian proyectado sublevarse y apoderarse del Cuerpo de Guardia de la Puerta de *S. Juan*, para introducir por ella al Sr. *Arnold;* y logramos impedir su execucion.

El dia 4 de Abril montaron los Rebeldes dos baterías, una de cinco cañones á la orilla opuesta del rio de *S. Lorenzo*, y otra de tres cañones á la otra orilla del de *S. Carlos*. Su proyecto era incendiar la Ciudad y nuestros Navíos; y á este fin tiraban de ambas baterías con bala roxa. El dia 23 intentaron echar algunas bombas en la Ciudad desde una batería, colocada en la altura que está delante del Puerto de *S. Luis;* pero nuestra artillería maltrató de tal modo las baterías expresadas que los Rebeldes no pudieron conseguir su intento.

El dia 3 de Mayo, á cosa de las 10 de la noche, intentaron los Rebeldes introducir en la Darsena en que estaba la mayor parte de nuestros Navíos un Brulote; pero no pudieron conseguirlo, y el Brulote se consumió hasta llegar al agua, sin causarnos daño alguno. Es verisimil [*sic*] que si hubiesen logrado incendiar nuestros Navíos, y la parte baxa de la Ciudad, hubieran dado un asalto general.

En todo el tiempo que duró el sitio solo hubo un Marinero que desertase. Los Oficiales y Soldados de nuestros Regimientos veteranos se han portado con increible valor; y en las Milicias, asi de *Inglaterra*, como de *Canadá*, se ha advertido un vigor é intrepidéz que era imposible esperar en hombres tan poco disciplinados. Todos los Oficiales del Gobierno y de los Tribunales, igualmente que los Mercaderes se han empleado con gusto en las faenas que han ocurrido, y todos por fin han contribuido á conservar la Ciudad con un valor y perseverancia que les hace mucho honor.

El Regimiento 47 que venía de *Alifax* [*sic*], y la mayor parte del 29 llegaron aqui luego que se retiraron los sitiadores.

El Sargento mayor *Caldwell*, que durante todo el Invierno ha mandado las Milicias *Inglesas* en calidad de Teniente Coronél y que pondrá esta Carta en manos de V. E., se ha portado como fiel vasallo de S. M., y ha dado mui relevantes pruebas de su talento y pericia militar; este Oficial, como todos los buenos vasallos del Rei, ha perdido mucho con la invasion de los Rebeldes en esta Provincia [36].

Una vez roto el asedio, el ejército británico del Canadá podía efectuar pequeñas incursiones que debilitasen los efectivos de los norteamericanos. Sin embargo, la misión de mayor importancia que correspondía a las tropas de Carleton, era la de internarse en las fronteras de New York para dispersar a las milicias que asediaban la ciudad de Boston. Antes de iniciar la marcha sobre las provincias insurgentes, debía de aguardar la llegada de los refuerzos al mando del general Burgoyne. Cuando ya se antojaba que se retrasaban peligrosamente, pues la situación de los ingleses en Boston era extrema, la *Gaceta de Madrid* del 23 de julio nos informa de la reunión de los ejércitos de Carleton y de Burboyne:

Mr. *Fooke* Teniente del mismo Cuerpo acaba de llegar de *Quebec*, y ha trahido al Lord *Germaine* la siguiente carta escrita por el General *Carleton* con fecha 25 de Marzo á bordo del Navío *Maria* frente de *Sta. Ana*.

Exc.mo Sr. = «Acaba de participarme el Capitan *Forster* haberse apoderado con un destacamento del Regimiento n.º 8, algunos *Canadienses*, y un peloton de *Salvages* del fuerte de los *Cedros*, donde no encontró mas que dos ca-

---

[36] *Mercurio Histórico y Político* del mes de agosto de 1776, sección de Londres, pp. 394-398. Esta noticia, pero extractada, aparece también en la *Gaceta de Madrid* del martes 2 de julio de 1776, sección de Londres, pp. 227-228.

ñones, é hizo prisioneros á discrecion 390 rebeldes. Al dia siguiente una partida de 120 de éstos que pasaba de la Isla de *Monreal* á *Kinchin,* fue acometida y derrotada por los Oficiales *Lorimer* y *Montigny.* Yo hago abanzar cada vez mas hacia los rebeldes las pocas tropas que me han llegado á fin de socorrer á los vasallos del Rey que se han internado principiando á obrar antes de lo que yo quisiera. En esta Provincia hay todavía gran número de insurgentes, que aguardan poderosos refuerzos».

El mismo Oficial añade que la propia tarde de su salida (que fue el 26 de Mayo) encontró los buques de transporte que conducían las tropas de *Irlanda* escoltados por las Fragatas *Carysfort* y *Perla,* las quales, segun cree, darían fondo la mañana siguiente. Dos dias despues encontró cerca de la Isla de Coudre el comboy de las tropas *Brunswiquesas* protegido de las Fragatas *Juno* y *Rubia* que aguardaban á la maréa favorable para pasar á *Quebec;* pero el Teniente General *Burgoyne* se adelantó en la Fragata *Sorpresa* de forma que habría llegado allí con anticipacion.

Efectivamente con fecha de 25 de Mayo avisa dicho General *Carleton* la llegada del General *Burgoyne* con los refuerzos, y de estár á la vista diversos bastimentos de transporte de forma que á estas horas se supone ya libre aquella Capital del *Canadá,* y frustrados los designios de los *Americános* contra ella; sin embargo de asegurar las noticias de Boston que el General Washington habia destacado dos Cuerpos considerables, el uno para auxîliar á las tropas empleadas contra dicha [ciudad]; y el otro para ayudar al General Lee en la defensa de la Nueva York contra las tropas de la Corona [37].

Una vez finalizado el asedio de Quebec, urgía proseguir las operaciones militares que expulsaran a los norteamericanos del Canadá y que permitieran al ejército británico avanzar hacia las fronteras de New York. El general Carleton refiere de la siguiente

---

[37] *Gaceta de Madrid* del martes 23 de julio de 1776, sección de Londres, p. 252. El *Mercurio Histórico y Político* del mes de octubre de 1776, sección de Londres, pp. 152-153, informa más ampliamente al respecto.

forma las acciones realizadas a raíz de que los *rebeldes* levantaran el sitio:

El 27 [de julio] llegó de *Montreal* el **Capitan** *Le Maitre* con pliegos del General *Carleton* para **Milord** *Germaine,* su fecha 20 de Junio; cuyo contenido se extractará aquí.

«Apenas levantaron los rebeldes el Sitio de *Quebec* dispuse, segun he participado á V. E. en mis anteriores, que nuestras Tropas se juntasen en *Three Rivers* para proseguir las operaciones militares. El 8 del corriente se aventuraron los enemigos á atravesar el *Sorel* con 50 barcos y 2[000] hombres, desembarcaron al rayar el alba en la *Punta de Lay,* y acometieron á nuestras Tropas apostadas en el parage citado sin hacer caso de las embarcaciones de transporte llenas de gente que fondeaban 3 millas mas allá; ni aun de las de guerra, bien que evitaron ponerse á tiro de éstas. Inmediatamente embistieron al Regimiento N.º 62; pero ó sea porque hallaron al Brigadier General *Fraser* Comandante de aquel Cuerpo bien prevenido y situado, ó porque entraron en recelo al ver que el Brigadier General *Nesbit* desembarcaba á sus espaldas con otras Tropas para cogerles la retaguardia; tomaron el partido de abandonar la empresa, retirarse con precipitacion rio arriba, é internarse en los bosques. Los dos Brigadieres los persiguieron aunque sin separarse de la orilla del agua, con el fin de apoderarse de sus buques, y cortarles la retirada, para lo qual algunos Navíos armados subieron hasta el rio *Lohe,* y tomaron dos de los suyos; pero los demás habian ya huído tan lexos como las mismas Tropas. No se sabe el número de *Provinciales* muertos y heridos, solo sí el de rendidos ó prisioneros, que son 200; entre ellos sus dos Gefes Mr. *Thompson,* y Mr. *Irwin.* Nuestra pérdida entre muertos y heridos no pasa de 13 Soldados. Al dia siguiente mandé volver las Tropas á sus primeros puestos, y que dos destacamentos costeasen las dos orillas, concibiendo de suma importancia en esta fatál guerra ahuyentar quanto antes á los rebeldes de la parte superior de la Provincia. La Esquadra se hizo tambien á la vela, y llegó el 14 por la tarde á *Sorel,* quando acababan justamente de retirarse los últimos enemigos. Los Granaderos é Infantería ligera desembarcaron sobre la marcha protegidos de una Brigada; y á la mañana inmediata se puso en tierra otra columna mandada por el Teniente General *Burgoyne* con orden de penetrar hasta *S. Juan;* pero sin empeñarse hasta que la columna de la derecha estubiese en disposicion de auxîliarla. La Esquadra siguió hasta *Longuiel,* distante 4 leguas de *Chamblé;* y á no haberle calmado el viento hubiera llegado al preciso tiempo de retirarse Mr. *Arnold* de *Montreal* con el resto de su gente, que hubiera podido derrotar. Al otro dia baxaron á tierra mas Tropas; y quando las Guardias abanzadas llegaron á la inmediacion de dicha Plaza supieron que la cabeza de la columna de *Burgoyne* se había apoderado la noche anterior de los reductos; hallaron los edificios ardiendo, y quemadas las lanchas y barcos chatos, que por la priesa no se pudieron llevar. Me aseguran que se han dexado hasta 22 cañones en el bosque, con várias otras señales de gran consternacion y fuga precipitada, que me parece no son infundadas».

Una carta posterior del Capitan de Marina *Douglas* confirma la relacion antecedente, y añade quedaba tratando con el Sr. *Carleton* del mejor modo de introducir en los Lagos *Champlain* y *Ontario* los Navíos armados, y servirse de ellos y de otras máquinas para acelerar el paso del Exército. A este fin volvieron á enviar á *Sorel* un Oficial de la Armada para exâminar si sería posible conducir al Lago *Ontario* con camellos * (como se practica en los canales de *Rusia* y *Holanda)* los 6 Navíos armados que aguardan allí por instantes de *Inglaterra,* y el que ya les ha llegado [38].

A pesar de que los norteamericanos fueran derrotados y expulsados del Canadá y de que los ejércitos de Carleton y de Burgoyne aceleraran su marcha hacia las fronteras de New York, Boston se encontraba en una situación límite. Escaseaban los víveres y ni las inclemencias climatológicas ni las embarcaciones de

---

(*) *Especie de Barco inventados á fin del siglo pasado para sacar los Navíos de donde hay poca agua, y arrastralos por tierra con el auxîlio de varias máquinas que contienen, á parage donde haya bastante.*

[38] *Gaceta de Madrid* del martes 20 de agosto de 1776, sección de Londres, pp. 293-294. El *Mercurio* del mes de noviembre, pp. 274-278, incluye la misma relación si bien íntegra, no extractada.

los *rebeldes* permitían que los refuerzos británicos alcanzasen el puerto de la sitiada ciudad. El *Mercurio* del mes de abril describe de esta forma el estado de Boston:

Aquí se esparcen freqüentes rumores, que despues de haber anunciado grandes sucesos, se reducen á nada. Poco há que se dixo, que las Tropas Reales se habian sublevado contra su General. Despues corrió la voz de que eran los *Americános* los que habian reusado obedecer á sus Gefes, y que, aprovechandose de este desorden el Exército *Inglés*, había acometido y vencido á los Insurgentes, y hecho gran número de prisioneros, entre otros al General *Washington*, y al Sr. *Adams*, &c. Sin embargo algunas Embarcaciones de transporte, regresadas de *Boston*, han dado noticias ciertas de la situacion de los negocios en aquella parte de *América*, á la Epoca del dia 16 de Diciembre último, asegurando, que todo estaba alli en mucha tranquilidad con motivo del rigor de la estacion; y que el Exército *Provincial* se hallaba reducido á 20[000] hombres, por haber destacado el General muchos Cuerpos de él, con el fin de enviarlos á socorrer las Colonias *Meridionales*, donde se esperaba en breve el arribo de las primeras Tropas enviadas de *Europa*. Parece, que entre el General *Howe*, y el Almirante *Greaves*, hay una desunion mui notable, y que, lejos de ayudarse reciprocamente en sus operaciones, buscan los medios de hacerse uno á otro todo el mal que pueden sin comprometerse. Las Tropas y los habitantes de *Boston* carecen de la mayor parte de las cosas necesarias para la vida; pues aunque tienen aún alguna parte de arina, y de carne salada, se han consumido enteramente la carne fresca, las frutas, las legumbres, y la leña; y las provisiones que hay para las Tropas del Rei son tan escasas, que no es posible hacer que participen de ellas los habitantes. No se cree que el estado de miseria en que quedaba la Ciudad de *Boston* al tiempo de las últimas noticias recibidas, se haya disminuído, sin embargo de que el Gobierno ha enviado á aquel Puerto vários Comboyes de Navíos de transporte, cargados de municiones y de víveres, pues á uno de estos Navíos ha obligado el mal tiempo á arribar á los Puertos de *Inglaterra*, ó *Irlanda*, y los que han logrado alejarse de *Europa*, no habrán podido llegar á *Boston*, sino dificilmente, y en mui corto número, porque dejando á parte los Cosarios *Americános*, que sin duda se habrán opuesto á su entrada en dicho Puerto, los vientos contrarios, que reinan en la presente estacion, es mui probable que hayan extraviado la mayor parte. El dia 16 de Diciembre no habían llegado á *Boston*, de dos Regimientos que se enviaron, sino solas quatro Compañias, no obstante que las demás de aquellos Cuerpos se habian embarcado, y hecho á la vela al mismo tiempo. Las tripulaciones de los Navíos de la Esquadra hacen de tiempo en tiempo algunos desembarcos para tomar víveres; pero mui rara vez lo logran, porque los *Provinciales* se oponen á ello por todas partes, y obligan á las Tropas del Rei á retirarse á sus Navíos, á veces con pérdida de algunos hombres [39].

En tales circunstancias, sólo se podría esperar un enfrentamiento que pusiera fin al asedio norteamericano, la evacuación de la ciudad por los ejércitos británicos o la rendición sin condiciones. Las noticias sobre la suerte de Boston no tardaron en recibirse. La *Gaceta de Madrid* del 28 de mayo informa, remitiendo a un *expreso de Boston* que

> habiendo los *Americános* arruinado aquella Plaza á cañonazos propuso el General *Howe* al General *Washington* evacuarla con las tropas del Rey, de modo que los rebeldes se habian puesto en posesion de ella sin embargo de consistir alli las fuerzas de la Corona en 7[000] hombres, y tener á su favor 2[000] de los vecinos [40].

La presente nueva se vio confirmada por la relación que se publicó en Londres de orden de la Corte y que extractó la *Gaceta de Madrid* del 4 de junio:

> De orden de la Corte se ha publicado la siguiente relacion del último suceso de *Boston*. «Habiendo el General Howe Comandante en Gefe de las tropas Reales en la Amé-

---

[39] *Mercurio Histórico y Político* del mes de abril de 1776, sección de Londres, pp. 353-355.

[40] *Gaceta de Madrid* del martes 28 de mayo de 1776, sección de Londres, p. 188.

rica Septentrional resuelto en 7 de Marzo próximo anterior pasar de dicha Plaza á la de *Halifax* con el Exército de su mando y aquellos vecinos que quisiesen gozar en adelante de su proteccion, se efectuó el embarco el 17 del mismo mes con el mayor orden, y sin obstáculo alguno de parte de los rebeldes. A la salida del Paquebote ya se había hecho á la vela la primera division de las embarcaciones de transporte; y quedaban las restantes prontas á seguir á la Comandanta, la qual debía dexar en su retaguardia quantos Navíos de guerra pudiese separar del comboy para seguridad y proteccion de los bastimentos destinados á la Plaza evacuada». Pero no concuerdan con esta noticia otros avisos particulares que refieren la retirada de dicho General en términos muy diferentes; asegurando que noticiosos los *Américanos* así del Acto del Parlamento sobre la restriccion del comercio de las Colonias, como de haberse tomado muchas tropas auxîliares al sueldo de la Corona, determinaron prevenir las disposiciones del Ministerio bombardeando á *Boston*, ó combatiendo con las tropas del Rey, y que en su conseqüencia, despues de tener asediada 15 dias la Plaza haciendola continuo fuego incendiaron una parte de ella y mataron é hirieron muchos soldados, de suerte que ostigado ya el General *Howe* por las dificultades que le estorvaban rechazar los ataques de los enemigos, tomó el partido de retirarse y de abandonarles la Plaza. No falta sin embargo quien asegure que la retirada se hizo por orden superior con la mira de favorecer con las fuerzas de dicho General la reunion de los dos comboyes despachados desde *Inglaterra* para *Halifax*, y que con este refuerzo empiece él desde luego á obrar ofensivamente si fuese del caso. Lo cierto es que las Tropas del Rey han dirigido su marcha á la *Nueva Escocia*, donde tendrán mucho que andar antes de internarse en el País, y no dexarán de oponerse á ello con el mayor esfuerzo los insurgentes, además de serlas imposible emprender cosa alguna en *América* mientras no les lleguen los socorros de *Europa;* por consiguiente las dilaciones continuas que retardan la salida de estos, suspenderán las operaciones hasta fin del verano. No obstante lo dicho ha autorizado S. M. al Almirante Vizconde *Howe* y á su hermano el General para restablecer la paz en las Colonias en calidad de Comisarios concediendo perdon á los vasallos rebeldes que se hagan dignos de clemencia. Pero poco efecto podrán surtir estas pacíficas disposiciones, si es cierto, (como se asegura) que el Congreso ha dispuesto que 20 Corsarios de 20 á 36 cañones pasen á la embocadura del rio *S. Lorenzo* á interceptar los bastimentos de transporte que lleguen por allá de *Inglaterra* é *Irlanda* (bien que para prevenir esto ha mandado por su parte el Comandante de la Esquadra *Británica,* que ninguna embarcacion se separe del comboy). Asimismo se dice que la escuadra de los *Americános* que salió de *Filadelfia* á las órdenes de Mr. *Hopkins* ha descargado el primer golpe sobre la Isla de la *Providencia* y la ha tomado. Tan perjudicial como sería al comercio *Inglés* que los rebeldes ocupasen esta Isla situada entre las *Colonias Septentrionales* y las *Indias Orientales,* tan favorable sería su conquista para el que hacen las mismas Colonias con aquellas Islas.

El 6 propuso el Coronel *Barré* á la Cámara se pidiesen copias de los últimos avisos, y de quantos documentos hubieren llegado desde 1.º de Marzo del General *Howe* y Vice-Almirante *Suldham* para saber plena y autenticamente el estado de la guerra en *América* antes de conceder subsidio alguno para su continuacion. El partido de oposicion insistió en la necesidad de esta diligencia respecto de haberse retirado yá el Exército de *Boston;* pero Milord North declaró *que dicha retirada fue por eleccion, no por necesidad; y que semejante mensage desagradaría al Rey.* Con lo qual puesta á votos la proposicion se rechazó por 171 contra 54 [41].

La oposición reincidió en la petición de la documentación referente al asedio de Boston. La respuesta que recibió de los Secretarios de Estado fue la de

que el abandono de *Boston* se habia hecho con orden de la Corte, pues la tenía aquel General para retirarse quando lo juzgára conveniente; y que segun el nuevo arreglo las

---

[41] *Gaceta de Madrid* del martes 4 de junio de 1776, sección de Londres, pp. 194-195. El *Mercurio* del mes de julio incluye más noticias sobre la evacuación de Boston y sobre los debates habidos en el Parlamento por la escasa información que se había proporcionado a sus miembros.

operaciones debían empezar por la *Nueva Escocia*, para penetrar desde allí por tierra al *Súr*[42].

Sin embargo, de la siguiente relación transcrita por el *Mercurio* del mes de agosto, no se deduce que los británicos abandonaron la ciudad de Boston por *elección* táctica:

No obstante que el Ministerio ha hecho los esfuerzos posibles para persuadir que el Exército del Rei no se vió precisado á evaquar la Plaza de *Boston*, la relacion siguiente de las operaciones de los *Americános* manifiesta que aquella Plaza se hallaba en tales términos, que no quedaba á las Tropas del Rei mas partido que el de embarcarse para no verse sitiadas.

El dia 2 de Marzo de este año comenzaron los *Provinciales* á bombardear la Plaza desde una altura llamada *Phipps*, y el 3 abrieron una batería en el Isthmo de *Dorchester*, que molestó mucho á la Guarnicion. El dia 5 mandó el General *Howe* embarcar seis Regimientos para apoderarse de aquella batería; pero no permitiendo el viento, que soplaba mui recio de la parte de levante, que los Navíos de Guerra llegasen á cubrir el ataque, tubo por conveniente desistir de la empresa. A la mañana siguiente se volvió al parage con el mismo intento; pero la batería estaba yá tan adelantada, y era tan fuerte, que las Tropas y los Navíos se volvieron sin haber hecho cosa alguna. En este intervalo habían arrojado los *Provinciales* cerca de 100 bombas, y estas y los cañones de sus baterías habían causado tanto estrago en la Ciudad, que el General *Howe* envió quatro hombres escogidos para intimar al General *Washington*, que si continuaba haciendo fuego contra la Ciudad, él (General *Howe*) se vería precisado á incendiarla para cubrir su retirada. Dos de dichos quatro hombres volvieron á donde estaba el General *Howe*, y despues de haberle hablado pasaron al campo de los *Provinciales*, y cesó el fuego. Entonces comenzó el General *Howe* á disponer su embarco. Los habitantes, que eran *Realistas* fueron los primeros que pasaron á bordo de los Navíos, sin

---

[42] *Gaceta de Madrid* del martes 11 de junio de 1776, sección de Londres, p. 203.

embargo de que no se les permitió llevar consigo sino las cosas mas necesarias. No pudiendo llevarse el General los Morteros y la Artillería gruesa, procuró hacerla rebentar á fuerza de pólvora; pero solo se logró en parte lo que deseaba, como tambien sucedió con las armas de fuego que había en la Ciudad. Mientras se trabajaba en esto vino el dia 10 un desertor del Exército *Americáno* á informar al General *Howe* que el General *Washington* se preparaba para dár un asalto general; y con esta noticia se embarcó inmediatamente el General *Inglés* con todas sus Tropas, abandonando la artillería, armas, municiones, &c. vióse por los movimientos del Exército *Americáno* que iba á establecerse en la Islas de *Hog* y de *Noddle*, y á atacar el Fuerte *Guillermo*, con lo que se hubiera hecho dueño de todo el Puerto de *Boston*, quedando á su arbitrio el destruir la flota. Para precaver esto mandó el General *Howe* volar el Fuerte, pegando fuego á las minas, y luego toda la flota baxó hasta la Rada *Nantasket*, que es un parage sin abrigo. Los Navíos de transporte en número de 142 eran mui pequeños, y su comboi consistia en tres Navíos de Guerra. Se asegura que el bombardeo de *Boston* fue dirigido por ocho Ingenieros Estrangeros, y que el Congreso ha tomado á su servicio 25 de estos dandoles crecidos sueldos [43].

De esta forma, Boston se vio liberada del asedio a la que fue sometida desde la promulgación de las Leyes Coercitivas. Por otra parte, con la conquista de dicha ciudad la estrategia británica sufrió ligeras variantes. Ahora, el enclave principal era la ciudad de New York, y hacia ella debía de emprender camino el general Howe. La misión no era sencilla, pues había que conquistársela a los *rebeldes*. Mientras tanto, el oficial inglés llegó a Halifax después de haber evacuado Boston. La *Gaceta de Madrid* del 2 de julio nos informa de que

> Poco há se recibieron de la *Nueva York* noticias de haber llegado el General *Howe* á *Halifax* con la division de su mando, como tambien que el General *Washington* había hecho ocupar á *Boston* destacando algunos Regimientos á

---

[43] *Mercurio Histórico y Político* del mes de agosto de 1776, sección de Londres, pp. 382-384.

York rezeloso de que las fuerzas enviadas de *Europa* se apoderasen de dicha Plaza... De *Halifax* ha llegado otro expreso despachado por el General *Howe* pidiendo (segun dicen) socorros y víveres para poder empezar la campaña[44].

Una vez que llegaron los refuerzos de Europa Howe inició la marcha rumbo a New York escoltado por las escuadras de su hermano, el Milord Howe, y del almirante Shuldham. Algún tiempo después, el general británico informa de su desembarco en Staten Island:

> *Extracto de dos cartas del General Howe á Milord GERMAIN con fechas de 7 y 8 de Julio, que ha conducido en el Paquebote MERCURIO el Teniente Coronel BLUNT.*
>
> «El 29 de Junio arribó la Esquadra de *Halifax* á *Sandy Hook*, á donde yo había llegado 4 dias antes en una Fragata. Allí encontré á bordo de un Navío al Gobernador *Tryon* con otros Caballeros afectos al Gobierno, que le acompañaban; por cuyo medio tube una noticia muy completa del estado de los rebeldes, que son muchos en número, y se hallan ventajosamente situados con fuertes atrincheramientos así en *Long-Island* como en la *Nueva York* para defensa de la Ciudad, y para impedir la subida de la Esquadra por el rio del *Norte*, además de un considerable trén de artillería de campaña. Pasamos los Estrechos con 3 Navíos de guerra, y la 1.ª division de los transportes, y segun iban subiendo las naves fueron desembarcando en esta Isla los Granaderos y la Infantería ligera con gran satisfaccion del pueblo sumamente leal, y que como tal ha sufrido mucho de los insurgentes que tenían aquí su destino, los quales á nuestro arribo huyeron precipitadamente. El resto de las Tropas desembarcó el dia y noche siguientes, y se hallan ahora distribuidas en diferentes acantonamientos, y bien provistas de todo. Debo hacer justicia á Mr. *Reynar* Oficial del Navío de guerra el *Chatam*, que baxo la direccion del Almirante tuvo á su cargo la disposicion de los botes para el desembarco de las Tropas; y el Capitan *Curtis* Comandante de la Chalupa de guerra el

---

[44] *Gaceta de Madrid* del martes 2 de julio de 1776, sección de Londres, p. 226.

Senegal, que corrió con la execucion de él, y mostrar quan satisfecho he quedado de su conducta, y la confianza que se puede tener de estos sugetos para iguales ocasiones. = Hago ánimo de esperar aquí la Esquadra *Inglesa*, ó el arribo del Teniente General *Clinton*, manteniendome siempre pronto á obrar, á menos que por una imprevista alteracion de circunstancias me halle antes en precision de executarlo con las fuerzas que al presente tengo. Al Vice-Almirante *Shuldham* se le han agregado en su pasage seis transportes pertenecientes al Cuerpo de *Escoceses*, á cuyo bordo venían 3 Compañias del Regimiento 42, y otras 3 del 71. De esta division no se sabe sino lo que han publicado los papeles de la *Nueva York*, es á saber que dos de sus transportes habían sido apresados por los Corsarios enemigos, y conducidos á Boston: que el Mayor *Mencies* había sido muerto en el combate, y el Teniente Coronel *Campbell* hecho prisionero con otros 15 Oficiales, y unos 450 hombres. El Gobernador *Franklin*, que ha mantenido su puesto por largo tiempo en *Jersey*, ha sido últimamente arrestado en *Amboy*, y se halla al presente prisionero en *Conecticut:* y el Corregidor de la *Nueva York*, por quexa frívola de mantener correspondencia con el Gobernador *Tryon*, fue puesto preso pocos dias há, juzgado y condenado á muerte, aunque segun las ultimas noticias no se llegó a executar la sentencia. No obstante tan violentos procederes se puede esperar con fundamento se una al Exército un numeroso Cuerpo de habitantes de las Provincias de *York*, *Jersey* y *Conecticut;* los quales en este tiempo de opresion solo esperan una oportunidad para dar pruebas de su zelo y lealtad al Gobierno. De las cercanías de *Shrewsbury* en *Jersey* han pasado aquí 60 hombres con algunas armas, deseosos de que se les emplee; y tengo entendido que en aquella parte hay 500 mas prontos á seguir su exemplo. Esta disposicion del pueblo me hace esperar con mas impaciencia la llegada del Lord *Howe*, persuadido á que los poderes y facultades que trae surtirán el mejor efecto en este critico momento. Se queda preparando una fuerza naval para subir por el rio del *Norte;* y se han dado órdenes para destinar á este servicio dos de los Navíos de S. M., uno de 40 cañones, y otro de 20. Han llegado aquí ya en estos últimos dias los Navíos; y por algunos sugetos me hallo informado que el Congreso del Continente ha declarado á las Colonias unidas Estados libres é independientes».

Extracto de otra carta del Gobernador Tryron al mismo Ministro, fecha á bordo del Navío la DUQUESA DE GORDON, delante de la Isla de STATEN el 8 de Julio último.

«Tengo la satisfaccion de participar á V. E. la llegada de la Esquadra del Almirante *Shuldham* á este Puerto, que fue el 29 del pasado, y que el General *Howe* desembarcó las Tropas de su mando en la Isla de *Staten* sin oposicion alguna, habiendo baxado inmediatamente los habitantes á dar la bienvenida á sus libertadores, y provisto desde entonces al Exército de quanto han podido. Habiendo revistado la Milicia de esta Isla en la Ciudad de *Richmond*, se me presentaron 400 hombres; los quales, á instancia mía, prestaron con la mejor voluntad su juramento de fidelidad al Rey. Mañana pasaré otra muestra para alistar voluntarios, y formar un Cuerpo Provincial para la defensa de la Isla, respecto que el General halla ser este un puesto importante, que debe conservarse contra los rebeldes.»

Por pliego del Alimrante *Shuldham*, su fecha la misma en la Isla de *Staten* cerca de la *Nueva York*, se sabe que acabó de llegar allí el 3 del mismo mes todo el comboy de su mando sin ninguna pérdida, ni separacion: que las Tropas de S. M. baxo el mando del General *Howe* desembarcaron en aquel dia y el siguiente sin oposicion ni interrupcion: que los vecinos se rindieron inmediatamente, y se pusieron baxo la proteccion de las Armas Reales: que 200 de ellos han formado un Cuerpo: que la Isla en general ha prestado juramento de fidelidad; y que una partida de 60 hombres habían huído de la *Nueva York* con sus armas, y unidose á las Tropas de la Corona. Se espera de dia en dia con impaciencia en aquella Isla la llegada del Lord *Howe*, y el refuerzo del Gefe de Esquadra *Hotham*, á cuyo fin ha dispuesto Milord *Shuldham* que diferentes Navíos crucen del modo mas conveniente para encontrarlos y conducirlos á ella [45].

---

[45] *Gaceta de Madrid* del martes 3 de septiembre de 1776, sección de Londres, pp. 309-311.

Mientras los ejércitos británicos se disponían a conquistar la ciudad de New York y la población de Staten Island juraba fidelidad a Jorge III, el general Howe nos informa, de forma despectiva e incrédula, de «que el Congreso del Continente ha declarado á las Colonias unidas Estados libres é independientes». Las amenazas de los rebeldes se cumplieron. La prensa española al tiempo que nos comunicaba la evolución de la campaña del Canadá y del asedio de Boston, nos proporciona noticias sobre las últimas resoluciones del Congreso antes de romper los vínculos con la Gran Bretaña. Así, por la *Gaceta de Madrid* del 9 de julio, a la semana siguiente de enterarnos de la victoria del general Carleton en el sitio de Quebec y de la llegada de Howe a Halifax, sabemos que

Al paso que las armas *Inglesas* empiezan á triunfar en términos que se puede creer tendrán que rendirse las Colonias á pesar de toda su constancia, no descaece la actividad del Congreso de éstas en dar disposiciones para adquirir todos los socorros posibles, y sacar las mayores ventajas de su actual situacion; á cuyo fin acaba de permitir la extraccion de todos los frutos de las 13 Colonias confederadas para comerciar con ellos en qualquier País como no sean los Dominios de la *Gran Bretaña*. Se dedica tambien á fomentar el cultivo del cáñamo, lino, algodon, y lana, estableciendo Sociedades que cuiden de promover la agricultura, artes y manufacturas, especialmente las de hierro, acero, y lonas para velamen; y ha mandado á todos los Comandantes de embarcaciones cosarias que rediman quantas presas hiciesen á razon de la mitad del valor de su cargamento tomando rehenes para la seguridad; y en caso de que no se convengan á esto los apresados, carguen con todo y hechen á pique el bastimento. Ultimamente ha resuelto botar quanto antes al agua otra segunda Esquadra de 5 Navíos de 32 cañones, á los quales se juntarán otros dos de *Pensilvania* de 24, al cargo todos de un tal *Young*, quien enarbolará su bandera en el Navío denominado el *Invencible* [46].

---

[46] *Gaceta de Madrid* del martes 9 de julio de 1776, sección de Londres, p. 235.

Por las presentes resoluciones se permitía a la Confederación comerciar libremente con cualquier nación, salvo con las posesiones británicas. Si se proporcionaba carta abierta para entablar relaciones económicas, era o porque se habían iniciado conversaciones con alguna *potencia* europea, o porque querían atraer a la misma mediante la promulgación de tal acuerdo. La prensa nada especifica sobre las negociaciones secretas llevadas a cabo por el Congreso. No obstante, de vez en cuando, como si fuera un descuido de la censura o para preparar el camino para futuras decisiones, informa, diluida entre otras noticias de mayor relevancia, y siempre a través de la sección de Londres, de la posibilidad de que algunos países estén tratando con los norteamericanos. Ya vimos en la relación de la evacuación de Boston que técnicos europeos colaboraban en el bombardeo de la ciudad. Antes de recibirse la nueva de la conquista *yankee*, la *Gaceta de Madrid* del 16 de abril extracta un discurso del *Duque de Grafton* en el que solicitaba el monarca británico «la suspensión de las hostilidades contra las Colonias», pues, aseguró,

> que dos estrangeros de distincion se habían presentado en el campo de los insurgentes en *Cambridge* y conferenciado con su General *Washington* proponiendo sin duda suministrarles socorros baxo ciertas condiciones; á lo qual respondió dicho Comandante remitiendole á tratar con el Congreso general de *Filadelfia*.

De esta relación sacaba el Duque una consecuencia rechazada por la mayor parte de los vocales; es a saber

> que á pesar de las protestas de amistad algunas Potencias se inclinarían tal vez á sostener á los rebeldes, dirigiendose á esto los preparativos que hacían; en cuyo caso tendría la *Inglaterra* que oponerse y resultaría un rompimiento. Los del partido Ministerial sosegaron estos rezelos dando seguridades de las disposiciones pacíficas de todas las Naciones [47].

Examinado el discurso del duque de Grafton desde nuestra perspectiva histórica, comprendemos que sus fuentes de información no le engañaban.

---

[47] *Gaceta de Madrid* del martes 16 de abril de 1776, sección de Londres, p. 141.

El Congreso iba meditando, entre opiniones contrapuestas, una decisión radical. Puesto que no se llegaba a una reconciliación con la Gran Bretaña, convenía ir pensando en una serie de disposiciones que dieran a los colonos rebeldes entidad de nación independiente. Lo primero que se resolvió, como hemos visto, fue el permitir a cada estado que comerciase libremente con cualquier país excepto con los dominios británicos. Faltaba la declaración de independencia. Si la nueva nacionalidad iba a ser una confederación en la que cada *provincia* tendría su propio gobierno, había que prevenir a las asambleas de las colonias, que aún no lo hubieran adoptado, para que lo constituyesen. A este respecto se refiere la siguiente noticia aparecida en la *Gaceta de Madrid* del 6 de agosto, en la que, además, se transcriben las instrucciones dadas á los diputados de Boston que iban a representar a dicha ciudad en el Congreso:

De *Bristol* envian copia de una resolucion del Congreso *Americáno* acordada en 15 de Mayo, cuyo tenor es el siguiente.

«Habiendo el Rey de la *Gran Bretaña* por Acto del Parlamento excluído á los habitantes de las Colonias de la proteccion de la Corona sin dar respuesta alguna á sus rendidas instancias en que clamaban por satisfaccion á sus quexas y por la reconciliacion, que ni se ha conseguido ni verosimilmente se logrará, pues al contrario todas las fuerzas de aquel Reyno auxîliadas de mercenarios estrangeros se emplean en su destruccion; y pareciendo por otro lado incompatible con la razon y la conciencia jurar una total sumision á un Gobierno, baxo cuya dependencia perecerían la autoridad y los derechos que tienen los Pueblos de este Continente á mantener la quietud y buen orden interior, y también á cuidar de la defensa de nuestras personas, libertad y bienes, se ha resuelto prevenir á las Asambleas y Asociaciones respectivas de las Colonias confederadas donde no haya establecido un pie de gobierno correspondiente á la exîgencia de sus negocios, que adopten uno: esto es el que sea mas propio segun el juicio de los Diputados de cada Pueblo, á la felicidad y seguridad propia, y de la América en general». Firmado — *Juan Hancock* — **Presidente.**

Las instrucciones dadas á los Diputados *Bostoneses* que deben concurrir al Congreso están concebidas en estos términos.

«Con motivo de hallarse las Colonias unidas muy próxîmas á ver una gloriosa revolucion, y de deberse tratar entre sus Representantes los asuntos mas arduos y graves relativos á nuestro gobierno interior, es forzoso instruíros de vários puntos que podrán serviros de norte. Hemos visto nuestros recursos al Trono en solicitud de la paz desechados repetidas veces con arrogancia sin darles otra respuesta que amenazar á nuestra libertad con las cadenas y á nuestra constancia con la muerte; autorizando á los instrumentos de la opresion enemiga á que se apropien nuestros bienes, nos quemen las haciendas, y derramen nuestra sangre; y convidando tambien á quantas Naciones bárbaras han podido ganar para que contribuyan á tan odiosos fines. Al mismo tiempo hemos experimentado que el Pueblo *Británico* destituído de todo principio de equidad mira con indiferencia é insensibilidad nuestra suerte por mas que le hayamos clamado pintandosela en los términos mas vivos y patéticos, de forma que se han desvanecido quantas esperanzas fundabamos en su socorro. En una palabra conocemos que el Ministerio y el Parlamento *Ingles* han resuelto decisivamente sujetarnos, y que el Pueblo está muy lexos de oponerse á ello. En semejante estado nos parece la reconciliacion tan peligrosa como absurda, pues una vez encendido el rencor no se apaga con facilidad, y la memoria de las injurias recibidas mantendrá siempre vivo el fuego de la discordia, que por un lado excitará á imponer nuevos tributos, y por otro á resistirlos; en cuyo conflicto nunca se verá libre de desordenes el cuerpo político. Si se han de prevenir estos, y no queremos arriesgar la subsistencia del Estado es imposible continuar en la dependencia. Sin embargo de ser este nuestro dictámen, estamos resueltos por la ilimitada confianza que tenemos en las acertadas disposiciones del Congreso, á aguardar que decida la necesidad de este paso; ni aun nos arrojaríamos á proponerle nuestras ideas sobre dicho asunto á no creer que celebrará verse apoyado por el Pueblo de cada Colonia antes de adoptar un partido que á todas interesa. Así pues los Vecinos de esta Ciudad unanimemente os encargamos que en la asamblea general se den á los Vocales electos para el Congreso instruccion y pleno poder para que siempre que allí se juzgue conveniente abrazar la independencia, prometan de nuestra parte todos los auxîlios hasta llevarla á debido efecto á costa de nuestras vidas y de quantos bienes nos quedan»[48].

Las instrucciones de los vecinos de Boston eran de por sí una indiscutible declaración de independencia si bien relegaba al Congreso general la última decisión. No obstante, fue la Convención de Virginia la que recomendó que se declararan a las colonias estados libres e independientes y que se constituyera una confederación con ellas, encomendando a cada una la misión de modelar su propia forma de gobierno y de regular sus asuntos internos. Tales recomendaciones dividieron al Congreso, en el que se contraponían los conservadores, partidarios de mantener algún vínculo con la Gran Bretaña, y los radicales que defendían la independencia. A su vez, los radicales se encontraban escindidos entre aquellos que propugnaban que, antes de romper la unión con la metrópoli, se solucionaran la forma de gobierno central que se debía de adoptar y las disputas intercoloniales existentes, y los que deseaban que la independencia se realizara con las colonias separadas, proponiendo la confederación hasta que las armas obtuvieran la victoria final. El Congreso, pues, se hallaba vacilante en la decisión final. Contribuyó a deshacer la duda y a mentalizar al pueblo el planfleto intitulado *Common Sense*, de Thomas Paine, del que la *Gaceta de Madrid* del 7 de mayo, que, por cierto, se lo atribuye a Adams, nos ofrece el siguiente extracto:

Aquí corre yá un papel esparcido por las Colonias baxo el título de la *Razon comun* que se atribuye á Mr. *Adams* uno de los Diputados del Congreso; y desechandose en él toda idéa de reconciliacion, para excitar á los *Americános* á la independencia se dice lo siguiente: «Hay demasiados Reynos en *Europa* para que pueda durar mucho tiempo la paz; y rota ésta entre la *Inglaterra* y

[48] *Gaceta de Madrid* del martes 6 de agosto de 1776, sección de Londres, pp. 272-273. La misma información aparece en el *Mercurio Histórico y Político* del mes de octubre de 1776, sección de Londres, pp. 156-160.

qualquier otra Potencia será indefectible la ruina del comercio de *América*. Si hay otra guerra quizás no será tan feliz como la pasada, en cuyo caso los que ahora inclinan á la reconciliacion desearán lo contrario mirando entonces la neutralidad como resguardo mas seguro que quantos armamentos hay. Por todos motivos se debe preferir este partido, pues es el único medio de que nuestras producciones entren y se consuman en todos los Puertos de *Europa* á fin de pagar con su importe (venga de donde viniese) quanto nos haga falta. Conviene renunciar á toda alianza con *Inglaterra*, si no queremos vér sumergido este Continente en las guerras y querellas de *Europa*, con quien debemos entablar nuestro tráfico, evitando para ello todo enlace político exclusivo con ninguna de sus partes: ademas de que la suposicion de que este País pueda permanecer mucho tiempo sujeto á una Potencia estraña es tan repugnante á la razon, al orden regular, y á todos los exemplos de los siglos pasados que ni aun la misma *Gran Bretaña* se lisongea de conseguirlo; ni es posible que la mayor prudencia humana disponga otro plano que el de la separacion capáz de mantener un año de seguridad á este Continente, á quien por otro lado tampoco puede la *Inglaterra* administrar justicia ni atender á su gobierno respecto de que sus negocios serán en breve tan vários que no cabe los dirija una Potencia tan distante y agena de conocernos: por consiguiente estando tan imposibilitada de gobernarnos como de vencernos, tenemos por derecho natural facultad de formar nuestro propio gobierno; y qualquiera que reflexiône sériamente sobre la instabilidad de las cosas humanas confesará ser infinitamente mas prudente y seguro que nosotros mismos nos establezcamos tranquila y maduramente un sistéma mientras podemos, que no fiar al tiempo y á la casualidad el desempeño de un punto tan importante &c [49].

Si decimos que el *Common sense* vio la luz en el mes de diciembre de 1775 y si consideramos las resoluciones del Congreso pos-

---

[49] *Gaceta de Madrid* del martes 7 de mayo de 1776, sección de Londres, pp. 163-164. El *Mercurio* del mes de julio, pp. 393-394, da la noticia de la aparición del *Common sense*, mas no transcribe párrafo alguno.

teriores a dicha fecha, comprenderemos mejor la influencia que ejerció.

Mientras tanto, R. H. Lee y John Adams presionaron a la Asamblea general para que adopte la decisión de declarar la independencia. Manifiestan ante los congresistas que las Colonias Unidas eran y debían ser estados libres e independientes, y hacen ver la necesidad de promulgar las medidas pertinentes para formalizar alianzas con las potencias extranjeras, y de elaborar un proyecto de confederación que sería transmitido a las colonias para su estudio y aprobación. Estas declaraciones son aceptadas y se nombra un comité al que se le encarga la redacción de una constitución. Un segundo comité, formado por Adams, Franklin y Jefferson, tiene la misión de redactar la Declaración de Independencia que es adoptada y firmada el 4 de julio de 1776, fecha que señala la formal ruptura de relaciones y de vínculos entre la Gran Bretaña y los Estados Unidos de Norteamérica y el aldabonazo que supuso para el Antiguo Régimen el insólito hecho de que unas colonias se separasen de la metrópoli.

La prensa española de la segunda mitad de 1776 apenas se hace eco de tan crucial decisión. Informa *de pasada* y sin darle importancia, lo que resulta lógico si tenemos en cuenta que al gobierno español no le interesaba que sus posesiones de América tuviesen una cabal relación: el ejemplo podía ser pernicioso. Así, la *Gaceta de Madrid* del 27 de agosto de 1776, diluida y apenas perceptible entre otras noticias, comunica que

> El Congreso ha declarado independientes de la *Gran Bretaña* á las 12 Colonias unidas, formando para cada una un gobierno particular mientras se planifica un sistéma de Regencia comun á todas [50].

Esta lacónica información se ve ampliada en la *Gaceta de Madrid* del 10 de septiembre, en la que se denota el poco interés por extractar el texto de la Declaración en el presente:

> A la declaracion de la independencia total de las Colonias acompaña otra de rompimiento formal de guerra con *Inglaterra*, concebidas ambas en los terminos mas fuertes; y en la 2.ª se dice, *que una vez sacada la espada en defensa*

---

[50] *Gaceta de Madrid* del martes 27 de agosto de 1776, sección de Londres, p. 300.

de la libertad y de los bienes mas preciosos que tenían,
no la embainarán sin que antes se les dé plena satisfac-
cion de los actos crueles de opresión que han sufrido [51].

La última noticia del año de 1776 referente a la Declaración de Independencia de los Estados Unidos nos la proporciona el *Mercurio* del mes de noviembre en los siguientes términos:

Aquí ha corrido y se ha leído con grande ansia la declaración de *Independencia*, publicada por el Congreso General de las Colonias. Hasta ahora los Representantes de las Colonias unidas no se habían quexado sino de los Ministros, pero esta declaracion menos comedida que las antecedentes, se atreve á culpar al Soberano [52].

En efecto, se culpaba al monarca y al gobierno en general, pues oprimían a un pueblo, atentando contra el derecho natural y el contrato social que constituye a las naciones... Tales ideas revolucionaron y alarmaron a los espíritus aferrados a lo tradicional, a lo *antiguo*, que no veían o que no querían ver que los principios políticos expuestos por Locke y los naturalistas iban cobrando fuerza y forma. Tampoco veían o no querían ver que los hombres poseen unos derechos que no pueden quebrantar ninguna monarquía, ninguna dictadura... Sí, en el fondo de toda revolución palpitan los filósofos, los pensadores altruistas y filántropos, aquellos que se proponen que los hombres sean hombres y no súbditos sometidos a los intereses de una oligarquía. Lo lamentable es que estas oligarquías, en su desesperado intento por sobrevivir, compren o boicoteen la existencia de aquéllos. No obstante, los intelectuales seguirán *moviendo* al mundo.

Ya tenemos a las «Colonias de la América Septentrional» convertidas en los Estados Unidos de Norteamérica. Sin embargo, aún faltaba que confirmar su independencia; que las milicias provinciales derrotasen a los bien uniformados e instruidos *casacas rojas*. Para ello, y a la vista de los acontecimientos, cada vez resultaba

---

[51] *Gaceta de Madrid* del martes 10 de septiembre de 1776, sección de Londres, p. 325.
[52] *Mercurio Histórico y Político* del mes de noviembre de 1776, sección de Londres, p. 280.

más imperiosa la ayuda de las por ahora reacias potencias europeas. Había que convencerlas para que todo el esfuerzo realizado no se viera reducido a la nada, a una opresión todavía mayor. Sí, aún quedaba mucho camino por recorrer...

ÍNDICE

ÍNDICE